HARRY KÄMMERER

Heiligenblut

HARRY KÄMMERER

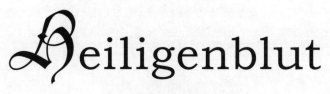

Heiligenblut

KRIMINALROMAN

GRAF

Für TAK

Im Graf Verlag erschienen von Harry Kämmerer außerdem:
Isartod (2010, auch lieferbar als List Taschenbuch 61082)
Die Schöne Münchnerin (2011, List Taschenbuch 61158)

Der Graf Verlag München ist ein Unternehmen
der Ullstein Buchverlage

ISBN 978-3-86220-035-1
© 2013 by Ullstein Buchverlage, Berlin
Satz: Uwe Steffen, München
Gesetzt aus der Berling
Druck und Bindung: CPI – Clausen & Bosse, Leck
Printed in Germany
www.graf-verlag.de

Mm dooby do, dahm dahm
Dahm do dahm ooby do
Dahm dahm, dahm do dahm, ooby do
The Fleetwoods

Puder, Flocken, Sturm
Dächer, Giebel, Rathausturm
Weiß zu Grau und fein zu Matsch
Nieselregen, just a touch
Unentschieden, Zwischenzeit
Nicht mehr gestern, noch nicht heut
Ein paar warme Strahlen
wecken all die fahlen
Farben aus dem Winterschlaf
stelln Konturen wieder scharf
Frischer Wind ist ein Versprechen
und das gilt auch für Verbrechen
München bleibt ein guter Ort
für Gewalt und Raub und Mord

DAS PERSONAL

Karl-Maria Mader, Chef der Mordkommission I in München, Mitte fünfzig, Dackelbesitzer, wohnhaft im betonierten Neuperlach, liebt Frankreich und Catherine Deneuve (Fernbeziehung, einseitig).

Soulman *Klaus Hummel* mag Musik und Krimis, fantasievoller Kriminalbeamter, unsterblich verliebt in die Kneipenwirtin Beate. Nach schwerem Bergunfall *(Die schöne Münchnerin)* und vier Monaten Zwangspause jetzt wieder am Start. Auch bei seiner Zweitkarriere als Krimiautor. Um das Krimiprojekt schon vorab an einen Verlag zu verkaufen, hat er sich eine neue Literaturagentin gesucht. *Gerlinde von Kaltern* von der Agentur *Carta Dura* ist seine zweite Agentin, nachdem er bereits eine verschlissen hat. Jetzt müsste er nur noch mit dem Schreiben beginnen.

Frank Zankl ermittelt oft mit einer Prise zu viel Testosteron. Seit Wunschkindbehandlung *(Isartod)* allerdings verträglicher, weil hormonsediert.

Dosi Roßmeier, das niederbayrische Gemüt der Münchner Kripo: loses Mundwerk, fintenreich. Klein, stark, rothaarig – »das Sams« (Zitat Zankl).

Rechtsmedizinerin *Dr. Gesine Fleischer* kümmert sich hingebungsvoll um die Toten – in jeder Verfassung.

Dezernatsleiter *Dr. Günther* bewegt sich gerne in der Münchner Bussigesellschaft. Kümmert sich vor allem um das gute Ansehen der Polizei in der Öffentlichkeit.

Dr. Patzer ist zurück! Nach der Pleite mit dem bizarren Wellness-Bauprojekt ISARIA *(Isartod)* und verbüßter Haftstrafe sucht der Immobilienhai neue Aufgaben.

Notar *Dr. Steinle*, der Exkompagnon von Patzer, ist das gut geschmierte Bindeglied zwischen High Society und Halbwelt – »Demi Moore und Demimonde« (Zitat Hummel).

Bajazzo ist der klügste Dackel Münchens. Teilt mit Herrchen Mader so manche Ansichten und Brühwürfel. Hat den Überblick und zieht die Fäden im Hintergrund.

ENGELSFLÜGEL

Die Gehsteigplatten glänzten. Die Luft war kühl und frisch. Die Tauben spürten es, vorher schon. Laut hallte ihr Flügelschlag durch die Straßenschlucht. Bruder Wolfgangs erstaunt aufgerissene Augen. Unwirklich blauer Himmel, ausgerechnet Preußischblau. In München! Die dottergelben Türme der Theatinerkirche, Wetterfahnen grünspanig, federleicht im Wind. Kalte Sonne auf ehrwürdigen Fassaden und in hohen Fenstern. Schlagschatten – Simse, Erker, Dachvorsprünge. Das Hupen eines Kleinlasters vor einer blockierten Einfahrt, ein paar wenige Passanten. Keiner sah ihn kommen. Dann der Pflatsch. Als ob eine Melone platzt. Oder ein großes Glas Essiggurken. Hart und weich. Erstaunlich laut. Alle Aufmerksamkeit auf das schwarze Bündel. Ein Mensch? Ein Priester? Alle Blicke nun nach oben. Woher kam denn der geflogen? Im vierten Stock ein weißer Vorhang aus einem offenen Fenster. Engelsflügel. Unten: Schaulustige um das Bündel, eine rote Pfütze. Große Augen, bleiche Gesichter, Hände vor Mündern. Tauben wieder da. Pickten Krumen aus dem Blut.

STUMMFILM

Gerlinde von Kaltern sah auf ihre Zigarette. Die war heruntergebrannt, ohne dass sie noch einmal daran gezogen hätte. Die Chefin der Verlagsagentur *Carta Dura* stand auf der kleinen Terrasse des Vortragssaals im Dachgeschoss des Literaturhauses, wo sie die erste Pause des Marketingseminars für schnelle Nikotinaufnahme nutzen wollte.

Aus der Entspannung wurde nichts. Denn gerade hatte sie gesehen, wie schräg gegenüber ein Mensch rückwärts aus einem Fenster gestürzt war. Wie in einem Film. Stummfilm – kein Schrei. Doch der Aufprall war bis hier oben zu hören gewesen. Entsetzt fragte sie ihre Mitraucherin: »Ist das gerade wirklich passiert?«

Die junge Frau rang nach Fassung, nickte verwirrt. »Da war noch jemand am Fenster.«

Gerlinde von Kaltern war sich nicht sicher, aber ja, könnte sein. Sie schnippte die Kippe in die Tiefe, ging in den Saal zurück und holte ihr Handy heraus.

KNALLROT

Hummel war am Marienplatz, als ihn der Anruf erreichte. Seine neue Literaturagentin. Außer sich. Aber nicht wegen seines Krimiprojekts. Ein Notfall! In der Kardinal-Faulhaber-Straße sei jemand aus dem Fenster gestürzt – worden. Kein Unfall! Als er nur fünf Minuten später dort eintraf, waren schon ein Krankenwagen und ein Streifenwagen vor Ort. Die Sanitäter standen ratlos vor dem Bündel. Hier gab es offensichtlich nichts mehr zu tun. Für letzte Hilfe waren sie nicht zuständig. Stattdessen hätte sich ein Bruder des abgestürzten Geistlichen einfinden müssen. Bisher war nur der Pförtner des kirchlichen Gebäudes zur Stelle. Der sprach mit einem der Streifenpolizisten. Der zweite Streifenpolizist hatte alle Hände voll zu tun, die Schaulustigen halbwegs auf Distanz zu halten. Hummel zeigte seinen Dienstausweis und lupfte das weiße Tuch. Nicht schön, das Arrangement: verrenkter Mensch, das Fruchtfleisch der Melone sternförmig auf dem Pflaster. Roter Soßenspiegel. Hummel würgte kurz, ließ das Tuch sinken und sah auf. Jemand winkte ihm aus der Menge der Schaulustigen.

»Hallo, Herr Hummel. Sie sind aber schnell hier!«, sagte Frau von Kaltern.

»Die Polizei ist immer schnell. Was haben Sie denn gesehen?«

»Wie er aus dem Fenster gefallen ist. Ich war da oben.« Sie deutete zur Glasfront des Foyers beim Vortragssaal. »Ich besuche gerade ein Seminar zum Thema ›Die Bestseller von morgen‹.« Sie deutete auf den Toten. »Jetzt haben Sie einen neuen Fall! In einem interessanten Milieu. Vielleicht können Sie was draus machen? Klosterkrimi, das wär doch mal was ganz Neues!«

»Sie haben gesehen, dass ihn jemand gestoßen hat?«

»Nein.«

»Aber Sie sagten doch…?«

»Eine andere Teilnehmerin hat das gesehen. Warten Sie…« Sie suchte die Menge ab und deutete schließlich auf die Dame.

Hummel wurde knallrot. Er seufzte und ging auf die Frau zu. »Hallo, Valerie«, begrüßte er seine Exagentin.

»Sieh an«, meinte sie kühl, »du bist jetzt bei *Carta Dura*?«

Er nickte schuldbewusst.

»Und – wie läuft es mit dem Schreiben?«, fragte sie.

»Du hast gesehen, wie der Mann geschubst wurde?«

»Ich glaube, ich habe einen Arm gesehen. Aber da war auch der Vorhang. Doch, ich bin mir sicher, er wurde gestoßen.«

»Kein Gesicht?«

Sie schüttelte den Kopf.

»Schade.«

»Wird das euer neuer Fall?«

»Sieht ganz danach aus.« Hummel griff zum Handy, um Mader anzurufen.

VON A NACH B

Manche Dinge sind ziemlich banal. Stellt man sich großartig vor, so Offenbarung, ein Leuchten, blitzartige Erkenntnis. Und dann ist es ganz einfach: eine graue Stahltür, das Summen eines elektrischen Türöffners, ein kurzer Druck gegen den Knauf, und du bist draußen.

Der Giesinger Himmel war löwenblau. Die Luft rein und klar. Das Rauschen des Autoverkehrs eine Verheißung: Du kommst von A nach B. Wenn du willst. Keiner hält dich davon ab. Du musst dich nicht bewegen. Aber du kannst es. Es ist ein Angebot, eine Möglichkeit. Ja, das Leben hatte ihn wieder. Fast ein Jahr hatte er absitzen müssen nach der Geschichte mit ISARIA, dem Wellnessresort bei Grünwald. Dieser blöde Mader war schuld. Der hätte ihn am liebsten für Mord drangekriegt. Hätte. Aber die Sache mit der Wasserleiche und dem toten Italiener war so verzwickt gewesen, dass man ihm nichts nachweisen konnte. Logisch. Er war ja kein Anfänger! Er war Dr. Friedrich Patzer, Investmentgenie und Spezialist für komplexe Bauvorhaben. Gewohnt, mit harten Bandagen zu kämpfen. Aber dass man ihn dann wegen frisierter Bücher verknackt hatte, war schon sehr blöd. Und das passierte ausgerechnet ihm, der sich mit Finanzen bestens auskannte. *Die Psychologie des Geldes*, so der Titel seiner Doktorarbeit. Ja, die Psychologie des Geldes kannte er. Was aber nicht viel half, wenn man die Psychologie der Geschäftspartner falsch einschätzte.

Sein Kompagnon Dr. Steinle hatte sich sauber aus der Affäre gezogen, als es eng wurde. Na ja, hätte er vermutlich auch nicht anders gemacht. Der Herr Notar, immer wichtig, mit den allerbesten Verbindungen, stets auf den eigenen Vorteil bedacht. Wäre nur gerecht gewesen, wenn die Cops auch bei ihm was gefunden hätten. Aber Steinle war ein Aal. Wahrscheinlich würde er winseln, wenn er in den Knast müsste. Er hingegen hatte noch Eier in der Hose. Und Stadelheim jetzt als eine durchaus bereichernde Lektion des Lebens für sich verbucht. Manchmal wusste man erst, was wichtig war, wenn man es nicht mehr hatte. Die Möglichkeit, von A nach B zu gelangen. Einfach so. Die Auszeit ermöglichte einen anderen Blick. Perspektivenwechsel, Muße, das Leben zu überdenken, Ziele neu zu formulieren. Jetzt wollte er wieder angreifen! Attacke!

Patzer überlegte. Taxistand. Nein. Bus? Nein. Er orientierte sich kurz: Giesing, München. Immer noch seine Stadt. Er atmete tief durch, dann schritt er weit aus. Wieder Boden unter die Füße kriegen. Die Stadt zurückerobern.

Die Schwanseestraße hinunter, über die Chiemgaustraße, der dichte Verkehr am Ring, zum Giesinger Bahnhof. Weiter: Ostfriedhof und Nockherberg. Auf der Plattform an der Hochstraße machte er halt und sah hinab

auf die Stadt, seine Stadt. Olympiaturm unwirklich nahe.
Davor Dom, Alter Peter, Rathaus, Patentamt. Das Ver-
traute, das er in seinen Monaten in Stadelheim vermisst
hatte. Gedankenpause. Einiges musste er grundsätzlich
ändern, anderes nur besser machen, ein bisschen aufräu-
men. Dass seine Frau über alle Berge war, sollte ihm nur
recht sein. Mit dem bürgerlichen Scheiß war er fertig. Er
würde die Scheidungspapiere unterschreiben. Aus die
Maus. Und dann wieder ins Geschäft einsteigen. Steinle
würde schon sehen: Patzer war zurück! Der neue Patzer!
Buh!

WURSTHAUT

Mader schüttelte Hummel herzlich die Hand. »Respekt,
noch nicht mal im Büro, und schon ein neuer Fall.«

Hummel grinste schief. »Ich dachte, ich lass es mal
langsam angehen.«

»Ist dir gelungen«, sagte Zankl.

»Hey, Hummel, oide Wursthaut!«, rief Dosi, die gerade
hereinkam. »Wie geht's dir?«

Sie umarmten sich. »Passt schon«, nuschelte Hummel.

»Und, was macht er?«, fragte Mader Dosi.

»Wer?«, fragte Hummel.

»Patzer«, erklärte Dosi. »Ist heute aus dem Knast. Ich
hab ihn ein bisschen im Auge behalten.«

»Und?«

»Ihr werdet lachen. Ist erst mal ganz brav zu Fuß durch
Giesing marschiert, dann mit der Tram zum Sendlinger
Tor. Von da aus in ein Hotel in der Schillerstraße.«

»Schöne Gegend«, murmelte Zankl. »Erotronik – Strip-
schuppen und Elektronikläden.«

»Na, für Ersteres hat er ja jetzt vielleicht besonderen Bedarf. Und was ist bei euch so los?«

»Ein Toter in der Kardinal-Faulhaber-Straße.«

KALTSCHALE

»Und, Frau Fleischer, Auffälligkeiten?«, fragte Mader, als Gesine das Leichentuch weggezogen hatte.

»Nein. Genickbruch, Schädelbasisbruch – vorsichtig ausgedrückt. Das Gehirn war auf dem Pflaster. Ist da drüben.«

Mader warf einen flüchtigen Blick in die Kaltschale.

»Hinweise auf Fremdverschulden?«

»Kann ich nicht sagen.«

»Wir haben Zeugenaussagen«, erklärte Mader Dosi, »zwei Frauen. Eine sagt, dass er gestoßen wurde. Nicht hundertprozentig, aber die Frau wirkt glaubwürdig. Hummel kennt sie.«

Hummel wirkte etwas zerknirrscht. »Die beiden Zeuginnen sind meine Agentinnen, also meine alte und meine neue. Frau von Kaltern hat mich angerufen, und meine Exagentin Valerie hat das mit dem Schubsen gesehen.«

»Uh, Exagentin, mein kleiner 007 ...«, sagte Zankl.

»Eins ist bemerkenswert«, unterbrach Gesine das Geplänkel. »Die Rückseite des Toten.« Geschickt griff sie unter Hüfte und Schulter und drehte den Toten zur Seite, sodass sie den vernarbten Rücken sehen konnte. Eine Landkarte aus knotigem Gewebe. Bedrückt musterten sie das geschundene Fleisch.

»Er hat sich kasteit?«, fragte Mader.

»Ich weiß es nicht. Die Narben sind Jahre alt.«

TIPPTOPP

Der Hotelchef persönlich schob Patzer den doppelten Espresso über den Tresen. »Schön, dass du wieder draußen bist, Fritz.«

»Kannst du laut sagen, Sammy. Danke für deine Hilfe.«

»Ist doch klar. Wenn du sonst irgendwas brauchst? Ein Mädchen?«

»Im Moment nicht. Aber ich werde drauf zurückkommen. Wo ist der Aston Martin?«

»Steht in der Tiefgarage. Tipptopp. War sogar beim TÜV.« Er reichte Patzer die Autoschlüssel und die Papiere.

»Du bist ein echter Freund.« Patzer trank aus und ging zum Lift.

PSYCHO

Hummel stand auf dem Isarwehr beim Müller'schen Volksbad. Kleiner Stopp auf dem Heimweg, zum Nachdenken. Nach viermonatiger Pause hatte er heute wieder zu arbeiten begonnen. Sein letzter Fall steckte ihm noch immer in den Knochen: der schwere Sturz beim Schachenhaus in den Bergen, die Chefin der Modelagentur Chris Winter, die ihn so hintergangen hatte, und die vielen Toten, die sie auf dem Gewissen hatte. Sein monatelanger Krankenhausaufenthalt hatte aber auch seine guten Seiten gehabt: Beate war lange an seinem Krankenbett gesessen, bis er dann endlich aus dem Koma erwachte. *Sie war die ganze Zeit da, als er weg war.* Chris Winter war nur eine kurzfristige Verwirrung gewesen. Sehr gut aussehend, klar, aber ein Herz, schwarz und hart wie Kohle. Beate hingegen... *Ach, Beate!* Endlich war sie sein. Und er: vom Stammgast ihrer Musikkneipe *Blackbox* zum Lebensgefährten. Steile Karriere. Na ja, »Lebensgefährte« war dann doch ein bisschen zu hoch gegriffen. Aber das war zumindest sein Nahziel. Ihren Exfreund, den Testfahrer von BMW, hatte Beate in die Wüste geschickt. Ja, den hatte er offenbar ausgestochen. Charme, Witz, Humor – das war Hummels Währung. Dachte er zumindest. Sonst hätte es auch keinen logischen Grund für Beate gegeben, die Pferde zu wechseln. Zum Glück hatte Liebe nichts mit Logik zu tun.

Hummel sah auf die Isar und die Kiesbänke. Schon viel passiert in letzter Zeit, in seinem Leben. Das er immer noch sortieren musste. Der Betriebsarzt hatte zu einer langsamen Wiedereingliederung geraten. Das war auch die Botschaft der Polizeipsychologin: erst mal nicht mehr als zwei Tage die Woche arbeiten. Und begleitende Therapie. »Mentale Hygiene« lautete das Resümee der Psychologin. Damit hatte er eigentlich gar nichts am Hut! Wie klang denn das? *Mentale Hygiene!* Sollte er jetzt sein eigener Facility Manager werden, mit Mopp und Wischlappen seine Seele schrubben? Ja, vielleicht sollte er das mal tun. Dabei beschäftigte er sich eh schon andauernd mit sich selbst. Würde das mit so einer Therapie nicht noch schlimmer werden? Er wollte die Psychologin nicht enttäuschen, also hatte er zugestimmt. Wer weiß, wozu es gut war.

In den letzten Monaten war ihm vor allem Bajazzo eine große Stütze gewesen. Dem musste er nichts erklären, der widersprach nicht, war einfach da. Und Mader war ganz froh, dass mal jemand anders mit Bajazzo Gassi ging. Bajazzos Zuneigung konnte sich Hummel sicher sein, bei Beate war das nicht ganz der Fall. Es hatte sich so gut angelassen, aber jetzt war dieser blöde Testfahrer wieder auf der Bildfläche erschienen. Er sülzte herum, machte Beate ölige Komplimente. Dass sie diesen eitlen Deppen gewähren ließ, enttäuschte ihn schon etwas. Nein, sehr! Wobei, wenn Hummel ehrlich war – es war auch schwierig, so im direkten Vergleich: Der Typ sah ziemlich gut aus, hatte Kohle und Selbstbewusstsein, war kein solches Komplexbündel wie er. Aber – wie gesagt – es ging ja um Liebe. Irrationalität pur. Er musste diese Balzattacken als Herausforderung sehen. Ein Grund mehr, an sich selbst zu arbeiten.

Hummel hob einen Stock auf und warf ihn in das gurgelnde Wasser. Der Stock drehte und überschlug sich in den eisigen Fluten. Hummel sah ihm eine Weile zu, dann ging er zur Museumsbrücke, bog in die Lilienstraße ein. Hatte Hunger. Vielleicht wollte Beate ja zum Essen kommen? Er griff zum Handy.

PETIT BATEAU

»Frank, hier hast du deine Tochter, ich bin raus!«, hatte Conny gesagt, als er um neunzehn Uhr zu Hause eingetroffen war. Clarissas Schreien hatte er bereits im Treppenhaus vernommen. Als es vor der Wohnungstür immer mehr anschwoll, hatte er schon überlegt, einfach auf dem Absatz kehrtzumachen und Conny per Handy mit irgendwelchen Überstunden wegen des neuen Falls anzuschwindeln. Aber sie roch Ausreden hundert Meter gegen den Wind. Also *Home sweet Home*. Als ihm das Schluchzen von Clarissa nach Öffnen der Wohnungstür ungefiltert entgegengeströmt war, war ihm auch schlagartig klar geworden, wie wunderbar ruhig sein Arbeitstag gewesen war. Herrlich. Nun Feueralarm. Und das Zuschlagen der Wohnungstür hinter Conny hatte bedeutet, dass sie jetzt die Stille einer Stunde Rückbildungsgymnastik genießen konnte und er ganz allein war mit dem Problem auf seinem Arm. Wie stellte Conny sich das vor?! Dass er ihr die Brust gab?

Clarissa-Schatzi, Mausi, dididudu, bist du müde, schlaf, Mausi, schlaf...

Clarissas Wehklagen wurde immer penetranter. Keine Chance. »Na gut, Mausi«, sagte er und ging ins Schlafzimmer, wo der BabyBjörn auf dem Wickeltisch lag. Er roch an ihrer Windel, fand den Geruch akzeptabel und legte Clarissa ab. Sie schwieg und sah mit großen Augen zu, wie er sich das Tragegestell anschnallte. Das klappte immer. Auch heute. Er bugsierte sie in die Stoffschlaufen, setzte ihr ein Mützchen auf und holte den weiten Wintermantel aus dem Schrank. Hatte er nach Jahren wieder in Betrieb genommen. Muffelte ein bisschen. Allerdings, was muffelte zur Zeit nicht?

Clarissa schlief bereits im Treppenhaus. Er überlegte kurz, ob er einfach zurück in die Wohnung gehen sollte, sich mit ihr aufs Sofa setzen und auf Sky Fußball schauen sollte, verwarf den verlockenden Gedanken aber sogleich wieder. Das hatte noch nie geklappt. Also raus. Er ging zum Bavariaring und sah auf die dunkle Theresienwiese. Dass ein Kind so anstrengend sein kann, hätte er nicht gedacht, hätten sie beide nicht gedacht. Na ja, Clarissa war besonders anstrengend, so klein und zierlich, wie sie war. Zwei Monate zu früh und trotzdem alles dran. Ihre Stimme reichte für zwei. Als müsste sie die verpassten Monate durch Dezibel kompensieren und rausposaunen: »Ja, ich bin da!!!«

Jetzt schlief sie tief und fest. Zankl dachte über den heutigen Tag nach. Hummel war zurück. Endlich. Zwar klappte es inzwischen mit Dosi ganz gut, aber Hummel als ausgleichendes Element hatte gefehlt. Denn Dosi war schon manchmal auf Krawall gebürstet. Na ja, er ja auch. Ein bisschen Emotion gehörte zum Geschäft. Er dachte an den toten Priester. An die Striemen auf seinem Rücken. An dessen wenig auskunftsbereiten Kollegen in der Kardinal-Faulhaber-Straße. Morgen würde er sich mit Mader den Laden mal genauer ansehen. Er überlegte, ob Clarissa eigentlich getauft werden sollte. Vermutlich. Conny war evangelisch und ging zumindest an Feiertagen in die Kirche. Er nicht. Er war katholisch und schon lange ausgetreten. Es gab genug Katholiken ohne ihn.

Was seine Mama niemals erfahren durfte, da war sie extrem konservativ. Seine Mama, jetzt Oma. Wie sich Rollen veränderten. Conny war alles andere als begeistert, dass Luise jetzt ständig bei ihnen anrief und unangekündigt vorbeischaute.»Mei, schau mal, Conny, was ich für einen entzückenden Strampler bei *Petit Bateau* gekauft habe. Clarissa wird fantastisch darin aussehen. Was haltet ihr davon, wenn ich sie euch heute Nachmittag entführe und mit ihr in die Hypo-Kunsthalle gehe. Ein bisschen Frühförderung kann doch nicht schaden. Kinder sind ja so kreativ ...«

Jetzt sah er das Blaulicht. Der Polizeiwagen war schnell. Die Ampel wurde rot. Bitte nicht! Natürlich schalteten die Polizisten das Martinshorn ein. Blöde Bullen! Clarissa ließ einen gellenden Schrei los.

FOREVER IN LOVE

Dosi wachte früh auf. Ihr Kopf brummte. Eins von den Augustinern gestern musste schlecht gewesen sein. Sie betrachtete Fränkis nackten Rücken. Viel dran war nicht an ihm. »A Haring«, wie man in Niederbayern sagte – ein Hering, schmal und zäh. Aber der rote Engel mit den weiten Flügeln und den Teufelshörnchen am Kopf war schon beeindruckend. Darunter in Fraktur: *Forever in Love.* Das Tattoo meinte er durchaus wörtlich. Fränki würde sie nie wieder loswerden. *Dosi-Schatzi, Dosi-Mausi, Dosi-Hasi…* Aber da gab es Schlimmeres. Und man sollte immer im Rahmen der eigenen Möglichkeiten bleiben, da war sie ganz realistisch. Sie sah zum Nachttisch, wo eine aufgerissene Kondomschachtel lag. Obwohl Dosi sich nicht erinnern konnte, dass da gestern noch was gelaufen wäre. Ein Kickerturnier unter der Woche war einfach keine gute Idee. Sie fuhr langsam mit dem Finger über Fränkis Rippenklavier und dachte an die Striemen bei der Leiche gestern. Was war der Grund dafür? Was Sexuelles, Sadistisches? Oder doch nur das Kasteien des sündigen Fleisches? Was war heutzutage schon sündig? Na ja, diese Kirchenmänner hatten sicher strenge Spielregeln. Fränki grunzte selig. Dosi deckte ihn ordentlich zu und kletterte aus dem Bett, setzte Kaffee auf und ging duschen.

GRÜBCHEN

Hummel wachte ebenfalls nicht alleine auf. Allerdings nicht in seiner Wohnung. Er sah auf den wunderbaren langen, makellosen Rücken von Beate, verlor sich in den beiden Grübchen oberhalb ihrer Pobacken. ›Sie ist so perfekt‹, dachte er. Nachdem sie die spontane Einladung zum Abendessen ausgeschlagen hatte, war er ohne große Hoffnung gestern in die *Blackbox* gegangen, hatte still an einem Tisch gesessen, ein paar Bier getrunken. Beate hatte Philly-Soul aufgelegt, das süße Zeug mit Streichern und

Chören! Aber sehr inspirierend. Und da hatte er spontan ein paar Zeilen auf seinen Bierdeckel geschrieben und ihr diese vorgetragen, nachdem der letzte Gast gegangen war. Beates Reaktion war überwältigend. Sie hatte ihn geküsst – so intensiv, dass er sich geschämt hatte, sich morgens das letzte Mal die Zähne geputzt zu haben. Und dann Wolke 7. Oder hieß das Wolke 9? Wie in dem Song der *Temptations*. Ganz oben jedenfalls. Weit draußen. Stratosphäre.

Jetzt hatte er einen wirklich üblen Geschmack im Mund. Er sah auf die Uhr – uh, höchste Zeit, er musste ins Büro. Halb zehn war sein Termin mit der Polizeipsychologin. Brauchte er das wirklich noch? Er war doch glücklich. Aber darum ging es ja nicht, sondern um seinen Job. Na ja, den neuen Fall hatte er bisher ja ganz gut verdaut. Das hatte ihn gestern selbst nach der langen Pause nicht aus der Bahn geworfen. Er ging ins Bad, drückte sich etwas Zahnpasta auf den Zeigefinger und rieb sich die Zähne ein. Dann nahm er einen von Beates Lippenstiften und schrieb in großen Lettern ICH LIEBE DICH auf den Spiegel.

FAST PARIS

›Was für ein herrlicher Tag!‹, dachte Mader, als er am Odeonsplatz aus der U5 stieg, um die letzten Meter zur Ettstraße via Theatinerstraße, Kardinal-Faulhaber-Straße und Löwengrube zurückzulegen. In der Kardinal-Faulhaber-Straße hatte der nächtliche Regen die letzten Blutspuren vom Gehsteig gespült. Spontan entschied sich Mader, in dem kleinen Café schräg gegenüber dem kirchlichen Verwaltungsgebäude einen Kaffee zu trinken und ein Croissant zu essen. Ein kleines Bistro, das ihm gestern erstmals aufgefallen war. *Le bon matin.* Sehr apart, sehr französisch. Der Duft von Kaffee und Gebäck, das Rascheln der Zeitungen der frühen Gäste. An der Wand ein altes Kinoplakat. *Belle de Jour.* Hallo, Catherine! Er fühlte sich beinahe wie im Urlaub. Er dachte an seinen letzten Trip nach Paris.

Jetzt München – ein guter Polizist war immer im Dienst. Durchs Fenster beobachtete er, wer drüben bei den Schwarzröcken ein und aus ging. Viele Männer mit Aktenkoffern. Mal scharf geschnittene Businessanzüge, häufig aber der diskrete Charme offiziöser Pietät. Da gab es bestimmt einen speziellen Herrenausstatter. Mader glaubte sich an einen kleinen Laden beim Dom erinnern zu können.

Er stutzte, als eine ihm bekannte Person zusammen mit einem Geistlichen aus dem Gebäude kam. Dr. Steinle! Der Notar, der immer wieder seinen Weg kreuzte und bei ihm für Bauchschmerzen und Ärger mit seinem Chef Dr. Günther sorgte. Steinle verkehrte in den gehobenen Kreisen Münchens, da, wo das Geld saß und wo Günther auch gern sitzen würde. Steinle und Maders Chef pflegten eine lockere Golfklubbeziehung. Allerdings war Günthers Verhältnis zu Steinle eher die eines Caddies zu Bernhard Langer. Dachte Mader jetzt, als der Notar und der Geistliche direkt auf das Café zusteuerten. Mader sah sich um. Es war einfach zu eng hier, um sich zu verstecken! Über Tarnungsaccessoires wie Sonnenbrille oder Hut verfügte er nicht. Schon öffnete sich die Tür. Er schnappte sich die Zeitung vom Nachbartisch und entfaltete sie in ganzer Größe. *Le Figaro.* Aktuell, wie er erfreut festgestellt hätte, wenn genug Muße für Lektüre gewesen wäre. Er konzentrierte sich nicht auf die Artikel, sondern darauf, was die beiden Caféhausgäste sagten.

»Wird das Ableben von Bruder Wolfgang etwas am Lauf der Dinge ändern?«, hörte er Dr. Steinles sonore Stimme.

»Kaum. Er war zwar Projektleiter«, lautete die Antwort in zartem Moll, »aber nur ausführendes Organ. Die Leitung um Bruder Notkar wird das Angebot annehmen, das am attraktivsten ist und am besten mit den Interessen der Kirche korrespondiert. Da bleiben nicht viele Bewerber übrig. Und Sie sind dabei!«

»Das freut mich sehr. Es geht ja auch um ein Stück Münchner Geschichte.«

»Als neuer Projektleiter habe ich da durchaus Einflussmöglichkeiten.«

Mader lauschte angestrengt dem Gespräch über den Immobilienverkauf, in dem nur das Wort »Schmiergeld« fehlte.

»Das klingt doch sehr gut«, schloss Steinle. »Ich freue mich auf eine vertrauensvolle Zusammenarbeit. Oh, so spät schon. Bitte zahlen!«

Dann hörte Mader nichts. Obwohl die beiden Herren noch da waren. Mader traute sich nicht, hinter der Zeitung hervorzulugen. Dann sah er, wie ein Keks auf dem Boden landete. »Da, Bajazzo, was Süßes. Und sag deinem Herrchen einen schönen Gruß.«

SHAOLIN

Als Mader im Präsidium eintraf, war seine schlechte Laune verflogen. War auch irgendwie lächerlich. Er hatte sich wie ein Schuljunge benommen. Oder eine Figur in einem Detektivroman für Kinder. Hätten nur noch die Gucklöcher in der Zeitung gefehlt. Er lachte. Günthers Nachfrage im Treppenhaus – »Und was gibt's Neues von den fliegenden Mönchen?« – hatte er soeben cool mit »Shaolin gibt's im *Circus Krone*« gekontert. Woraufhin Günther herzhaft gelacht hatte. Das Niveau von Günthers Humor stand in diametralem Gegensatz zu seinem elitären Gehabe. Wobei? War das so? Eigentlich passte das. Denn Geschmack hatte Günther nicht. Mader musste an die unterirdischen Lyrikevents oder an die zähen Edelgastroabende denken, die er mit Günther bereits verbringen durfte – dienstlich natürlich, kein Spaß. Jetzt aber. Im Büro gab er Zankl die Anweisung, sich schlauzumachen, was es mit dem Immobiliendeal und Steinle auf sich hatte. »Und machen Sie uns einen Termin bei diesem Abt Notkar, das ist der Chef da. Wo ist denn Doris?«

»Beschattet Patzer.«

»Aber nur noch heute und morgen. Dann ist es gut. Vielleicht ist er ja wirklich ein ehrbarer Bürger geworden.«

»Glaub ich nicht.«

»Und wo ist Hummel?«

»Bei Frau Seelendoktor.«

ESTELLE

Hummel stand im Hof des Polizeipräsidiums und rauchte. Er hatte gerade die Sitzung mit der Polizeipsychologin hinter sich. Die nahm einen ja regelrecht auseinander! Hatte angefangen, in seiner Kindheit zu kramen, nach seinen Eltern gefragt. Warum die sich getrennt hatten? Ob er die neuen Partner seiner Eltern kannte? Ob er sie mochte? Nein, Zefix! Er mochte sie nicht! Was hatte das mit seinem Job zu tun?! Andererseits – es stimmte schon: Sein familiärer Hintergrund war eine unaufgeräumte Großbaustelle, die er am liebsten komplett zubetoniert hätte. Vielleicht war das gerade das Problem: feine Risse im Beton, aus denen ein unguter Geruch strömte. Ungesagtes, Enttäuschungen, Konflikte. Nein, das hatte er bereits getan.

Sein Handy klingelte. Er sah auf das Display und nahm hocherfreut den Anruf an. »Hey, du«, hauchte er.

»Klaus, hast du eigentlich den Arsch offen?«

»Äh?«

»Was fällt dir ein, meinen Spiegel vollzuschmieren?«

»Ich, äh?«

»Mit meinem Lippenstift! Der ist von *Estelle*, der kostet schlappe 35 Euro!«

»35 Euro?!«

»Fünf-und-dreißig! In Worten!«

»Ein Lippenstift?«

»Ja, und?«

»Ein Lippenstift kann doch nicht 35 Euro kosten?«

»Wenn du einen String für 100 Euro kaufen kannst!«

Er lachte. Sie hängte ein.

BAVARIAN SHISHA

Dosi stand im *Bavarian Shisha Outlet* in der Bayerstraße, umgeben von Oktoberfest-T-Shirts, Schneekugeln mit Rathaus und Olympiaturm, Wasserpfeifen samt Zubehör und Dirndln für sage und schreibe 49 Euro. »Nur heute« stand auf dem zerknitterten Passschild an einem schreiend pinken Jodeloutfit. Dosis Blick war starr durchs vollgestopfte Schaufenster nach draußen gerichtet. Der afrikanischen Verkäuferin mit ihrer eindrucksvollen Kopfbedeckung – bunter Bastkorb mit vierzig Zentimetern Höhe, aus dem fein geflochtene Zöpfe wie Bohnenkraut wucherten – war Dosis mangelndes Kaufinteresse egal. Sie plapperte wie ein Wasserfall in ihr Smartphone in einer Dosi unbekannten Sprache.

Dosis Blick ging über die Straße. Patzer saß nur wenige Meter weiter an einem der hohen Tische im Bistrobereich des *Fleming's Hotel*. Nicht allein. Mit einem anderen Anzugmenschen. Das Treffen sah geschäftlich aus. Jetzt drehte sich Patzers Gesprächspartner in Dosis Richtung. Hey, den kannte sie doch! Das fleischige Gesicht, der kecke Oberlippenbart, die angeklatschten Haare. Woher nur? Vielleicht aus Passau? Die beiden schienen sich prächtig zu amüsieren, denn sie lachten in einer Tour. Jetzt fuhr draußen ein dicker schwarzer Mercedes vor, und die beiden verließen das Lokal. Dosi stürzte nach draußen, sah gerade noch die Autonummer. Passauer-Land-Nummer. Notiert. Im selben Moment fiel ihr ein, wer der Mann war. Der Chef des Bauunternehmens, das damals ihr Haus in Passau gebaut hatte. In dem immer noch ihr Ex Eric saß. So, der Schmidhammer aus Untergriesbach hatte jetzt einen Mercedes samt Fahrer. Das Geschäft lief offenbar gut. Musste sie sich mal genau informieren, was der so trieb. Und was er mit Patzer zu schaffen hatte.

SCHÄFCHEN

Bruder Notkar bat die beiden Kriminaler, Platz zu nehmen. Harte Büßerstühle. Auch sonst ein recht karges Styling. Bürograu und -beige. Als einziges religiöses Insignium – mal abgesehen von Bruder Notkars Dienstkleidung – hatte Mader ein kleines Kruzifix über der Tür entdeckt.

»Sie sind katholisch?«, fragte Notkar.

Mader nickte, Zankl fühlte sich ertappt und schüttelte den roten Kopf.

»Jedes verlorene Schäfchen ist willkommen«, sagte Notkar und lächelte. »Kleiner Scherz. Ihre Konfession geht mich nichts an. Und Sie sehen es vielleicht an unserem Ambiente – das könnte eine x-beliebige Amtsstube sein.«

»Welchen Dienstgrad, äh, welche Funktion haben Sie hier?«, fragte Zankl mit immer noch rotem Kopf.

»Ich bin Finanzdirektor. Ich koordiniere verschiedene Aufgabenbereiche, die ein vor allem wirtschaftliches Denken erfordern: Controlling, Haushaltsplanung, Portfolio- und Immobilienmanagement.«

»Sagen Sie, kennen Sie Dr. Steinle?«, fragte Mader.

»Dr. Steinle. Aber ja! Wer in München mit Vermögenswerten zu tun hat, kommt an Dr. Steinle nicht vorbei.«

»Machen Sie Geschäfte mit ihm?«

»Wir haben gelegentlich mit ihm zu tun, in seiner Funktion als Notar.«

»Wobei zum Beispiel?«

»Dazu kann ich nichts Näheres sagen. Außer es hat etwas mit dem Ableben unseres Bruders Wolfgang zu tun.«

»Entschuldigen Sie, ich wollte nicht indiskret sein. Ich bin heute Morgen hier vorbeigekommen, da kam er gerade aus dem Gebäude.«

In Notkars Miene zeigte sich gar nichts.

Mader wartete, ob da noch mehr Informationen kamen. Nein. Also fragte er: »Womit war Bruder Wolfgang denn hier so alles befasst?«

»Er war ebenfalls Verwaltungsfachwirt. Er kümmerte sich vor allem um unsere Immobilien. Viele unserer Liegenschaften haben übrigens keinerlei kirchliche Funktion: Mietshäuser, Büros und sogar eine Ladenpassage.«

»Hatte Bruder Wolfgang zurzeit irgendeine besondere Aufgabe?«

Notkar überlegte kurz, dann nickte er. »Momentan war er vor allem Projektleiter für den Verkauf dieser Immobilie.«

»Sie verkaufen dieses Haus?«, fragte Zankl.

»Ja, es wird eng hier. Wir haben bei Garching ein großes Gelände, da soll ein Neubau entstehen, in dem dann alle Ressorts Platz finden. Sie sehen ja selbst, hier ist alles ein bisschen unzeitgemäß.«

»War Steinle deswegen hier?«, fragte Mader dann doch.

Notkar lächelte. »Sie sind hartnäckig. Sprechen Sie mit Bruder Johannes. Das ist der Kollege von Bruder Wolfgang. Johannes leitet jetzt dieses Projekt.«

»Ja, das machen wir. Sagen Sie, was war Bruder Wolfgang für ein Typ? Hatte er Feinde?«

»Nicht dass ich wüsste. Ein eher stiller Mensch. Kein Wort zu viel. Sehr gewissenhaft. Ein – wie soll ich sagen? – Erbsenzähler. Nein, doch, das trifft es ganz gut. Muss man wohl sein, wenn man Immobilien bewertet.«

»Hatte er Freunde?«

»Das wäre zu viel gesagt. Er war ein Einzelgänger. Aber auch hier: Am besten, Sie sprechen mit Bruder Johannes.«

»Dürfen wir uns noch mal in Bruder Wolfgangs Büro umsehen?«

»Natürlich. Aber die Herren von der Spurensicherung haben es versiegelt.«

Mader lächelte.

»Gibt es denn Hinweise auf ein Fremdverschulden?«, fragte Notkar.

»Dazu kann ich noch gar nichts sagen.«

Notkar nickte verständnisvoll.

Mader und Zankl standen auf.

»Warten Sie«, sagte Notkar und öffnete eine Schublade seines Schreibtischcontainers. Er holte etwas heraus und gab es Bajazzo. Hundekeks. Er kraulte Bajazzo den Hals. »Ich hab auch einen Hund. Einen Spitz. Sehr lebhaft.«

»Und wo ist der jetzt?«, fragte Mader erstaunt.

»Bei meiner Haushälterin.«

MÄNNER

Als Dosi im Büro eintraf, fand sie nur einen etwas derangierten Hummel vor. Wie ein Schilfrohr im Wind, der Gute. Auf den musste sie ein Auge haben. »Vielleicht solltest du doch noch nicht arbeiten«, meinte sie.

»Was Privates.«

»So?«

»Ärger mit Beate.«

»Ach, dann ist's ja gut.«

»Nichts ist gut.«

»So hab ich's nicht gemeint.«

»Hast du eine Ahnung, wo ich einen Lippenstift von *Estelle* herkriege?«

Sie sah ihn verwundert an. »Nein, aber wahrscheinlich bei Douglas. Welche Farbe?«

»Wie, welche Farbe? Rot natürlich. Gibt's noch andere?«

»Männer!«, stöhnte Dosi.

HÄRTER

»Bei meiner Haushälterin«, äffte Zankl den Prälatensound nach.

»Jetzt seien Sie mal nicht so päpstlich, der war doch ganz in Ordnung. Das ist halt eine andere Welt.«

»Das können Sie laut sagen.«

Zankl und Mader hatten das Büro im vierten Stock erreicht und erbrachen das Siegel an der Tür von Bruder Wolfgangs Büro.

»He, das dürfen Sie nicht«, sagte ein Mann aus der offenen Bürotür von gegenüber.

Mader erkannte den Geistlichen als den Mann aus dem Café von heute Morgen wieder und lächelte. »Doch, wir dürfen das.« Er hielt ihm den Dienstausweis hin.

»Miller, Johannes Miller«, stellte sich der Mann vor. »Schreckliche Geschichte. Ich war gestern nicht im Büro und habe es erst am Abend erfahren. Schrecklich!«

»Zankl, Sie sprechen bitte mit Herrn Miller, ich sehe mich so lange noch mal im Büro von Bruder Wolfgang um.«

Mader betrat das ebenfalls sehr schmucklose Büro und schloss die Tür hinter sich. Er ging ans Fenster und öffnete es. Sah nach unten. Sehr tief. Er stellte sich ans Fenster. Der Sims war hüfthoch. Da fiel keiner einfach so raus. Wenn ihn jemand geschubst hatte – wer und warum? Da sein Kollege von gegenüber gestern nicht da war, fiel der leider aus. Wieso leider? Weil er ihn heute Morgen mit Steinle gesehen hatte? Ein Zusammenhang? Wenn die Immobilie zum Verkauf stand, war es nur logisch, dass sich Steinle dafür interessierte. Wobei es schon erstaunlich war, wie schnell Steinle über den plötzlichen Personalwechsel informiert war. Der hatte seine Fühler wirklich überall.

Mader setzte sich auf den Schreibtischstuhl und zog die Schubladen des Containers auf. Stifte, Büroklammern, Tesa, Taschenrechner. Hatte er gestern bei dem flüchtigen

Blick durch Bruder Wolfgangs Habseligkeiten schon gesehen. Mader ging die Schubladen jetzt im Detail durch. Unter einem Stoß Druckerpapier fand er eine Hochglanzzeitschrift. Gesicht nach unten. Hinten eine ganzseitige Anzeige für *Davidoff Cool Water*. Er drehte die Zeitschrift nicht gleich um. Ließ seiner Fantasie freien Lauf: *Playboy*, *FHM* oder gar was Härteres, ein Porno? Jetzt drehte er sie um: *Der BOCK*. Er hatte recht gehabt: ein Porno, ein Tierporno, eine Jagdzeitschrift mit künstlerischen Fotos von toten Tieren oder Tieren, die im nächsten Moment tot sein würden. Und mit stolzen, in prächtigem Grün und Braun gewandeten Männern, deren kernige Blicke starr ins Unterholz gerichtet waren. Schuss und Gegenschuss. Jäger und Gejagte. Täter und Opfer. Preis 12,80 Euro. Mader blätterte durch die Zeitschrift und hing seinen Gedanken nach.

Sonst war nichts Interessantes in den Schubladen. Mader betrachtete das Ölbild an der Wand. Ein Bergsee, eingerahmt von hohem Nadelwald. Wie die Alpen sah das nicht aus – eher Mittelgebirge. Mader machte mit dem Handy ein Foto von dem Bild. Dachte nach. Eine Jagdzeitschrift, Wald, Natur... Merkwürdig für einen Kirchenmann. War der ein Jäger, hatte der vielleicht sogar eine Jagdhütte? Konnte der sich das leisten? Würden sie dort interessante Sachen finden? Er sah zum Fenster. Wenn jemand Bruder Wolfgang aus dem Fenster gestürzt hatte, war das im Affekt geschehen oder kühl geplant? Der Täter musste hier aus dem Gebäude kommen. Höchstwahrscheinlich. Denn ohne Termin kam man hier nicht rein. Alle Besucher mussten sich an der Pforte anmelden. Was konnte der Grund für eine solche Tat sein? Der Immobilienverkauf? Ging es um Einflussnahme, Schmiergeld? Mader zuckte mit den Achseln und ging zu Zankl, der immer noch im Büro des einstigen Kollegen saß.

»Hatte Bruder Wolfgang eine Jagdhütte?«, platzte Mader ins Gespräch.

»Eine was?«

»Eine Jagdhütte.«

Bruder Johannes lachte auf. »Was, glauben Sie, verdienen wir hier… sicher nicht mehr als Sie. Haben Sie eine Jagdhütte?«

»In seinem Schreibtisch lag ein Jagdmagazin.«

»Ich lese ein Oldtimer-Magazin. Fahre ich deswegen einen Oldtimer? Nein, ich fahre einen VW Jetta.«

»Gute Wahl. Und das Bild in seinem Büro?«

»Irgendein Alpenkitsch.«

»Also kein Jäger?«

»Waffen und ein Mann der Kirche? Wie passt das zusammen?«

Mader lüpfte seine Jacke, damit Bruder Johannes seine Waffe sehen konnte. »Ich bin katholisch.«

Bruder Johannes grinste irritiert.

»Wissen Sie mehr über Bruder Wolfgang – Hobbys, Freunde, Vorlieben, Musik, gutes Essen…?«

Bruder Johannes schüttelte den Kopf. »Nein, ich weiß eigentlich gar nichts über ihn. Er war sehr für sich. Klar, wir sprachen über die Arbeit. Er war ein Aktenfresser und ein harter Rechner.«

»Ein Erbsenzähler.«

»Ja, wenn Sie es denn so nennen wollen. Er wollte die Immobilie unbedingt zum bestmöglichen Preis verkaufen.«

»Hatten Sie deswegen Streit?«, fragte Zankl.

»Wie meinen Sie das?«

»Na, wenn Sie das so betonen. ›Bestmöglich‹?«

»Nun ja, Geld ist nicht alles. Finde ich. Ich habe schon den Wunsch, dass ein Stück Münchner Geschichte – und das ist diese Immobilie – im Kern bewahrt bleibt und nicht an irgendwelche ausländischen Heuschrecken verkauft wird.«

»Darum Dr. Steinle«, sagte Mader.

Johannes sah ihn erstaunt an.

»Die Polizei sieht alles.«

Johannes nickte. »Ja, es gibt auch eine Münchner Bietergruppe. Die Dr. Steinle vertritt.«

»Und andere Interessenten?«

»Eine ganze Reihe, aber für die meisten ist es aussichtslos. Vom Volumen her. Außer für eine italienische Gruppe. Die haben ein interessantes Mischkonzept: Konsum und Kultur. Die Italiener haben ebenfalls ein sehr gutes Angebot abgegeben.«

»Details?«

»Kann ich Ihnen nicht geben. Ich habe jetzt schon zu viel gesagt. Und ich glaube auch nicht, dass das etwas mit Bruder Wolfgangs Tod zu tun hat.«

»Wir müssen alle Möglichkeiten in Betracht ziehen. Kannte noch jemand hier ihn näher?«

»Nein. Nicht wirklich. Wie gesagt, er war sehr für sich.«

MAX WEBER

»Die sind doch alle nicht ganz knusper«, sagte Zankl, als sie draußen auf der Straße standen.

»Wie meinen Sie das?«, fragte Mader.

»Na ja, man muss denen alles aus der Nase ziehen. Und richtig betrübt sind sie auch nicht über Bruder Wolfgangs Ableben. Vielleicht sind die schon so auf Himmelreich gepolt, dass sie es nicht mehr so tragisch nehmen, wenn hier einer den Löffel abgibt.«

»Kommen Sie, wir gehen noch einen Kaffee trinken. Da drüben gibt es ein nettes Café.«

»Da trink ich dann einen Pharisäer.«

»Sie Witzbold. Nicht, dass Sie enttäuscht sind – ein französisches Café.«

»Oh, làlà.«

Zankl checkte sein iPhone. »Hummel. Er hat rausgefunden, dass Bruder Wolfgang nicht nur die kleine Dienstwohnung in der Rochusstraße bewohnt hat. Es gibt noch eine andere Adresse. An der Kreppe 7. Haidhausen. Beim Max-Weber-Platz.«

»Das schauen wir uns mal an.«

»Soll ich Hummel Bescheid geben?«

»Ja, aber soll Innendienst machen. Immer schön langsam. Und wir trinken erst mal Kaffee. In dem Café hab ich heute Morgen Bruder Johannes mit Steinle gesehen. Vielleicht weiß der Wirt ja, ob Bruder Wolfgang da auch mit Geschäftsfreunden verkehrte.«

AUSFLIPPEN

Hummel war beleidigt, dass sie ihn nicht dabeihaben wollten. Glaubten wohl, dass sie ihn schonen müssten. *Hah!* An der Kreppe. In seinem Viertel. Tja. Er überlegte. Warum war Bruder Wolfgang an zwei Adressen gemeldet? Hatte er ein Doppelleben geführt? Mit einer Frau? Hatte man alles schon gehört. Oder hatte er eine künstlerische Ader? Dort gab es nämlich Ateliers. Warum nicht?

»Was grübelst du?«, fragte Dosi.

»Nichts. Was macht Patzer?«

»Ich weiß es nicht. Er hatte einen Geschäftstermin. Mit einem Mann, den ich aus Passau kenne. Schmidhammer. War früher ein kleiner Bauunternehmer und hat heute einen Riesenladen. Ich hab's gerade recherchiert. Vor allem Fertigteile aus Beton. Ich frag mich, was die beiden Burschen aushecken.«

»Mader und Zankl?«

»Nein. Patzer und Schmidhammer.«

»Vielleicht was bauen?«

»Sehr witzig.«

»Du wirst es rauskriegen. Sag mal, würdest du auch so ausflippen wegen eines Lippenstifts?«

MIT NACHDRUCK

Nach einem vorzüglichen Kaffee, aber leider ohne neue Informationen zu Bruder Wolfgang, verließen Mader und Zankl das französische Café und fuhren mit der 19er-Tram zum Max-Weber-Platz. Zur Kreppe fanden sie nicht gleich, erst nachdem sie in dem Secondhand-Fotoladen an der Ecke nachgefragt hatten. Der Zugang zur gesuchten Adresse war ein schmaler Durchgang zwischen den Wohnhäusern am Max-Weber-Platz. Der Kopfsteinpflasterweg führte hinab in eine geradezu dörfliche Idylle: die kleinen Gärten der Häuschen am Wiener Platz zur Linken und rechts ein Werkstattgebäude aus dem 19. Jahrhundert mit großen Sprossenfenstern. Es war ganz still und roch leicht nach Gas. Sie sahen die Abluftlöcher der Gasöfen in den Fassaden der niedrigen Gebäude. Stille. Kein Großstadtlärm. Hier wirkte alles wie aus einer anderen Zeit. Hinter einigen Werkstattfenstern waren Kunstschmiedearbeiten zu sehen, hinter anderen Steinskulpturen.

»Toll, mitten in der Stadt«, sagte Zankl.

Mader nickte. »Und nicht gerade das Revier eines kirchlichen Verwaltungsoberrats.«

»Tja, man kann nicht reingucken in die Leute. Hier ist die 7.« Er deutete auf die Klingeln neben der Tür: »Ilse Meierhofer« stand auf der einen Klingel, und die andere hatte keinen Namen. »Die Ilse ist's vermutlich nicht«, meinte Mader. »Obwohl, vielleicht gibt es ja auch eine Frau in seinem Leben …«

Zankl drückte bei Meierhofer.

Nichts. Er klingelte noch mal mit Nachdruck.

Dann die Klingel ohne Namen.

Bummm!!!

Ein gewaltiger Knall, Glasscherben und Mauerstücke flogen durch die Luft, Mader und Zankl warfen sich aufs Kopfsteinpflaster. Mader hatte sich Bajazzo geschnappt und hielt ihn unter seinen Bauch gepresst.

Als sich der Staub legte, rappelten sie sich auf. Mader hatte einen Schnitt unter dem Jochbein. Blut lief über seine schmutzige Wange. Auch Zankls Gesicht war dreckverschmiert, aber er hatte sich nicht verletzt. Wackeligen Schrittes entfernten sie sich von dem halb zerstörten Gebäude und sahen in die Flammen hoch. Sie waren sprachlos. Außer dem Knistern des Feuers war es still. Anscheinend war niemand in dem Haus. Hoffentlich. Die Balkone an der Rückseite der Häuser an der Inneren Wiener Straße hingegen waren voll besetzt. Schon hörten sie die Sirenen des herannahenden Löschzugs. So schnell – erstaunlich! Nur ein paar Minuten. Mader hielt immer noch den verängstigten Bajazzo vor die Brust gepresst. »Mir glangt's für heute!«

»Mir auch«, sagte Zankl.

KÖFFERCHEN

»Also, ich hab noch was gefunden«, sagte Gesine, »unter den Fingernägeln von Bruder Wolfgang.«

»Fremde DNA, Hautpartikel?«, fragte Hummel.

»Nein. Blattgold und Holzsplitter. Sehr altes Holz. Mit blauer Farbe. Auch alt.«

»Antiquitäten«, nuschelte Mader. Er zwang sich, den Mund beim Reden nicht zu weit aufzumachen, sonst riss der Schnitt in seiner Wange gleich wieder auf. Gesine tupfte noch mal vorsichtig die Wunde ab und drückte auf den Zerstäuber des Desinfektionssprays. Mader zuckte zusammen.

»Antiquitäten, ja, das könnte sein«, meinte Gesine, ohne aufzusehen. Sie suchte ein Pflaster aus ihrem Notfallset. »Ich hab mir die Finger noch ein bisschen näher angesehen. Rissige Haut, Rückstände von Lösungsmitteln und Beize.«

»Na, vielleicht hat er in seiner Freizeit in seiner Haidhauser Wohnung Antiquitäten restauriert«, schlug Hummel vor.

»Das können wir jetzt leider nicht mehr feststellen«, erklärte Zankl. »Die Wohnung ist ein Schutthaufen. Die KTU wird uns erst morgen sagen, was da alles drin war. Und wer für die Explosion ver…«

Dosi und Hummel sahen Zankl entsetzt an.

»Na ja, es sieht doch nach einer Verschleierungstat aus.«

Maders Handy klingelte, während Gesine das Pflaster gerade in seinem Gesicht platzierte. Umständlich fummelte er sein Handy aus der Tasche. Er lauschte kurz und sagte schließlich: »Ja, wir kommen gleich.« Er sah in die Runde.

»Zankl, Sie haben einen guten Riecher. Dr. Fleischer,
packen Sie Ihr Köfferchen und ein, zwei Kollegen. In der
Wohnung ist noch jemand.«

SCHWARZER VOGEL

Zankl fuhr, Dosi und Hummel saßen hinten im Wagen.
Hummel war ein bisschen verwirrt. Kaum hatte er mit
der Arbeit begonnen, gab es schon zwei Leichen. Davon
eine in seinem Viertel! Tote Menschen vor seiner Haustür! Ermordet! Im beschaulichen Haidhausen!

In der Sonnenstraße staute sich der Verkehr. Sein Blick
streifte die Ladenfront des Müller-Drogeriemarkts. Jetzt
fiel ihm wieder Beates Lippenstift ein, den er in der Mit-
tagspause kaufen wollte, die ja dann leider flachgefallen
war. Wie hieß noch mal die Marke?

Seine Aufmerksamkeit wurde auf die Stauursache ge-
lenkt: ein defekter Hydrant. Wasserfontäne in Haus-
höhe. Wie ein isländischer Geysir. Kraftvoll, farbenpräch-
tig in der strahlenden Nachmittagssonne. Ein kompletter
Regenbogen über der Sonnenstraße. Zankl schaltete die
Scheibenwischer an. Hummel sah fasziniert nach draußen.
Alles verschwamm in Spektralfarben.

Sie parkten hinter Gesine am Wiener Platz und stiegen unter dem Absperrband durch, vor dem immer noch
zahlreiche Schaulustige standen. Sah man ja nicht alle
Tage, dass so ein Haus mitten in der Stadt in die Luft flog.

Der Brandmeister führte sie in die zerstörte Wohnung.
Der teilweise weggesprengte Dachstuhl gab den Blick frei
in den Haidhauser Märzhimmel. Der sich inzwischen ein-
getrübt hatte. Eine große Saatkrähe saß auf dem Dachfirst.
Hummel dachte an das morbide Lied von Ludwig Hirsch:

Komm, großer, schwarzer Vogel. Morbid passte jedenfalls. Die Leiche lag im Badezimmer. Eine Frau, reichlich desolat. Sie war nicht komplett verkohlt – dafür war die Feuerwehr zu schnell am Einsatzort gewesen –, aber nicht nur das Feuer hatte an ihr genagt. Die nicht verbrannte Haut und vor allem das Gesicht waren von Säure zerfressen. Grausig. Den Polizisten hatte es die Sprache verschlagen.

Mader fasste sich als Erster: »Wären wir nicht in München, würde ich sagen: Das sieht nach einem Mafiamord aus. Dr. Fleischer, was meinen Sie?« Hummels Handy klingelte. Gesine sah ihn scharf an. Er drückte den Anruf weg und schaltete lautlos. »Nun, Dr. Fleischer, was meinen Sie?«, versuchte es Mader nochmals.

Gesine meinte momentan gar nichts. Sie war wieder in die Leiche vertieft, scannte all die Furchen, Krater, Wunden der geschundenen Haut. Gesines Latexhände betasteten vorsichtig den Kopf der Leiche. »Am Hinterkopf ist eine Wunde«, sagte sie schließlich. »Könnte die Todesursache sein. Nein. Das ist nur eine Platzwunde. Wir werden sehen.«

»Warum die Säure, die Explosion?«

»Da fragen Sie die Falsche. Vielleicht, um Spuren zu verwischen. Also die Explosion. Wer so was mit Säure macht und warum – keine Ahnung. Hatte ich noch nicht.«

Mader sah noch mal auf die Leiche und schüttelte den Kopf. »Wahnsinn.«

Sie überließen Gesine und ihren beiden Assistenten die Leiche und besichtigten die Wohnung. Das heißt, was von ihr übrig geblieben war: ein paar verbrannte Möbel, Bücher, Geschirr. Keine Bilder, keine verschmorten Elektrogeräte im Wohnzimmer.

In der Wohnung waren kaum noch persönliche Dinge. Zumindest nichts von materiellem Wert. Doch, ein Bild war noch da. Angekokelt und vom Löschwasser stark gewellt. Mader hielt das Foto an einem der geplatzten Fenster gegen das milchige Tageslicht. »Was sehen Sie?«, fragte er Dosi.

»Nichts. Ein paar schwarze Flächen. Vielleicht so etwas wie eine Landschaft und einen See.«

»Ja, eine Landschaft und ein See.«

Mader reichte ihr sein Handy. »Sehen Sie sich mal das Bild an. Das ist derselbe Ort, oder?«

Dosi nickte. »Woher haben Sie das?«

»Das Bild hängt bei Bruder Wolfgang im Büro.«

»In den Alpen ist das nicht«, meinte Hummel.

Dosi pflichtete ihm bei. »Arbersee, Bayerischer Wald.«

»Sicher?«

»Nein, der sieht anders aus, aber die Stimmung ist ganz ähnlich.«

Mader nickte nachdenklich. »Der hatte eine Jagdzeitschrift in der Büroschublade. Vielleicht hat er ja dort eine Jagdhütte.«

»Ein Verwaltungsheinz von der Kirche?«

»Der sich auch noch eine zweite Wohnung leisten kann.«

Mader hatte recht. Bruder Wolfgang hatte ein kostspieliges Doppelleben geführt. Dosi sah sich das Handyfoto noch mal an. »Sauber. Also ist das in seinem Büro nicht irgendein Kitschbild, sondern ein realer Ort.«

»Zu dem er offenbar einen engen Bezug hatte«, ergänzte Mader.

Er reichte die Überreste des Fotos den Kollegen von der KTU mit dem Hinweis: »Sehen Sie mal, was Sie da noch rausholen können.«

Dosi fand die Überreste eines Hirschgeweihs im Schlafzimmer an der Wand. Sie deutete auf die sterblichen

Überreste des großen Betts. »Der hat da kaum allein drin geschlafen.«

In der Holzkohle des Einbauschranks glomm unter anderem ein Paar hochhackige Pumps. Ihr ehemals roter Lacküberzug hatte schwarze Pusteln von der Hitze.

Sie sahen sich eingehend um. Kaputte Vasen, verschmurgelte Zimmerpflanzen, im Bad zerplatzte Parfümflacons – hier hatte zweifellos eine Frau gelebt. Sie mussten die Nachbarn fragen. »Gemeldet war aber nur er hier«, sagte Hummel. »Laut Melderegister.«

LEOPARDENHUT

Ilse Meierhofer, die ältere Dame aus dem Erdgeschoss, deren Wohnung wie durch ein Wunder die Explosion weitgehend unbeschädigt überstanden hatte, lächelte Mader vertrauensselig an. »Wie gut, dass ich mit meinen Freundinnen im *Johannis-Café* war. Wissen Sie, wir spielen dort immer Rommé. Keine hohen Einsätze, nur ein paar Euro.« Sie gluckste. »Obwohl man doch eigentlich nicht um Geld spielen darf.« Mader nickte, und sie fuhr fort: »Am Dienstag ist ja Ruhetag, aber der Olaf gibt uns immer den Schlüssel. Wir lassen die Vorhänge zu.«

Mader musterte die etwa achtzigjährige Dame in ihrem rot-braun gestreiften Hosenanzug. Gewagt. Ebenso ihr Leopardenhut an der Garderobe im Flur. Die Wohnung war einen Hauch überfrachtet, aber picobello aufgeräumt. An den Wänden zahlreiche Fotografien einer glanzvollen Vergangenheit in Schwarz-Weiß. Ilse Meierhofer in jungen Jahren mit O. W. Fischer, Peter Alexander, Hans Moser.

»Sie sind Schauspielerin?«, fragte Mader.

»Nein, ich war es. In einem anderen Leben. Kleine Nebenrollen. Ich war vor allem Mannequin. Viel für *Triumph*.«

Sie sah Mader an, dass er mit dieser Information nichts anfangen konnte.»... krönt die Figur‹. Wollen Sie mal sehen?«

»Äh, ich ...«

»Fotos natürlich.«

»Natürlich, äh, nein, danke. Später vielleicht.« Jetzt musste Mader grinsen. Diese Dame konnte so schnell nichts erschüttern. Nicht einmal, wenn das Stockwerk über ihr in die Luft flog. Er betrachtete die Decke. Nur ein paar Wasserflecken zeugten vom Einsatz der Feuerwehr.

»Ein sehr nettes Paar, so ruhig«, erklärte Frau Meierhofer. »Nur gestern war es recht laut, als die Möbelpacker da waren.«

»Welche Möbelpacker?«

»Die jungen Männer, die die Möbel aus der Wohnung geräumt haben.«

»Wann war das?!«

»Gestern Nachmittag. Er hatte mir schon mal gesagt, dass er sich verändern will. Der Herr Schirneck.«

Kurz zögerte Mader. Schirneck? Aber klar, Bruder Wolfgang war hier wohl kaum mit seinem echten Namen aufgetreten. »Hat er gesagt, wo er hinwill?«

»Raus aus der Großstadt. Ich versteh die jungen Leute ja nicht. Hier haben sie doch alles, und dann wollen sie raus aufs Land. Dahin, wo's ruhig ist. Also, wenn ich mal alt bin, dann will ich doch da sein, wo was los ist. Kennen Sie das Tanzcafé *Maratonga* beim Hofbräukeller?«

»Äh ja. Was waren das für Möbelpacker?«

»Kräftige junge Männer.«

»Wie alt?«

»So um die fünfzig.«

Mader musste wieder lächeln. »Würden Sie sie wiedererkennen?«

»Nein, kaum. Rotgesichtige Burschen in Blaumännern. Nichts Besonderes. Aber die Stimmen würde ich wiedererkennen. Breites Niederbayrisch. Sehr gscherd.«

»Und der Möbelwagen?«

»Kein richtiger Möbelwagen, so ein weißer Transporter, mit einer Passauer-Land-Nummer.«

Mader sah sie erstaunt an.

»Mein Schwager ist von Hauzenberg. Aber die genaue Nummer hab ich mir nicht gemerkt.«

»Das ist doch schon mal was«, sagte Mader. »Vielen Dank.«

Mader verließ die Wohnung und stattete dem Bildhauer in dem Atelier nebenan noch einen Besuch ab. Selbiger ließ sich gerade von einem Lokalreporter vor einer seiner Steinskulpturen ablichten. Er selbst in Rodins Denkerpose. ›Gut, dass sich die Presse auf so was konzentriert und nicht weiß, was da oben in der Wanne liegt‹, dachte Mader. Er wartete beim Auto auf die anderen, die noch die weiteren Anwohner befragten. Mader ließ sich die Einzelheiten durch den Kopf gehen. Das Bild, das Hirschgeweih, die Stöckelschuhe. Bruder Wolfgang hatte also ein Doppelleben mit einer Frau geführt. Vermutlich mit der Frau, die jetzt tot in seiner Wanne lag. Alles sehr merkwürdig. Beinahe unglaubwürdig: Ein Ordensbruder residierte hier in einer schicken Stadtwohnung. Woher hatte er das Geld für diesen Lebensstil? In was für Geschäfte war er verstrickt gewesen? Hatten diese zu seinem Tod geführt? Sehr rätselhaft das Ganze.

DEZENTER

Steinle legte genervt den Hörer auf. Warum riefen alle immer gleich bei ihm an? Die sollten sich mal ganz ruhig verhalten. Wenn die Presse den Todesfall in der Kardinal-Faulhaber-Straße in Verbindung mit dem Gebäudeverkauf bringen würde, wäre das schlecht fürs Geschäft. Auch für die Investorengruppe *Altes München*, deren Vorstand er war. Na ja, sie waren nicht die einzigen Interessenten. Die Italiener machten mindestens genauso viel Druck. Aber egal. Wenn irgendwas über geheime Absprachen und Zahlungen kursierte, war das Gift für das Projekt. Bei den Italienern dachte man vielleicht an die Mafia, zu denen würde das passen. *Altes München* hingegen warb gerade mit wertkonservativen Idealen: *Verlässlichkeit, Solidität, Solvenz, Tradition.* Mord passte da so gar nicht. Warf ein schlechtes Licht auf das Geschäft. Klar, er hatte zugestimmt, als es darum ging, ein bisschen Druck auf Bruder Wolfgang und seine Entscheidungsfindung auszuüben. Damit war aber nicht gemeint gewesen, ihn aus dem Fenster zu werfen. War ja fast wie damals auf Burg Waldeck, als der verkaufsunwillige Burgherr plötzlich aus seinem Turmzimmer stürzte. Was hinterher keiner gewesen sein wollte. Aber Riesentrara. Wie jetzt.

Plötzlich hatte Steinle einen komischen Gedanken: dass der Gute da seine Finger im Spiel hatte, um ihm das Geschäft zu vermasseln. Patzer hatte bestimmt einen dicken Hals auf ihn, weil er sich in St. Adelheim gar nicht mehr um ihn gekümmert hatte. Aber war er denn die *Caritas*? Am Tag, an dem er aus dem Bau kommt, fällt Bruder Wolfgang aus dem Fenster – passte doch wie die Faust aufs Auge. Nein, wie sollte das gehen, woher sollte Patzer von ihrem Projekt wissen, zumindest in Details. Und wie hätte er für den Tod des Pfaffen sorgen können? Klar, aus dem Knast per Handy. Aber für so einen Job brauchte er Bargeld, das er im Moment sicher nicht im Überfluss hatte. Nein, Patzer hatte damit nichts zu tun. Aber er sollte ihn kontaktieren, ihm einen Job anbieten. Er konnte es sich nicht leisten, dass jemand wie Patzer gegen ihn arbeitete. Falls einer von *Altes München* für den Tod von Bruder Wolfgang verantwortlich war – mit Patzer wäre das professioneller gelaufen. Der hätte das dezenter gelöst. Tragischer Autounfall. Vielleicht wäre es gar nicht so weit gekommen. Warum musste Wolfgang auch unbedingt mit den Italienern weiterverhandeln? Klar, weil er gierig war. ›Egal‹, dachte Steinle. Jedenfalls sollte er Patzer die Hand ausstrecken. Was würden die Leute vom Konsortium sagen? Zu einem Knacki?

Steinle trat ans Fenster und sah auf die Ludwigstraße hinaus. Die Kardinal-Faulhaber-Straße war nur ein paar Hundert Meter entfernt. Was für ein fantastisches Projekt! Sehr viel Geld. Nicht nur das. Nur der Beginn einer Reihe viel größerer Projekte. Im weitesten Sinne: Sein Plan war es, den Münchner Geldadel in einem Großprojekt zu bündeln, einen kleinen, elitären Zirkel zu schaffen als Voraussetzung für weitere lukrative Geschäfte. Und er als Strippenzieher hinter all dem. Es war gar nicht so sehr das Geld, es war vor allem die Macht, die ihn lockte. Regie führen, Politik machen, Entscheidungen fällen. Und da störte diese italienische Investorengruppe natürlich. Der Tote auch.

SAL AMI

»Da, die Leberkässemmel, Hubsi.« Sepp reichte die Tüte in die Fahrerkabine des Mercedes Vito.

»Hast du die Lammsalami?«, fragte der Fahrer.

»Mist, Toni, hab ich vergessen.«

»Alles muss man selber machen.«

Während Sepp und Hubsi ihre Leberkässemmeln mampften, ging Toni noch mal rüber zur Metzgerei Vogl. Als er zurückkam, waren die Wagenscheiben beschlagen. Leberkäsnebel. Sepp und Hubsi schmatzten andächtig. Toni setzte sich und kurbelte die Scheibe ein bisschen runter. Draußen nieselte es. Hubsi reichte auch ihm ein Bier. Sie stießen an. Ein Polizeiwagen fuhr in die für den Durchgangsverkehr gesperrte Steinstraße und hielt genau vor ihnen. Kühler an Kühler.

»Scheiße«, murmelte Toni und stellte die Bierflasche in den Fußraum.

Zwei Polizisten stiegen aus, zogen sich die Mützen ins Gesicht. Der eine musterte das Nummernschild des Vito und sah durch die nasse Scheibe. Drei Schritte bis zur Fahrertür. Die Insassen stellten das Knurpseln ein. Der Polizist klopfte an die Scheibe.

»Hey, Olli, jetzt komm endlich!«, rief der andere Polizist, der schon in der Tür der Metzgerei stand. Der Angesprochene überlegte eine lange Sekunde, dann drehte er sich weg und ging zur Metzgerei. Toni ließ den Wagen an.

BESTE ZEIT

Gesine konnte sich nicht erinnern, wann sie zuletzt eine derart ekelhafte Leiche auf dem Tisch liegen gehabt hatte.

Klar, manchmal waren es nur noch unansehnliche Einzelteile in verschiedensten Verwesungszuständen, aber das hier war schon besonders. Von der Konsistenz. Wie Spanferkel, das man auf dem Grill vergessen hat. Vor allem die Brust war total verkohlt. Außen schwarz, innen rosig. Rücken und Glutealregion hingegen aufgequollen und von Säure angefressen. Dennoch war sie fasziniert. In ihrem Job sah sie tatsächlich die gesamte Spannweite des Lebens. Und das hatte nicht nur schöne Seiten. Wenn man so etwas sah, war man einfach nur dankbar, dass es einem gut ging. Alltagsprobleme wurden da klein und nebensächlich. Die Beizlauge, in der die Frau gelegen hatte, war zum Großteil bei dem Brand verdampft. Das waren bestimmt fünfzig Liter gewesen. Wer hatte so was in solchen Mengen zu Hause? Bekam man das einfach so im Baumarkt? Wahrscheinlich. Was zur Restauration alter Möbel taugte, eignete sich offenbar auch für andere Dinge, deren beste Zeit vorbei war. Nein, das war gemein. Aber instinktiv hatte sie an eine abgelegte Geliebte gedacht. *Game over.* Doch diese Frau war erst um die dreißig Jahre alt. Über ihr Aussehen wagte Gesine keine Prognose. Dafür war zu wenig von ihr übrig. Die Todesursache war noch unklar, die Wunde am Hinterkopf war nicht letal. Hatte sie der Täter ohnmächtig ins reizende Schaumbad gelegt? Die Menschen sind zu allem fähig. Jedenfalls wollte jemand die Frau – tot oder lebendig – in dem Säurebad verschwinden lassen.

ZWEIMAL BENNO

Bis Freimann waren die Bierflaschen leer, die Brotzeit verzehrt. Stau. Klassischer Pendlerhorror am frühen Abend. Sepp rülpste markerschütternd und streckte sich. »So ein

Scheißjob. Das Weibsbild in der Badewanne. Die Münchner san echt krank.«

»Meinst du, der Charly hat des gwusst und will uns was anhängen?«

»Schmarrn. Der Charly doch ned. Der hat gewusst, dass es da was zu holen gibt. So war's ja auch.«

»Aber die Frau in der Wanne, die hat ned guad ausgschaut. Weißt du, ich steh da und bisl und denk mir: Wahnsinn, dass des so stinkt, von de paar Obstler gestern. Und da merk ich, des bin ja gar ned i. Da war irgendein scharfes Zeug in der Wanne, Säure oder so. Und die Frau.«

»Ja, die spinnen, die Münchner.«

»Aber Charlys Idee mit dem Gas ... Ich mein, da wohnen doch noch andere Leut in dem Haus!«

»Geh, Schmarrn, da wohnt bloß die Oma. Und die war unterwegs. Mit ihrem Leopardenhut. Und der Kunstheini taucht nicht vor Nachmittag auf, hat der Charly gesagt. Der Zünder war jedenfalls astrein. Hat doch super funktioniert, der Plan.«

»Außer dass wir nicht selbst geklingelt haben«, monierte Toni.

»Ja, und?«

»Wir wollten mindestens zwei Stunden warten.«

»Wieso eigentlich?«, fragte Hubsi.

»Weil's sonst nicht gscheid gescheppert hätt.«

»Aber hat es doch?«

»Trotzdem, der Plan war anders.«

»Na ja, der Typ ist tot, und eine Frau liegt tot bei ihm in der Wanne«, sagte Sepp. »Wer soll denn da noch kommen? Keiner weiß von der Wohnung, hat der Charly gsagt.«

»Hat der Tscharly gsagt ...«, echote es von Toni. »Der Postbote zum Beispiel. A Packerl von *Zalando* für die Dame?«

»Äh, ja … Aber den zwei Typen ist ja nix passiert. Dem Hund auch nicht.«

»Weißt du, was ich mich frag?«

»Na. Was?«, fragte Hubsi.

»Ob da drinnen noch Fingerabdrücke von uns sind?«

»Des is doch in die Luft gflogn!«

»Na ja, vielleicht deine Fingerabdrücke. Aber wenn du nicht gespült hast, dann können sie aus dem Klo noch deine DNA herausholen.«

Hubsi sah Sepp erschrocken an.

»He, Hubsi, nur a Witz«, versicherte der.

»Super Witz.«

Toni drückte auf die Hupe. »Geht da jetzt vielleicht endlich was weiter?!« Er hupte noch mal. Als ob das was helfen würde im Fegefeuer von Freimann. Na ja, ein bisschen zumindest. Kein normaler Stau. Denn jetzt wurden sie an einem umgestürzten Paulaner-Laster vorbeigewunken. Die Straße voller Bierkisten, Flaschen, Scherben. Und Bier natürlich.

»Wie kann hier ein Laster umfallen, auf gerader Strecke?«

»Alkohol am Steuer. Gibst du mir noch ein Bier?«

Sepp reichte Toni ein Bier. Der Verkehr kam wieder in Fluss.

»Wir halten aber schon noch bei *IKEA*!«, meldete sich jetzt Hubsi.

»Klar, Hubsi, zweimal *Benno* für deine Nichte.«

»Genau.«

Toni nickte. »Manchmal denke ich: Hey, wir sind voll die Profis.«

»Ich hab's ihr versprochen.«

DREIMAL TOT

»Die Leiche ist irgendwie dreimal tot«, sagte Gesine.

»Leichen sind immer tot«, erwiderte Mader.

»Die noch ungeklärte Todesursache. Dann das Laugenbad. Bevor das seinen Job erledigen kann, explodiert die Wohnung und vernichtet den Rest. Perfektes Verbrechen sieht anders aus.«

»Hätte das mit der Lauge eigentlich funktioniert?«

»Theoretisch, aber das dauert ein bisschen. Vielleicht wollte der Täter auch nur die Identifizierung erschweren und hätte die Dame später entsorgt.«

»Und warum das Gas? Hat jemand eine Idee?«, fragte Mader und sah in die Runde.

Nein, keiner hatte eine Idee. Zumindest nicht spontan.

»Zu der Lauge noch ein Wort«, meinte Gesine. »Das Zeug heißt *Purgofix*. Man kriegt es ganz normal im Handel. Ich weiß nicht, in welchen Mengen, aber man nimmt das zum Abbeizen von Möbeln. Stark verdünnt.«

»Ja, und?«

»Na, wo hab ich das Zeug noch gefunden?«

»Im *Toom*?«, riet Zankl.

Gesine sah ihn genervt an.

Jetzt klingelte es bei Zankl. »An den Händen von Bruder Wolfgang. Dann hat er also seine Frau, seine Geliebte ...«

Dosi war dezent empört: »Das war doch ein Kirchenmann, kein Badewannenmörder!«

Mader nickte nachdenklich. »Also, nur mal so ... Bruder Wolfgang erschlägt seine Geliebte, vielleicht im Streit, versehentlich, oder sie stürzt unglücklich.«

»Die Wunde am Hinterkopf war nicht letal«, unterbrach ihn Gesine. »Nur eine Platzwunde.«

Mader ließ sich nicht beirren: »Er denkt, dass sie tot ist. Er weiß nicht, was er mit ihr machen soll. Da kommt ihm die Idee mit dem Beizmittel. Damit kennt er sich aus, weil er ein Faible für Antiquitäten hat. Wir müssen mal überprüfen, ob und wo er das Zeug gekauft hat. Also, Bruder Wolfgang denkt, das erledigt sich von selbst. So weit, so logisch. Aber dann stürzt er in den Tod, sein Mörder schickt die Typen, die seine Bude ausräumen. Weil es dort Wertsachen gibt und andere Dinge, die nicht gefunden werden sollen. Dann entdecken die Möbelpacker die halb aufgelöste Leiche in der Wanne und kriegen Panik. Drehen die Gashähne und den Gasherd auf, wollen das Ding hochgehen lassen, um Spuren zu verwischen. Das mit dem Timing haut nicht ganz hin, weil wir die Explosion ausgelöst haben. Wäre die Detonation stärker gewesen, wären die Chancen größer gewesen, dass man nichts mehr findet.«

»Beim reinen Klingeln fliegt doch noch keine Wohnung in die Luft?«, fragte Dosi.

»Ach«, sagt Zankl. »Ich hab das schon mal in 'nem Film gesehen. Ein amerikanischer mit Robert De Niro… Wie heißt denn der jetzt noch mal?«

»Du redest schon wie Hummel!«

»Kleiner Scherz. Das geht mit einem elektrischen Zünder. Kann man kaufen oder ganz einfach selber bauen. Das Glas von einem Fahrradlämpchen anfeilen, damit der Glühdraht freiliegt, oder die Birne von einer Lichterkette, und wenn der Strom fließt: bumm!«

»Was du alles weißt«, murmelte Dosi.

»Dein Freund, das Internet. Nein, das hab ich auch mal in einer Fortbildung gelernt. Man kann auch Schwarzpulver in die Birne tun und sie mit Wachs verschließen und…«

»Jedenfalls muss sich die KTU die Klingel mal näher ansehen«, unterbrach ihn Mader und wandte sich Gesine zu: »Dr. Fleischer, kriegen Sie raus, wer die Frau ist, also zumindest, wie sie ausgesehen hat?«

Gesine legte die Stirn in Falten. »Ich wüsste nicht, wie. Das Gesicht ist weitgehend zerstört. Wir haben nur eine Chance, verlässlich rauszukriegen, wer sie ist: wenn es sich um eine vermisste Person handelt und wir ihre Unterlagen vom Zahnarzt oder vom Orthopäden haben.«

»Orthopäde«, murmelte Zankl. »Das waren ziemlich auffällige Schuhe in der Wohnung. Also die Pumps.«

Mader nickte. »Guter Gedanke, kümmern Sie sich darum. Wo man so was kriegt. Wir schauen uns die Wohnung noch mal in Ruhe an. Was ist mit dem weißen Lieferwagen?«

»Ist zur Fahndung raus«, sagte Dosi. »Wird's aber eine ganze Menge geben. Zwei Verkehrspolizisten haben übrigens einen weißen Mercedes Vito mit Passauer Nummer in der Steinstraße gesehen, vor der Metzgerei Vogl. Das ist da gleich ums Eck.«

»Und, was sagt der Vogl?«

»Handwerker, Allerweltsgesicht. Sechs Leberkässemmeln, eine Breze und eine Lammsalami. Und sechs Augustiner.«

»Sehr präzise. Die Brotzeit zumindest. Haben wir was Neues zu dem Foto aus der Wohnung?«

Zankl legte einen Schwarz-Weiß-Ausdruck auf den Tisch. »Haben die Kollegen gut hingekriegt.«

»Wie gesagt, ich glaub, das ist im Bayerischen Wald«, meinte Dosi. »Dazu passt auch die Passauer-Land-Nummer von dem Lieferwagen.«

Mader nickte nachdenklich. »Das Geweih im Schlafzimmer, die Jagdzeitschrift in seinem Büro – es könnte

53

wirklich sein, dass unser Bruder Wolfgang eine Jagdhütte irgendwo im Bayerischen Wald hat.«

»Der ziemlich groß ist«, gab Dosi zu bedenken.

»Leider. Wir müssen noch mehr über ihn wissen. Zankl und Doris, prüfen Sie, ob er ein Auto hatte, das uns was erzählen kann. Und schauen Sie sich seine Vergangenheit noch ein bisschen genauer an. Laut Bruder Notkar war er Waise und ist im Heim *Misericordia* in Ebersberg aufgewachsen. Und dort auch ins Internat und Priesterseminar gegangen.«

»Daher also die Striemen am Rücken«, sagte Zankl.

»Keine Vorurteile!«

»Was ist eigentlich mit Hummel?«, fragte jetzt Dosi.

»Was soll mit ihm sein?«

»Wo ist er?«

»Er arbeitet vorerst nur fünfzehn Stunden die Woche«, klärte Mader sie auf. »Wiedereingliederung.«

»Sich häppchenweise vorbereiten auf den harten Kollegenalltag«, sagte Zankl.

»Wo kann ich das beantragen?«, fragte Dosi.

UNIVERSUM

Ja, Hummel hatte die Freiheit, nicht arbeiten zu müssen. Aber was hieß schon »Freiheit«? Er war den ganzen Spätnachmittag durch Münchner Parfümerien gehastet, um den Lippenstift von *Estelle* zu finden, den er im Liebeswahn zerstört hatte. Er hatte das sichere Gefühl, Beate nicht gegenübertreten zu können, ohne einen ebensolchen dabeizuhaben. Nichts schwieriger als das – er fand diese Marke nirgends. Den Rotton hätte er aber sowieso nur erahnen können. Einfach einen anderen schönen Lippenstift zu kaufen, das wagte er nicht. Niedergeschlagen kam er unverrichteter Dinge in der Orleansstraße an. Als er das Licht im Treppenhaus anschaltete, erschrak er. Da saß jemand auf dem Treppenabsatz vor seiner Wohnungstür! Beate! Ihr Gesicht war verheult.

»Warum gehst du nicht ans Telefon?!«, schluchzte sie.

»Ich, ich...« Schuldbewusst zog Hummel sein Handy aus der Tasche und sah, dass es auf lautlos gestellt war. Acht Anrufe. Alle von Beate. »Es... es tut mir leid, ich, ich...«, stammelte er. »Wegen dem Lippenstift. Ich war überall und...« Weiter kam er nicht, denn Beate sank in seine Arme und weinte.

»Was ist denn, Beate?«

»Es tut mir so leid! Wegen des blöden Lippenstifts mach ich dir 'ne Szene. Ich dachte, du willst mich nicht mehr sehen. Kannst du mir noch einmal verzeihen?«

Logo konnte Hummel das. Hey, er war wieder im Rennen! Für einen Sekundenbruchteil erwog er, die beleidigte Leberwurst zu spielen und sie schmoren zu lassen. Nein, sie war so wunderbar – seine Rettung! Und er hatte sich schon mit gebrochenem Herzen und drei Flaschen Bier in der Küche gesehen. Und jetzt war sie bei ihm, sie, die Schönste der Schönen, und wollte mit ihm zusammen sein! Das Universum war ein unerklärlicher Haufen unerklärlicher Dinge. Und er war der glücklichste Mann von ganz München, vom ganzen Universum.

ALF

Glücklicher als Fränki sicherlich. Obwohl er gerade sehr spontanen frühabendlichen Sex mit Dosi gehabt hatte. Ja, sie war ganz schön impulsiv, seine Dosi. Hatte ihn einfach um halb sechs vernascht. Hui! Als sie jetzt nackt in der Küche Nudelwasser aufsetzte und eine Dose Tomaten in den Topf kippte, sah Fränki ihr vom Bett aus fasziniert zu. Ihre stattlichen Rundungen, ihre präzisen, kraftvollen Bewegungen. Beleidigt war er trotzdem. Denn Dosi hatte ihm gesagt, dass sie ihn am Wochenende nicht dabeihaben wollte, wenn sie zum Geburtstag von Oma Hilde nach Passau fuhr. »Das wäre doch eine gute Gelegenheit, mich bei deinen Eltern vorzustellen«, hatte er gemeint. Aber Dosi hatte das kategorisch abgelehnt. Er konnte sich denken, warum. Dosi wollte ihren Exmann Eric treffen, um das mit dem gemeinsamen Haus mal abschließend zu klären. Und da wären seine Emotionen fehl am Platz. Ja, sie kannte seine plötzlichen Gefühlsaufwallungen. Er versuchte sich zu beruhigen. Klar war das wichtig mit dem Haus. Und das kriegte sie sicher auch alleine hin. Trotzdem war ihm nicht wohl bei der Vorstellung. Am Ende bandelte Dosis Ex wieder neu mit ihr an.

»Nudeln sind gleich fertig!«, trällerte Dosi aus der Küche, inzwischen mit einem riesigen Schlabber-T-Shirt bekleidet – mit Alf vorne drauf.

›Zum Reinbeißen!‹, dachte Fränki.

FLOTT

Zankl war noch nicht im Feierabendmodus. Sein Arbeitstag war auch um halb sieben noch nicht zu Ende. Bruder Wolfgangs Wagen hatte ihm gar nichts erzählt. Ein stinkfader blauer VW Golf. Peinlichst gepflegt und in der Tiefgarage der Kardinal-Faulhaber-Straße geparkt. Keine Waldbodenreste oder was immer sie sich vorgestellt hatten. Keine interessanten Hinterlassenschaften im Kofferraum. Nichts. Das ganze Auto wirkte merkwürdig unbenutzt. Aber sein kleines Apartment war ja in Gehweite. Das wirkte ebenso unbenutzt. Dort gab es keine persönlichen Sachen. Eine karge Zelle. Sogar der Kühlschrank war ausgesteckt. Und zur Zweitwohnung kam man bequem mit der U-Bahn, da brauchte man kein Auto. Aber da war noch die Sache mit dem Bayerischen Wald. Da musste man schließlich auch hinkommen. Zankl war sich sicher, dass Bruder Wolfgang ein Zweitauto hatte. Das war allerdings nicht auf seinen Namen zugelassen. Zumindest hatte Dosi bei ihrer Standardabfrage nichts darüber erfahren. Die Wohnung hingegen lief auf seinen Namen. Wahrscheinlich wegen der Schufa-Auskunft. Konnte ja nicht Hinz und Kunz in München mieten. Wenn die Wohnung auf seinen Namen lief – hieß das auch, dass seine Gespielin kein eigenes Einkommen hatte? Vielleicht. Das mit der Lauge hatte auch nichts ergeben. *Purgofix* bekam man in jedem Baumarkt.

Zankls Augen brannten. Denn er hatte den restlichen Nachmittag auch noch mit Internetrecherche zu den beiden Bietergruppen verbracht.

Altes München war nicht besonders schwierig gewesen. Sehr potente Münchner Geschäftsleute. Die Verhandlungen führte Dr. Steinle, den sie ja bereits von dem Wellnesswahnsinn ISARIA kannten. Dass es auch in diesem Fall nicht ganz mit rechten Dingen zuging, war also naheliegend. Mal sehen, ob ihr Chef Günther ihnen wieder in die Parade fuhr, wenn sie in den erlauchten Kreisen die falschen Fragen stellten. Die andere Partei war ebenfalls interessant: ein italienisches Konsortium. Kopf desselben war ein gewisser Roberto Zignelli. Interessanter Typ, Chef einer Hotelkette und Investor bei Einkaufspassagen in Italien. Kein dunkler Fleck. Zumindest nach ersten Recherchen. Er war sogar Hobbywinzer, eine perfekte Tarnung. Bei italienischen Geschäftsleuten dachte man immer gleich an Mafia. Insgesamt waren seine Nachforschungen wenig ergiebig gewesen, zumindest sah es nicht so aus, als hätte sich eine der beiden Parteien zu einem derart krassen Mittel wie Mord hinreißen lassen, um den Verkauf der Immobilie zu beeinflussen.

Jetzt wollte Zankl auf dem Heimweg noch *Domina's Heaven* einen Besuch abstatten. Wegen der Pumps in Bruder Wolfgangs Schlafzimmerschrank. Er freute sich auf einen kleinen Ratsch mit Gaby, der netten Verkäuferin, die er bei seinen Ermittlungen mit der toten Frau in der Isar kennengelernt hatte. Vielleicht hatten sie auch mal wieder was Schönes im Sortiment wie seinerzeit die Unterwäsche von *Nuit Noire*, womit er Conny überraschen konnte. Obwohl, selbst das würde zurzeit nicht helfen.

Gaby war leider nicht da, und die schon von der Statur her einschüchternde Verkäuferin fragte ihn mit sehr lauter Stimme, was er mit den verkokelten Pumps, die er dabeihatte, für heiße Spielchen getrieben hätte? Haha, sehr witzig. »Fucking hot«, wollte er schon sagen, verschluckte sich aber und bekam einen Hustenanfall. Die Dame reichte ihm ein Glas Wasser und klopfte ihm kraftvoll auf den Rücken. Damit war das Eis gebrochen.

»Wo ist Gaby?«, fragte Zankl.

»Die hat geheiratet und ist schwanger.«

»Echt wahr?«

»Wohnt jetzt in Berg am Laim in einem Reihenhaus.«

»Äh, ja, sehr schön ...«

»Kommt aber noch zweimal in der Woche. Ist ja auch langweilig, nur Familie.«

»Wem sagen Sie das.«

»Karla.«

Zankl lächelte. »Frank. Kannst du mir was zu den Pumps erzählen?«

Karla sah sie sich genau an. »Nein, keine Szenemode. Vielleicht das Material, dieser halbherzige Fetischchic. Aber teuer. Italienisch. Ich tipp auf *Peloni*, Milano, so 300 Euro.«

»Wer verkauft so was?«

»Wir nicht. Die Absätze halten ja nix aus. Gut sortierte Edelboutiquen haben so was für verruchte Industriellen-gattinnen.«

»Du kennst dich aber gut aus.«

»Ich hatte mal ein eigenes Schuhgeschäft. Jetzt mache ich Special Interest. Wenn du noch was brauchst... Für dich oder deine Frau?«

»Nein, danke. Ist momentan nicht so ihr Ding. Nach-wuchs.«

»Dann später vielleicht mal«, verabschiedete sich Karla, denn jetzt betrat ein junges Pärchen den Laden und sah sich verschüchtert um.

»Was kann ich für euch zwei Süßen tun?«, fragte Karla.

›Die war eigentlich ganz nett‹, dachte Zankl, als er auf der lauten Rosenheimer Straße stand. Aber rasieren sollte sie sich. Moment mal. Hatte er Tomaten auf den Augen gehabt? War Karla ein Mann? Und wenn schon! Karla, Karl. *Wenn du noch was brauchst. Du oder deine Frau?* Ja, Sex brauch ich! Sex? Was für eine absurde Idee! An Sex wagte er nicht mal zu denken. Das blockten Connys Ma-mahormone einfach ab. Aber wenn er genau nachdachte – es gab auch bei ihm Dinge mit höherer Priorität. SCHLA-FEN zum Beispiel. Er hatte sogar schon überlegt, ob er sich einfach mal heimlich einen Tag Urlaub nehmen sollte, um den in einem der günstigen Hotels am Hauptbahnhof zu verpennen. So weit war er schon.

GLÜCKSTRÄNE

LaVern Baker sang Songs von Bessie Smith. Kraftvoll, poetisch, ergreifend. Die CD hatte ihm Beate mitgebracht. Versöhnungsgeschenk. ›O ja, sie hat einen tollen Geschmack‹, dachte Hummel und sah auf die Flamme der Kerze, die er zur Feier des Tages angezündet hatte. Auf dem Tisch noch zwei Teller mit Resten von Tomatensoße und ein paar versprengten Spaghetti. Er goss etwas Rotwein nach. Beate war gerade auf der Toilette. Er war allein, für diesen Moment, allein mit sich und seinen kostbaren Gedanken. Wie sehr er sie liebte! Nicht seine Gedanken, nein, *Beate*! Er trank einen großen Schluck Wein und starrte in die Kerzenflamme. Eine dicke Träne rollte unkontrolliert aus seinem linken Auge. Glücksträne. *Hach!* Jetzt rauschte die Spülung. Hatte die Einsamkeit endlich ein Ende.

DIDI BLUE

Als Zankl um Viertel nach sieben an der Theresienwiese aus der U-Bahn stieg, war er hundemüde. Er betrat den heimischen Hausflur und drückte das Minutenlicht. Ihr Kinderwagen stand bei den Briefkästen. Schade, er hatte gehofft, Conny wäre noch unterwegs, in irgendeinem ihrer Eltern-Kind-Kurse, sodass er sich noch eine halbe Stunde aufs Sofa hauen konnte. Warum blieb er jetzt so lange vor dem Kinderwagen stehen? Weil sich da etwas bewegt hatte. Er griff hinein und flüsterte: »Clarissa-Süße, bringt die Mama gerade die Einkäufe hoch?« Aber im Treppenhaus war es still. Er war irritiert. Sie konnte das Kind doch nicht einfach hier unbeaufsichtigt stehen lassen?! Nur weil Clarissa schlief! Er zog die Decke weg und erstarrte. Ein Junge mit kohlrabenschwarzen Haaren und einem großen blauen Didi im Mund schlummerte dort. Erschrocken deckte er das Kind wieder zu und kratzte sich am Kopf. Das war doch ihr Wagen?! Er ließ den Jungen, wo er war, stürmte die Treppe hoch. Er hatte die Tür kaum geöffnet, da rief er: »Conny, was zur Hölle…« Die Hölle blieb ihm im Hals stecken, denn Conny war nicht allein. Kein Mann, kein Vater, der auf ein Tässchen Kaffee nach einem anstrengenden Nachmittag in der Krabbelgruppe mit nach oben gekommen war, um bei ihr mit seiner engagierten Vater-Rolle Eindruck zu schinden, ganz im Gegenteil: eine schöne junge Frau mit tiefschwarzen Haaren. Clarissa hing am Busen ihrer Mama und schien seine Ankunft gar nicht zu bemerken.

»Hallo, Frank«, begrüßte Conny ihn. »Hast du heute eher Schluss gemacht?«

»Sehr witzig.«

»Das ist Laura«, sagte Conny, »wir haben uns im Pekip kennengelernt.«

Zankl gab der Schönheit brav die Hand. »Hallo, ich bin Frank. Pekip – ist das ein Café?«

Die beiden Frauen lachten herzhaft.

»Prager-Eltern-Kind-Programm«, sagte Conny ohne weitere Erläuterungen.

»Und der Junge unten im Wagen?«

»Ist Francesco, mein Kleiner. Wir haben vorhin getauscht.« Laura deutete auf den BabyBjörn, der über der Lehne eines Küchenstuhls hing. »In eurem Wagen ist er endlich eingeschlafen. Das erste Mal seit heute Mittag. Er war völlig übermüdet.«

»Das bin ich auch«, sagte Zankl und fing sich gleich einen bösen Blick von Conny ein. »Ich mein, das, äh, geht

ja offenbar allen frisch gebackenen Eltern so, also vor
allem den Müttern, die …« Sein Hohelied auf die aufopfe-
rungsbereiten Mütter wurde jäh von gellendem Geschrei
aus dem Treppenhaus unterbrochen.

Laura lachte glückselig. »Francesco! Ich muss los!« Sie
schlüpfte in ihre Jacke, griff nach dem BabyBjörn, küsste
Conny auf die Wange und strich gleichzeitig über Clarissas Köpfchen. Schon war sie zur Tür raus.

»Hey, hey!«, meinte Zankl.

Conny musterte ihn mit zusammengekniffenen Augen.

»Ja, Laura sieht wirklich gut aus. Italienerin. Und schon
vergeben. Hier, das ist jetzt dein Job.« Sie zog Clarissa von
ihrer Brust und reichte sie ihm. Zankl starrte auf den riesigen Busen und den milchglänzenden Nippel. Achtung,
Sperrgebiet! Nicht sein Revier. Clarissa gluckste selig und
platzierte mit einem harten Rülps ihr schleimiges Bäuer-
chen auf Zankls Pulli. Jeglicher erotische Gedanke war
verflogen. Conny grinste. »Ich muss gleich los.«

»Wohin denn?«, fragte er mit leichter Panik.

»Zur Rückbildungsgymnastik. Zwanzig Uhr. Wenn die
Kleinen schlafen.«

Er nickte müde.

ELEFANTEN

Patzer fuhr in die Tiefgarage des *Admiral's Hotel* in der
Schillerstraße. Er war etwas abgespannt, aber zufrieden.
Es ging voran. Großes Bauprojekt. Richtig groß. Das war
genau das, was er brauchte, um wieder in die Spur zu
kommen. Er dachte an Steinle. Der dumme Arsch! Dem
würde er es schon noch zeigen. Patzer überlegte. Mit
wem hatte er sonst noch Rechnungen offen? Mit seiner

Frau? Sie war ihm wurscht. Komisch, auf Frauen hatte er momentan gar keine Lust, trotz Knastaufenthalt. Er holte sich ein Pils aus der Minibar und stellte den Pornokanal im Fernseher ein. Gelangweilt betrachtete er das geschäftige Treiben, bis er auf eine Tiersendung umschaltete. Elefanten. Er stellte den Ton ab und dachte nach.

Diesen ersten Job musste er gut hinkriegen, dann war er wieder im Spiel. Am besten mit einer Beteiligung. Leider hatte er momentan kaum Kapital. Sein Schwarzgeldkonto war überschaubar und sein Aston Martin der einzige größere Sachposten. Er musste mit seinen Eltern sprechen. Seine Mutter war Bankerin, die hatte Reserven und sagte ungern Nein zu einem guten Geschäft. Ja, er würde zum fünfundsiebzigsten Geburtstag seines Vaters aufkreuzen, wie sie es sich gewünscht hatte. Auch wenn er sich geschworen hatte, seine Eltern nie wieder zu besuchen. Aber was scherte ihn sein Geschwätz von gestern?

Er sah hinaus in den Nachthimmel über dem Bahnhofsviertel. Dachte an vieles. Sogar an die Polizisten, die ihn in den Knast gebracht hatten. Er grinste. »Ich fick euch alle!«

VERKLEBT

Zankl hatte Mader morgens mit dem Auto in Neuperlach abgeholt. Nachdem Clarissa die ganze Nacht gebrüllt hatte, waren beide Elternteile entsprechend gelaunt gewesen und hatten sich vorhin beim Frühstück so richtig gefetzt. Clarissa hatte dazu geschrien wie am Spieß. Zwei missmutige Frauen im Haushalt waren zwei zu viel für einen Zankl. Leider war das nicht nur eine Momentaufnahme. Conny nörgelte ständig an ihm rum. Wo er doch vollen Einsatz zeigte und auch heute wieder die kritische Zeit zwischen fünf und sieben Uhr mit Clarissa auf der Theresienwiese überbrückt hatte, wo sie selig im BabyBjörn geschlafen hatte. Beneidenswert! Noch schlimmer war aber, dass er in dieser Lage nichts anderes tun konnte als nachdenken. Wäre ja toll gewesen, wenn ihm dabei die Lösung für den aktuellen Fall in den Sinn gekommen wäre. Mitnichten. Wie eine verschwitzte Daunendecke hatte er seine verklebten Gedanken von einer auf die andere Seite gewendet, immer nur ein sehr kurzer Moment vermeintlicher Frische, bis sich das schweißige Gefühl wieder breitmachte. Aber nicht der komplexe ungelöste Fall trieb ihn um, sondern vor allem die Grundsatzfrage, ob die Lebensform Kleinfamilie wirklich erstrebenswert war. Grotesk: Erst richteten sich alle Wünsche auf dieses Lebensmodell, ließ man sogar eine hochpeinsame Hormonbehandlung über sich ergehen, und jetzt so was. Mal ehrlich: Der Istzustand war schlicht und einfach die Hölle auf Erden! Das konnte es doch nicht sein! So hatte er heute sehr lange auf die Bavaria im kalten Morgendunst gestarrt, erwartungsvoll, als ob die ihm vielleicht einen guten Lebensrat geben könnte. Erfahrene Frau – was die alles schon gesehen hatte: zahllose Oktoberfeste, das Attentat von 1980, Landwirtschaftmessen, Tollwood, Liebespaare, Wildbisler.

Jetzt also Trost in der Arbeit suchen. Unterwegs. Im Auto vor den Toren Münchens. Wunderbar still.

»Wie läuft's denn so zu Hause?«, fragte Mader schließlich.

»Prächtig.«

»Das ist schön. Nicht alle Kinder haben das Glück, liebevolle Eltern zu haben.«

»Wie meinen Sie das?«

»Na, Bruder Wolfgang zum Beispiel. Der war ein Waisenkind. Und ist im Heim aufgewachsen.«

»Mitleid?«

»Das weiß ich noch nicht. Aber die Narben am Rücken haben nicht gut ausgesehen.«

Mader verstand es perfekt, Zankls eh schon defätistische Stimmung im Keller zu halten. Bajazzo sah konzentriert aus der Frontscheibe und leckte genüsslich die Reste des Brühwürfels, den er sich gerade mit Mader geteilt hatte. Schöne Gegend hier bei Ebersberg. Wälder und Wiesen. In manchen Senken stand noch der Nebel. Zankl bremste plötzlich scharf. Mader schreckte aus seinen Gedanken hoch. Aus dem Nebel blitzten die Augen des Hirsches im Scheinwerferlicht. ›Schleich dich!‹, dachte Bajazzo. Der Hirsch gehorchte und schritt majestätisch über die Straße. Der entgegenkommende Sattelschlepper verfehlte ihn nur knapp und donnerte hupend vorbei.

»Das Leben ist gefährlich«, sagte Mader.

»Durchaus«, meinte Zankl.

Bajazzo hatte sich nach dem Schreck mit dem Laster in den Fußraum verkrochen. Ließ sich erst wieder blicken, als sie die Klosteranlage *Zu unserer Lieben Frau* erreichten. Dazu gehörten auch das Internat und das Waisenhaus *Misericordia*. Ein schmuckloser Bau aus den Fünfzigerjahren. Wie eine kleine Kaserne, L-förmig mit drei Stockwerken und vielen kleinen Fenstern. Direkt daneben ein Bauernhof und mehrere Gewächshäuser. Draußen war niemand zu sehen. Sie hielten auf dem geteerten Vorplatz und stiegen aus. Klingelten an der Riffelglastür. Niemand öffnete. Die Tür war nicht verschlossen, aber Mader und Zankl zögerten. Bajazzo hob den Kopf. Jetzt sahen sie den kräftigen grauhaarigen Mann im blauen Kittel, der mit einer Kiste Salatköpfe vom Bauernhof kam.

»Grüß Gott! Die Herren von der Polizei?«

Mader nickte und zeigte ihm seinen Dienstausweis.
»Mader und Zankl, Mordkommission München.«

»Hans Meisel. Mord… Ja, Sie sagten, dass Wolfgang…
Aber kommen Sie doch rein. Ich mach uns einen Kaffee.«

Kurz darauf saßen sie im Speisesaal des Heims. Die
Kaffeemaschine in der Küchendurchreiche blubberte heiser. Meisel zweigte drei Tassen ab und brachte sie an den
Tisch. Zankl, den gerade eine bleierne Müdigkeit erfasst
hatte, nickte dankbar.

»Ja, das ist alles sehr tragisch«, sagte Meisel. »So ein
Ende…« Er schüttelte den Kopf. »Und Sie glauben wirklich an Mord?«

»Wir müssen alle Möglichkeiten in Betracht ziehen.
Sagen Sie, warum sind hier denn keine Kinder?«, fragte
Mader.

»Kindergarten, Schule. Vormittags ist hier nichts los.
Nachmittags sieht es ganz anders aus.«

»Was für Kinder leben in Ihrer Einrichtung?«

»Waisenkinder, die noch keine Pflegefamilie haben,
oder Kinder, die uns das Jugendamt schickt. Es gibt viele
kaputte Familien. Alkohol, Gewalt, Drogen.«

Zankl nickte ehrfürchtig.

»Sind Sie konfessionell gebunden?«, fragte Mader.

»Wir sind zwar eine kirchliche Einrichtung, aber wir
nehmen jedes Schäflein, das uns das Jugendamt zuweist.
Warum fragen Sie?«

»Wegen Bruder Wolfgang. Er ist der katholischen Kirche treu geblieben.«

Der Heimleiter überlegte und nickte langsam. »Ja,
manchmal finden die Kinder hier auch ihre geistige Heimat. Wolfgang – das ist lange her. Aber ich erinnere mich.
Ich war damals schon Hausmeister im Priesterseminar.«

»Und wie war er?«

»Sehr zielstrebig, sehr gut in der Schule.«

»Hatte er Freunde?«

Meisel überlegte. Dann schüttelte er den Kopf. »Nein, nicht wirklich. Er war ein Einzelgänger. Die anderen Schüler hielten ihn für einen Streber. Ich sehe das anders.«

»Ja?«

»Er hat seine Chance genutzt.«

»Was war seine Chance?«

»Sich trotz schlechter Startbedingungen eine gute Lebensperspektive aufzubauen. Er hat den Weg des Herrn gewählt.«

»Bruder Wolfgang hatte zahlreiche Narben am Rücken. Älteren Datums. Und wir haben Zweifel, dass er sich die selbst zugefügt hat.«

Meisels Miene verfinsterte sich. »Und jetzt glauben Sie …?«

»Ich glaube gar nichts. Wir versuchen, sein Leben zu rekonstruieren, nachdem er offenbar gewaltsam zu Tode gekommen ist. Hatte er Feinde? In der Schule, im Priesterseminar? Die Narben müssen ja irgendwoher sein. Gab es Gewalt in der Schule, im Heim?«

Meisel brachte seine Tasse zur Küchendurchreiche. »Nein, soweit ich weiß, nicht. Haben Sie sonst noch Fragen? Ich hab jetzt leider zu tun.«

Als sich die Tür hinter ihm geschlossen hatte und sie auf dem Hof standen, sagte Mader: »Verständlich, dass die genervt sind, wenn die Leute immer gleich meinen, dass es in einem Heim nicht mit rechten Dingen zugeht. Alle denken an Missbrauch. Zumindest wissen wir, dass Bruder Wolfgang nicht besonders beliebt war. Zankl, prüfen Sie doch mal, zu welchem Jahrgang Bruder Wolfgang im Priesterseminar gehörte. Wer da noch dabei war. Vielleicht sind nicht alle von denen im Dienst des Herrn gelandet und ein bisschen auskunftsfreudiger.«

»Wenn Sie meinen.«

»Ja, meine ich. Was ist los, Zankl? Nicht so lustlos. Jetzt suchen wir uns ein schönes Wirtshaus. Ich hab Hunger.«

Bajazzo nickte zustimmend.

NICHT GEWOHNT

Hummel hatte heute frei. Das war er nicht gewohnt. Er war wie jeden Tag aufgestanden – leider allein, denn Beate hatte gestern nach dem gemeinsamen Abendessen noch arbeiten müssen – und hatte erst in der Kaufingerstraße festgestellt, dass er ja gar nicht ins Präsidium musste. Fünfzehn Stunden pro Woche waren nicht viel. Zwei Tage. Oder vier halbe. Wiedereingliederung. Nicht zu viel auf einmal. Also hatte er beschlossen, ein bisschen durch die Stadt zu streifen. Im Schatten des Doms blieb er vor dem Schaufenster eines Fachgeschäfts für kirchlichen Bedarf stehen. Er betrachtete die Kreuze, Kerzen und Ikonen. Die Gedanken begannen sich in seinem Kopf zu bewegen: Antiquitäten, Kunst, Beizmittel. Er ging zum Odeonsplatz. U-Bahn, heim, eine alte Telefonnummer raussuchen. Er hatte eine Idee.

ORIGINELL

Dosi kümmerte sich um die Immobiliengeschichte. Hatte sogar die vage Idee, dass Patzer etwas mit der Sache in der Kardinal-Faulhaber-Straße zu tun haben könnte. Wenn Steinle Vorsitzender von *Altes München* war, wäre es doch ganz plausibel, dass der frisch entlassene Patzer von Steinle als Bauherr für die Kardinal-Faulhaber-Straße vorgesehen war, ähnlich wie es bei dem Wellnessprojekt ISARIA am Isarhochufer der Fall gewesen war. Aber waren die beiden nicht zerstritten nach dem unguten Ausgang des Bauprojekts? Doch Geld überbrückte selbst die tiefste Schlucht. Könnte Patzer etwas mit dem Fenstersturz zu tun haben? Er war durchaus jemand fürs Grobe. Einen Mord konnte man auch aus dem Gefängnis in Auftrag geben. Nein, das war wirklich zu vage.

Sie beschloss, sich den Nachfolger von Bruder Wolfgang vorzuknöpfen. Allerdings nicht als Polizistin, sondern als Reporterin der *Abendzeitung*. Mit der Serie *Die Zukunft unserer Stadt*, an der sie gerade schrieb. Das klang doch gut, so positiv. Nein, noch besser, persönlicher: *Menschen, die die Stadt verändern* sollte ihre Serie heißen. Wenn der Typ auch nur ein bisschen eitel war, würde sie erfahren, wer bei der Kirche für die Immobilie in der engeren Auswahl war, ob vielleicht schon feststand, wer zum Zug kommen sollte. Sie rief Mader an, den sie zu ihrem Erstaunen im Wirtshaus erwischte – »Wer kriegt jetzt die Haxn und die Schlachtplattn?«, tönte es lautstark –, und informierte ihn über ihr Vorhaben. Mader war sich nicht sicher, ob das Gespräch mit Bruder Johannes viel bringen würde, aber er fand Dosis Idee »originell«.

»Originell!«, schnaubte Dosi, als sie aufgelegt hatte. Aber sie war fest entschlossen. Sie rief in der Kardinal-Faulhaber-Straße an, um sich mit Bruder Johannes verbinden zu lassen. Kurz darauf hatte sie einen Mittagstermin im *Oskar Maria*, dem Restaurant des Literaturhauses. Das lag für den vielbeschäftigten Bruder Johannes am günstigsten. Kurz überlegte sie, ob sie nicht noch Hummel als Fotografen dazubitten sollte, weil vier Ohren mehr hören als zwei. Aber das wäre dann doch ein bisschen zu viel des Guten gewesen. Ein erstes informelles Treffen zum Warmwerden. Und eine gute Gelegenheit, etwas Anständiges zu essen auf Kostenstelle der Mordkommission.

SCHÖNWETTER

Bruder Johannes war sehr überrascht über den Anruf gewesen. Und geschmeichelt. Diese Journalisten wussten wirklich alles. Eine gute Gelegenheit für eine neue Form der Öffentlichkeitsarbeit. Wolfgang war immer sehr zugeknöpft gewesen und hatte einen auf geheimnisvoll gemacht – nicht wenige hatten ihn ja im Verdacht, dass er da sein eigenes Süppchen kochte –, aber das war nun vorbei. Die Zeit war reif für eine moderne, zeitgemäße PR-Strategie beim Immobilienmanagement der Kirche. Er würde den Leuten da draußen zeigen, welch vielfältige Aufgaben die Kirche in diesem Sektor wahrnahm und wie sehr sie an Vergangenheit, Gegenwart und Zukunft der Gestaltung des urbanen Lebens beteiligt war – weit über ein konfessionelles Interesse hinaus. *Die Kirche als Garant sozial gerechten Zusammenlebens in der Stadt.* Toller Leitsatz! Musste er sich gleich aufschreiben. Bisschen lang vielleicht. Da fiel ihm sicher noch eine knackigere Variante ein.

Zur Sicherheit informierte er noch seinen Vorgesetzten Bruder Notkar und versprach ihm natürlich, keinerlei Geschäftsinterna weiterzugeben. Notkar kam dieses seriöse Presseinteresse durchaus gelegen nach den blutrünstigen Schlagzeilen der letzten Tage. »Vom Himmel hoch, da komm ich her…«, hatte die *TZ* über den Fenstersturz getitelt. Notkar war froh, dass die Polizei die Ge-

70

schichte mit Bruder Wolfgangs Zweitwohnung und der Frauenleiche in der Wanne unter dem Deckel gehalten hatte. Hätte kein gutes Licht auf sein Personal geworfen. Gar kein gutes. »Machen Sie ein bisschen Schönwetter bei der Presse«, hatte Notkar Johannes mit auf den Weg gegeben.

ALL YOU NEED

Kümmel, Fenchel, Apfelmus. Hummel blieb stehen und starrte auf den Zettel, den er gerade in seiner Hosentasche gefunden hatte. Einkaufszettel. Weibliche Schrift. *Kümmel, Fenchel, Apfelmus.* Hm. Klang wie *parsley, sage, rosemary, and thyme.* Hatte er offenbar vorhin im *Tengelmann* am Ostbahnhof eingesteckt. Kassiber der Liebe. Hummel grinste und ging die Prinzregentenstraße hinab, die Schlaufe am Friedensengel. Der Song von Simon & Garfunkel ging ihm nicht aus dem Kopf.

Are you going to Scarborough Fair?
Parsley, sage, rosemary, and thyme
Remember me to one who lives there
She once was a true love of mine

True love – sein Motto. Hummel las noch mal den Zettel und hatte eine Zukunftsvision: »Hallo, Liebling, bin vom Einkaufen zurück. Für dich hab ich Kümmel und Fenchel mitgebracht und für die Kinder Apfelmus.« Mit »Liebling« meinte er natürlich Beate. Realität ein bisschen anders. Weniger romantisch: Er hatte vorhin nur Klopapier gekauft. Das war gestern ausgegangen, als Beate bei ihm auf dem Klo war. Wie peinlich! Tja, so ist das Leben, sein

Leben. Hummel sah von der Prinzregentenbrücke auf die geheimnisvoll glitzernde Isar.

Er war unterwegs ins Museumsviertel, um einen alten Freund zu treffen, den er nach Jahren mal wieder angerufen hatte, ganz gezielt. Er hatte ein paar Fachfragen zu Kirchenkunst, die ihm Dr. Georg Schrammel sicher beantworten konnte. Er kannte Georg noch von seiner kurzen Unikarriere. Sein Freund hatte Kunstgeschichte studiert, und sie waren gemeinsam um die Häuser gezogen. Georg war Lebenskünstler und hatte es mit dem bürgerlichen Erwerbsleben nie so gehabt. Hummel hatte ihn immer bewundert, seinen unangepassten Lebensstil, seine originellen Gedanken. Er hatte über das Mystische bei Albrecht Dürer promoviert und glänzend abgeschlossen, war aber nicht wirklich an einer akademischen Karriere interessiert gewesen. Er lebte immer noch bei seiner verwitweten Mutter in Schwabing, in einer gewaltigen, aber düsteren Achtzimmerwohnung, in der es aussah wie in einer Opernkulisse. Bilder, Auszeichnungen, Partiturblätter hingen dort an den Wänden – Zeitzeugen der glanzvollen Vergangenheit als Opernsängerin. Jetzt war sie immer noch eine Dame von Welt, allerdings einer längst untergegangenen. Sie war sehr gebrechlich, sehr verwirrt. Georg kümmerte sich um sie, wenn er nicht gerade Schicht als Wärter in der Alten Pinakothek hatte. ›Perlen vor die Säue‹, dachte Hummel. Er hatte ihn bestimmt seit einem Jahr nicht mehr gesehen.

»Was macht dein Buch?«, fragte Hummel, als sie sich im Museumscafé gegenübersaßen.

»Was macht *dein* Buch?«, konterte Georg.

»Eins zu eins«, sagte Hummel. »Ich fang immer wieder an und ich hör immer wieder auf.«

»Besser als ich. Ich fang erst gar nicht an.«

Hummel nickte. Er war sich sicher, dass Georg schon zahlreiche Notizhefte und Stapel von Karteikarten voller genialer Einfälle hatte. Denn Georg war genial. Nach ein paar Gläsern Rotwein hatte er Hummel einmal die Grundgedanken seines Habilitationsthemas *Die Schönheit der Hässlichkeit* skizziert, und Hummel war fasziniert gewesen. Auch wenn er am nächsten Morgen keinen einzigen dieser Gedanken in seinem trüben Rotweinschädel wiederfand.

»Ich brauch deinen Rat«, sagte Hummel.

»Als Freund, als Mann, als Kunsthistoriker?«

»Letzteres.

»Schade. Also?«

»Kann man mit kirchlicher Kunst Geld verdienen?«

»Was hast du vor?«

»Nicht ich. Ich möchte wissen: Gibt es da einen Markt, einen Schwarzmarkt? Und wie funktioniert der?«

»Bist du jetzt im Raubdezernat?«

»Nein, wir haben einen Todesfall, und ich glaube, dass es was mit Antiquitätenhehlerei zu tun hat.«

»In der Kirche?«

Hummel nickte. Georg holte tief Luft. Und erzählte: Dass früher ein Großteil aller Kunst kirchliche Auftragskunst war. Ebenso, dass ein wesentlicher Anteil der Kunsthehlerware natürlich aus Kirchenkunst bestand. Dass es riesige Kunstarchive der Kirche gibt, die zur Ausstattung kirchlicher Repräsentationsräume dienen. Von der Kirche über den Gemeindesaal bis hin zu den Privatwohnungen kirchlicher Würdenträger. Als Hummel fragte, ob denn die Möglichkeit besteht, dass sich jemand unberechtigterweise dort bediente und Archivstücke weiterverkaufte, meinte Georg: »Natürlich, warum nicht?« Angesichts der großen Kunstschätze der Kirche müsste man eigentlich nur darauf achten, keine zu auffälligen und zu wertvollen Exponate zu entwenden.

Hummel hörte sich das alles konzentriert an und hatte bald die klare Vorstellung, dass Bruder Wolfgang in seiner Funktion als Sachwalter der Immobilien der Diözese ziemlich genau das gemacht hatte, um seinen aufwendigen Lebensstil zu finanzieren. Dass er mit seinen guten Kontakten im Immobilienmanagement aus den Tiefen der Archive Exponate in bedauernswertem Zustand abzweigte, diese restaurierte und sie gewinnbringend verkaufte. Daher konnten die Farbreste und das Beizmittel unter seinen Fingernägeln stammen.

»Hey, Georg, vielen Dank, jetzt hast du was gut bei mir«, sagte Hummel schließlich.

»Ich wüsste da schon was«, sagte Georg.

Hummel sah ihn erstaunt an. »Ja, was denn?«

»Ich möchte mal zu euch in die Rechtsmedizin. Ein paar Leichen anschauen.«

»Für deine Arbeit?«

»Ja, ich möchte die Aura spüren.«

»Aber die sind echt, keine Kunst.«

»Weißt du es?«

Mit dieser vielschichtigen Frage – die doch eigentlich eher eine These war – entließ Georg einen nachdenklichen Hummel in die Märzkühle des Museumsviertels. Hummel ahnte, was Georg meinte. Die ästhetische Wirkung. Die nicht unterscheidet, was Realität ist oder künstlerisch gestaltet. Der es nur um die ausgelösten Emotionen geht. Hummel dachte an seine eigenen kümmerlichen literarischen Versuche. Emotionen auslösen! Das wär's!

AL FUEGO

Dosi schmatzte genüsslich. Es war halb drei. Bruder Johannes war gerade zu seinem Arbeitsplatz zurückgekehrt, und sie saß immer noch auf der Empore des *Oskar Maria*. Bei Cappuccino und Käsesahne. Er hatte darauf bestanden zu bezahlen. Sie müsse dafür aber auch einen positiven Artikel schreiben. Aber klar doch, tat sie gerne. Für jemanden, der sich so für die Stadt einsetzt. Bruder Johannes hatte gesprudelt wie eine heftig geschüttelte Mineralwasserflasche, die achtlos geöffnet wurde. »Die Kirche als Garant für den sozialen Zusammenhalt der Stadt«, »Karitatives Immobilienmanagement«, »Architektur der Nächstenliebe«. Bruder Johannes war gar nicht mehr zu bremsen gewesen.

»Marketingschmarrn«, fand Dosi. Aber sie hatte alles verständnisvoll abgenickt – wie auch die Vorspeise, Suppe, Hauptgang, Nachspeise. Beim Hauptgang – Rinderfiletspitzen al fuego – hatte sie ihn ganz konkret zur Immobilie in der Kardinal-Faulhaber-Straße befragt. Und auch darüber hatte er hemmungslos geplaudert. Über die zwei konkurrierenden Bietergruppen, eine Gruppe alteingesessener Münchner Geschäftsleute – *Altes München* – und eine Gruppe Mailänder Geschäftsleute.

Das wusste sie bereits von Zankl, tat aber sehr interessiert.

»Und, gibt es da schon eine Tendenz?«

»Also, mein Vorgänger favorisierte die Italiener. Die haben das höchste Angebot abgegeben. Aber ich sehe das etwas anders. Es geht ja nicht allein ums Geld, sondern auch um das Erhalten von Münchner Tradition.«

»Ja, genau!«, hatte sich Dosi begeistert. »München muss münchnerisch bleiben!«

Er hatte unsicher gelächelt. Hatte er doch zu viel geplaudert?

»Keine Bange, alles streng vertraulich«, hatte Dosi ihm noch zum Abschied versichert.

Jetzt lehnte sie sich zufrieden zurück. Sie staunte ein bisschen über sich selbst. Nahtlos hatte sie sich in diese Reporterrolle gefügt. Sie ließ sich den letzten Rest Käsekuchen auf der Zunge zergehen und sah hinunter in das nur noch halb besetzte Lokal. Geschäftsleute und Kulturschaffende. Die Luft vibrierte vor Worten. Dosis Handy summte. Hummel.

OHREN AUF

Mader kratzte sich am Kinn. »Hummel meint also, es geht um Antiquitäten. Und Sie, dass es um Immobilien geht. Hm. Und wir haben den Eindruck, es geht um alte Geschichten, ganz alte. Aus der Zeit des Priesterseminars. Haben wir denn was Neues zu der Dame in der Badewanne?«

»Leider nein«, sagte Dosi. »Die Nachbarin hilft uns bei dem Phantombild, sie hat sie ja gelegentlich gesehen. Gesine versucht sich an einer Rekonstruktion.«

»Zankl, gibt es sonst noch was?«

»Die Klingel wurde manipuliert. Ein E-Zünder. Durchaus professionell. Aber keine verwertbaren Spuren mehr. Zumindest wissen wir jetzt, dass die Explosion kein Unfall war.«

»Gut, recherchieren Sie bitte noch genauer wegen dieser Investorengruppen. Hintergründe, Entscheidungsträger. Steinles Funktion. Ob da was komisch ist, illegal. Haben wir denn was Neues zu dem weißen Transporter?«

Zankl schüttelte den Kopf. »Es gibt Dutzende mit Passauer-Land-Nummer. Allein sechsundsiebzig nach der ersten Anfrage. Das kriegen wir personell nicht hin, die alle zu überprüfen.

Mader knetete seine Unterlippe. »Ich werde das Gefühl nicht los, dass da eine Niederbayern-Connection besteht. Die beiden Bilder – das im Büro und das in der Wohnung –, vielleicht hat der Typ ja wirklich irgendwo im Bayerwald eine Jagdhütte. Und vielleicht hat der weiße Transporter was mit den Antiquitätenschiebereien zu tun.«

»Ich bin am Wochenende in Passau«, verlautbarte Dosi.

»Soll heißen?«

»Dass ich mich da mal ein bisschen umschauen kann. Und umhören, ob Bruder Wolfgang dort unterwegs war, zum Beispiel in Sachen Antiquitäten. Mich würde auch interessieren, was Patzer mit dem Schmidhammer zu schaffen hat.«

»Mit wem?«

»Mit dem Passauer Bauunternehmer, mit dem er sich hier getroffen hat. Ich mach einfach mal die Ohren auf. In der Kleinstadt bleibt nix geheim.«

GOCKEL

»Frank, kommst du jetzt endlich?!«, fragte Conny und schlüpfte in ihren Mantel.

»Ja ja, hättest du ja ein bisschen ankündigen können, oder?«

»Früher warst du spontaner.«

Zankl fluchte innerlich. Früher war so manches anders. Er staunte selbst, dass Conny eine Abendeinladung angenommen hatte – trotz Clarissa. Wann waren sie das letzte Mal ausgegangen? Lag Lichtjahre zurück. Am Ende von Connys Schwangerschaft, nach dem denkwürdigen Einkaufsmarathon beim Babyausstatter, waren sie ins *Centrale* gegangen, zu dem Edelitaliener in der Schellingstraße. Wo Conny das Vielgängemenü postwendend rausgekotzt hatte. Ja, mal wieder Essen gehen – eigentlich eine schöne Idee. Aber vorher noch die Vernissage eines italienischen Künstlers. *Uh! Aquarelle!* Zankl hasste das Wasserfarbengekleckse. Hoffentlich musste er nicht aus Solidarität mit dem Hungerkünstler eine pastellige Toskanalandschaft kaufen.

»Bist du jetzt endlich fertig?«, rief Conny.

»Ja ja.« Er kam aus dem Schlafzimmer. In seinem kaffeebraunen *Drykorn*-Anzug.

Sie pfiff durch die Zähne. »Jawohl, der Herr!«

»Ich kann ja schlecht in Jeans auflaufen, wenn Lauras Mann im italienischen Edelzwirn kommt.«

»Verdammter Gockel!« Sie küsste ihn.

GEMISCHT

Dosi fuhr an diesem Freitagabend mit gemischten Gefühlen nach Passau. Klar, sie freute sich auf ihre Eltern und auf den Jubeltag von Oma Hilde und die Verwandtschaft zumindest ein kleines bisschen. Aber vor der Begegnung mit Eric grauste es ihr jetzt schon. Und dann hatte Fränki ihr vorhin noch eine Szene gemacht, weil sie ihn nicht dabeihaben wollte. Eigentlich liebte sie nur einen mit Haut und Haar: Elvis. Sie lachte und drehte die Anlage lauter: *We can't go on like this, on suspicious minds...*

Sie zuckte zusammen, als der schwarze Sportwagen sie sehr knapp überholte. Der entgegenkommende Wagen blendete empört auf. Der schwarze Wagen scherte schon wieder aus. Die Rücklichter zogen lange rote Streifen in der anbrechenden Abenddämmerung.

AM LIMIT

Patzer fuhr den dritten Gang ans Limit. Siebentausend Umdrehungen. Der Tacho zeigte hundertzwanzig. Der Aston Martin vibrierte wie eine Saturn-Rakete. Nervös reagierte der Motor auf jedes Zucken seines rechten Fußes. Patzer schaltete nicht hoch. Der Motor musste seine Aggressionen aushalten. Er hasste die B12. Nicht weil auf ihr so viele Bauerntrampel ihr Leben ließen – an sich ein Qualitätssiegel –, nein, er hasste diese Straße, weil sie zu seinen Eltern ins provinzielle Ostbayern führte. Pocking. Fliegenschiss auf der Landkarte neben der Autobahn Passau–Linz.

Patzer, Eltern, Kindheit gar? Ja. Seine Zeit im Knast hatte ihm gezeigt, dass auch er Wurzeln hatte – und brauchte. Der fünfundsiebzigste Geburtstag seines Vaters war ein guter Anlass heimzukehren, ohne heimkriechen zu müssen. Konvention, Pflicht des Sohnes, beim Jubiläum anwesend zu sein. Nichts erklären, einfach da sein und schauen, wie es sich anfühlt. Nein, er hatte ein ganz konkretes Interesse. Seine Eltern waren reich, zumindest seine Mutter, Tochter von Ludwig Rauschel vom Bankhaus *Rauschel & Ebert*. Wo er seine Banklehre gemacht hatte, bevor er studierte. Seine beinharte Mutter, für die Geld alles war. Und die zu interessanten Investitionen nicht Nein sagen konnte. Er hoffte, dass das immer noch so war. Er brauchte dringend Geld. Dafür würde er sogar seinen Vater ertragen, den ehemaligen Kommandeur der Gebirgspanzerdivision von Kirchham, einen Sadisten vor dem Herrn, der früher Rekruten drillte, bis sie umkippten.

Patzer schnaufte auf. Wie sehr prägen Eltern ihre Kinder? Was den Geschäftssinn anging, war er sicher das Produkt seiner Mutter. Und seine kriminelle Energie, wie verhielt die sich zu seinem Vater? War das der Gegenpol zu Zucht und Ordnung? Und das Sadistische? Egal. Seine Eltern – zwei Personen, die nur die gemeinsame Gefühlskälte verband. Ihm kam ein schiefes Bild in den Sinn: Wenn man bei strengem Frost an einem Laternenpfahl oder einem Metallpfosten leckt und kleben bleibt. Das war so ähnlich. Nein, blöder Vergleich. Obwohl: Die Beziehung seiner Eltern war eine unheilvolle Verbindung voller Schmerzen. Und »Pfosten« traf auf seinen Vater durchaus zu – ein Mann von ebenso großer Beschränktheit wie Bestimmtheit. Mit seinen fünfundsiebzig bei bester Gesundheit. Körperlich. Sonst Alzheimer in undefinierbarem Stadium. Kommandos klappten wie eh und weh: *Stillgestanden! Rührt euch! Links rum! Rechts rum! Stillgestanden! Kompanie...!* Daran erinnerte er sich von seinem letzten Besuch vor einigen Jahren. Seine Mutter war glasklar im Kopf, aber gehbehindert und an den Rollstuhl gefesselt. Zwei hilfsbedürftige alte Menschen, denen Patzer zum Glück nicht helfen musste, denn dafür gab es bestens bezahltes Hauspersonal mit hoher Frustrationstoleranz.

Jetzt tanzte er also an zum Geburtstag des alten Herrn. Patzer inszenierte das vor seinem inneren Auge als Prüfung, bei der er seine Grenzen austesten wollte. So wie der Wagen seine Grenzen spüren sollte, als er jetzt kurz vor Simbach halsbrecherisch eine langgezogene S-Kurve schnitt ohne Rücksicht auf entgegenkommenden Verkehr.

Er merkte, dass die Reifen kurz davor waren, die Traktion zu verlieren. *Am Limit.* Gut so! Als er am Wegweiser »Kirchham« vorbeidonnerte, nickte er kurz und bitter. Dort hatte er seinen Wehrdienst geleistet. Und niemand in der Kaserne war mehr schikaniert worden als er, der Sohn des Kommandeurs, niemand hatte mehr Dienste schieben müssen, und niemand hatte nach der Stubenvisite öfter Ausgangssperre als er. Aber Patzer war nicht undankbar. In dieser Zeit hatte er viel über sich selbst gelernt und über den menschlichen Hang zur Rücksichtslosigkeit – Schlüsselqualifikation im Investment- und Baugeschäft.

Er setzte den Blinker und bog nach Pocking ab. Das Anwesen seiner Eltern lag am östlichen Ortsrand auf einer Anhöhe. Dahinter Wald. Er quälte den Wagen die steile Auffahrt hoch und bremste scharf auf dem Kies. Eine Staubwolke stieg in den dunkelrot leuchtenden Abendhimmel. Das heisere Röcheln des Sportwagens erstarb. Patzer blieb noch sitzen, ließ die Scheibe heruntersurren. Hörte das leise Rauschen der nahen Autobahn. Auf dem Parkplatz standen zahlreiche Autos. Gehobene Mittelklasse. Und zwei olivgrüne VW-Busse.

Er hing noch seinen Gedanken nach, als sein Vater in Ausgehuniform aus dem Haus trat und im Stechschritt auf den Wagen zueilte. Mit dem Zeigefinger fuhr er über den Schmutzfilm auf dem Lack des Aston Martin und streckte seinem Sohn den schwarzen Finger direkt unter die Nase. »Was ist das für eine verdammte Sauerei?!«

Patzer blieb ganz ruhig und schob die Hand vor seinem Gesicht weg. »Papa, lass das!«

»Machen Sie gefälligst ordentlich Meldung, wie sich das gehört!«

»Jawoll, Herr Oberstleutnant«, antwortete Patzer müde. »Wie geht es dir, Papa?«

»Unterlassen Sie diesen vertraulichen Ton, Panzerschütze!«, schrie der Oberstleutnant a. D.

Patzer schob seinen Vater sanft beiseite und ging auf
das Haus zu, ohne auf »Stillgestanden!« zu achten.

ALLES GELD

Als er den überdimensionierten marmorweiß gefliesten
Flur betrat, schoss ihm seine Mutter entgegen. Im Rollstuhl. Ihr Zeigefinger bohrte sich in seinen Bauch.

»Fritz, lässt du dich auch mal wieder blicken?!«

»Ja, Mama.«

»Du weißt, dass dein Vater heute Geburtstag hat, den
fünfundsiebzigsten!«

»Deswegen bin ich hier.«

»Hast du *Siemens* gekauft?«

»Ich kaufe keine Aktien.«

»Wie kannst du keine Aktien kaufen?!«

»Mama, ich mach vor allem Baufinanzierung.«

»Egal, Fritz. Alles Geld!«

Alles Geld. Diese zwei Worte erfassten tatsächlich das
ganze Weltbild seiner Mutter. Schon bereute er es, gekommen zu sein. Wie ihn das abstieß! Nicht die materielle
Einstellung, die teilte er durchaus, sondern das aggressive
Verletzen seiner Intimsphäre, das unfehlbare, zurechtwei-
sende Auftreten.

»Setz dich!«, wies ihn seine Mutter an.

Patzer war erstaunt, dass an dem langen Tisch nur für
zwei Personen aufgedeckt war. »Was ist mit Papa und seinen Freunden?«

»Die Herren ziehen es vor, im Garten zu grillen und
Bier und Schnaps zu saufen. Soldaten!«

Patzer musste unwillkürlich grinsen. Seine Mutter bekam das nicht mit, denn sie rangierte mit ihrem Rollstuhl hin und her, bis sie endlich korrekt bei Tisch saß.

»Adelheid!«

Wie aus dem Nichts stand plötzlich das Hausmädchen neben Patzer. »Darf ich servieren?«

»Servieren Sie!«, zischte Frau Patzer. »Und legen Sie dem Jungen gleich zwei Stück auf. Bei seiner Frau kriegt er nichts Ordentliches.«

»Jawohl, Madame.«

»Nennen Sie mich nicht Madame!«

»Verzeihung, Frau Dr. Rauschel-Patzer.«

Patzers Gedanken waren im Analysemodus. ›Ja, Mama, du hast einen Doktor in Ökonomie, das wissen wir alle. Aber ich hab einen in Psychologie, und ich durchschaue all dein vergebliches Heischen nach Respekt und Aufmerksamkeit. Ein paar Jahre noch, und du wirst in die Gruft hinabsteigen, wo dein bleiches Fleisch kalt und faulig wird, Heimstatt von Würmern, Larven und Insekten. Und du wirst dich nicht an dem Gedanken wärmen können, dass dich hier oben irgendwer vermisst.‹

»Sprich, Fritz! Wie läuft deine Firma?«

»Hervorragend«, log er. »Im letzten Jahr eine Million Reingewinn nach Steuern.«

»Nach Steuern, so!« Ein keckes Grinsen erschien im Gesicht seiner Mutter. »Nach Steuern. Das ist gut! Ich hab's gewusst, dass du das Zeug dazu hast. Ich sage dir: Steig ein bei *Rauschel & Ebert*. Dein Onkel Gisbert kann das nicht.«

»Dein Bruder macht das doch ganz gut, was ich so mitkriege. Sehr solide.«

»Solide? Pah! Ihm fehlt der Biss, die Gier, die man für dieses Geschäft braucht. Du bist gierig, das weiß ich.«

Ja, den Biss und die Gier hatte er. Aber mit dem Familienclan der Rauschels wollte er definitiv nichts zu tun haben. »Sorry, Mama, du weißt: Ich mach mein eigenes Geschäft, ich mach nur Dinge, von denen ich wirklich was verstehe.«

»Du weißt, wie man mit Geld umgeht. Ich überschreib dir meine Anteile. Jetzt schon. Sofort! Wenn du einsteigst!«

»Mama, nein! Jetzt nicht. Lass mir noch ein bisschen Zeit.«

»Das sagst du jedes Mal. Ich habe keine Zeit mehr. Sieh mich an. Ich sitze im Rollstuhl!«

»Mama, ich überleg's mir. In Ordnung?!«

Ein erstaunlich mattes »Ja, gut« von Mama beendete die Diskussion. Sie hatte in diesen wenigen Gesprächsminuten weit mehr Energie verbraucht, als ihr zur Verfügung stand. Konto überzogen. Akku leer.

Patzer beschloss, sie heute noch nicht mit seiner Idee zu konfrontieren, ihr Geld in ein großes Bauprojekt zu investieren. Morgen. »Ich geh mal rauf in mein Zimmer«, verabschiedete er sich, nachdem er zwei Kalbsschnitzel in Sherryrahmsoße vernichtet hatte.

DERBRÖSELT

Passau. Dosi stand an der Donaulände im Stau. Sie hatte keine Ahnung, warum so viel Verkehr herrschte, aber sie nutzte die Zeit, um die imposante Kulisse auf sich wirken zu lassen. Im letzten Dämmerlicht erhob sich der mächtige Dom noch mächtiger über die Dächer der Altstadt. Er wirkte unnatürlich weiß. Frisch renoviert. Darunter im schummrigen Orange die bunten Fassaden der

Altstadthäuser und der Flickenteppich ihrer scheckigen Dächer. An der Fritz-Schäffer-Promenade lagen die Ausflugsschiffe. Das Kristallschiff war hell erleuchtet und glitzerte wie blöd. *Swarovski*. Dosis Geschmack war das nicht. Das Aufgemaschelte. Ihr gefielen die kleinen Schiffe besser. Sie erinnerte sich, wie sie in der siebten Klasse die kleine Drei-Flüsse-Rundfahrt gemacht hatte. Ein Haufen lärmender Teenager, *Spezi, Nogger*. Und ihre Pausenbox, die sich unfreiwillig in die braunen Fluten des Inns verabschiedet hatte. Schülerstreiche.

Für Dosi war es immer einen Tick merkwürdig, heimzukommen. Klar, inzwischen war sie in München zu Hause. Auch wenn ihr andere gelegentlich das Gegenteil signalisierten. Immer noch gab es diese blöden Typen, die raushängen ließen, dass sie in der Landeshauptstadt geboren waren. Schon klar, die besten Weißwürste, nur vom Bauch, natürlich Augustiner-Bier, forever 1860. So ein Schmarrn. ›Na ja, gleich und gleich gesellt sich gern.‹ Dachte sie hinsichtlich des meist zweitklassigen Fußballvereins. Aber der konnte ja auch nichts für seine Fans. Nichts gegen *1860* oder gegen Augustiner oder Weißwürste vom Bauch, aber gegen die Gscheidhaferl schon!

Passau war trotzdem ihre Heimat. Mit allem Wenn und Aber. Jenseits romantischer Verklärung. Immer ein Reibungsfeld. Sie erinnerte sich, wie sie das letzte Mal durch die Fußgängerzone gegangen war. Wieder einmal sehr erstaunt, wie schnell erst kürzlich eröffnete Läden wieder geschlossen und neue aufgemacht hatten. Schlussverkauf allerorten, weil eben doch drei Läden für Skaterklamotten zwei zu viel waren. Sehr viel Veränderung. Gut, dass es zumindest in der Altstadt noch ganz normal zuging – baulich unveränderbar: Große Messergasse, Kleine Messergasse, Große Klingergasse, Kleine Klingergasse, Heuwinkel, Pfaffengasse …

So viele Gedanken vor der abendlichen Kulisse der Altstadt. Jetzt sah sie den Grund für den Stau: Ein aufgemotzter Audi hatte die Betoneinfassung des Ilzdurchbruchs auf ihre Belastbarkeit hin geprüft. Eindeutiges Ergebnis: Motorhaube zusammengefaltet wie Ziehharmonika. Die Rettungssanitäter schoben den herausgeschnittenen Fahrer gerade in ihren Krankenwagen. Aber so schlimm konnte es nicht sein, denn der auf der Trage festgeschnallte Fahrer beschimpfte wild gestikulierend einen älteren Herrn, der sich verwirrt an sein Fahrrad klammerte. ›Tja, Autofahrer und Radler passen nicht zusammen‹, dachte Dosi, als sie die Unfallstelle passierte und durch die Ilzstadt auf der B12 in Richtung Salzweg hochfuhr.

Derrennt, dersteßn, zerlegt, derbröselt, derbazt. Sie überlegte, ob ihr noch mehr Begriffe einfielen, die den finalen Aggregatzustand so mancher Auto- oder Motorradfahrer auf der B12 angemessen ausdrückten. Früher hatte man von der B12 in der Zeitung immer als »Todesstrecke« geschrieben. Was auch wieder übertrieben war und eher wie der Titel eines schlechten Krimis klang. Oder nach *Die Drei ???.* Sie lächelte. Die waren auch der Grund gewesen, warum sie als Kind schon zur Polizei wollte. Noch heute hörte sie die CDs gerne, vor allem zum Einschlafen. Oh, wie hatte sie für Peter Shaw geschwärmt! Bis ihn Elvis von der Bettkante gestoßen hatte.

Sie bremste, als sie das Ortsschild von Salzweg passierte. Noch zweihundert Meter, dann rechts. Sie bog in die schmale Sackgasse ein, parkte das Auto auf der Wendeplatte vor der Garage ihrer Eltern und stieg aus. Die Luft roch nach Benzin und Kuhscheiße.

LODERNDE BRUNST

Patzers Jugendzimmerhölle grenzte ans elterliche Schlafzimmer. Er lag auf dem Bett mit geschlossenen Augen,
dachte nach: ›Die machen mich fertig. Heute noch. Meine
geldkranke Mutter. Mein Befehl-und-Gehorsam-Vater.‹
Er öffnete die Augen, blinzelte ins allerletzte Abendlicht
und ließ sie über das juvenile Ambiente streifen. Kiefern-
holzfurnier. Tisch, Stuhl, Schrank. Ein großes Regal mit
Büchern. Auch anspruchsvolle Sachen. Sein Lieblingsbuch
sah er gleich. Jahrelang hatte er nicht daran gedacht. Er
stand auf, knipste das Licht an und zog es aus dem Regal.
Er schlug es an einer beliebigen Stelle auf. Er wusste, es
würde passen.

*Schau nicht zu lange ins Feuer, o Mensch! Träume nie, wenn
du am Ruder stehst! Kehre dem Kompass nicht den Rücken
zu; beherzige die leiseste Warnung der Pinne; glaub dem
künstlichen Flammenschein nicht, wenn seine Röte allem
den Anstrich des Unheimlichen gibt. Morgen, im natürlichen
Licht der Sonne, werden die Dinge wieder in hellem Abglanz
erstrahlen; die Gestalten, die in der lodernden Brunst wie
Teufel sprühten, gewinnen am helllichten Tage ein anderes,
jedenfalls freundlicheres Aussehen; die in goldenem Glanz
erglühende Sonne ist die einzige Lampe, der zu trauen ist.*

›Melville. Gut. Wahr. Selbst für Nachtmenschen wie
mich‹, dachte Patzer. Auch jetzt waren die Nachtgeister
da. Er sah sich in seinem Zimmer um, erinnerte sich. Wie
oft war er nachts im Bett gelegen und hatte daran gedacht,
seine Eltern umzubringen. All die Qualen. Im Haus waren
genug Waffen. Die Welt wäre ein besserer Ort gewesen
ohne sie. Zumindest ohne seinen Vater. Kein Zweifel. Er

hörte aus dem Garten die erhitzten Stimmen der ange-
trunkenen Noch- und Exsoldaten. Immer wieder durch-
schnitten vom schrillen Organ seiner Frau Mama. Noch
ein paar Schnäpse, und die alten Herren würden auf den
Schießplatz hinterm Haus drängen, um sich gegenseitig zu
beweisen, wer der Größte ist. Patzer legte sich wieder aufs
Bett und schloss die Augen.

Es klopfte. Das Hausmädchen streckte den Kopf zur
Tür herein. »Dr. Patzer, Ihr Vater lässt Sie bitten, auf den
Schießstand zu kommen.«

»Sicher nicht.«

»Doch, äh, ich . . .«

»Mein Vater bittet nicht, er befiehlt.«

Sie wurde rot.

»Adelheid, es ist nicht Ihre Schuld, dass er ein Arschloch ist. Ich komme.«

Patzer ging nach unten. Der Schießstand lag am Ende
des riesigen Grundstücks, direkt am Waldrand. Durch
die Ritzen der Holzwände fiel grelles Neonlicht in feinen
Streifen in den Garten. Schon knallten die ersten Schüsse.
Man schoss hier nicht auf Zielscheiben, sondern auf Menschen – original Bundeswehr-Attrappen. Patzer war ein
hervorragender Schütze. Was hier keiner wusste. Und
nicht wissen sollte.

Sein Vater drückte ihm ein Gewehr in die Hand. »Dass
ich mich nicht schämen muss!«

Patzer schoss absichtlich daneben, um den alten Herren
ihr Vergnügen zu lassen. Diese johlten bei jedem Schuss,
der danebenging.

»Du lernst es nie«, sagte sein alter Herr. Und platzierte
drei Schuss hintereinander im Schädel des Holzsoldaten.

»Bravo«, lobte Patzer.

»Dein Bruder hätte auch getroffen«, sagte sein Vater.

»War halt ein guter Soldat.«

»Das war er«, bestätigte sein Vater voller Stolz. »Immer im Dienst. Für sein Vaterland.«

»Ja, Vater. Und du bist auch noch im Dienst?«

»Wenn es um die wichtigen Fragen in der Gesellschaft geht, ist man nie außer Dienst!«

»Helmut Schmidt, sonderbares Vorbild für einen Schwarzen wie dich.«

»Schmidt war immer moralisch.«

»Jawoll. Melde mich ab, Oberstleutnant Schmidt!«

»Wegtreten, Panzerschütze!«

Patzer atmete tief durch und verließ den Schießstand. Pflicht getan. Kür gab es nicht. Er ging zurück zum Haus und sah durch die Terrassentür, wie seine Mutter im Schein einer Stehlampe im Rollstuhl schlief. Er trat nahe an die Scheibe. Ihr Mund halb offen. Speichelfäden. Er dachte an eine Gruft mit Spinnweben, wo Fledermäuse ein und aus flogen.

NIX IS FIX

»Und, hast du jetzt einen Freund?«, fragte Dosis Vater nach dem späten Abendessen, das aus Rosswürsten und Sauerkraut bestanden hatte.

Dosi nahm einen großen Schluck Weißbier und nickte. »Aber nix Fixes.«

»Was is schon fix?«, sagte ihr Vater.

Sie sah ihn erstaunt an.

»Ich hab a Neue«, erklärte er.

Von Erstaunen zu Entgeisterung. »Du hast was?!«

»Eine Neue. Du, nach über dreißig Ehejahren muss man sich mal verändern.«

»Und, ich, äh, und … Weiß Mama davon?«

»Ich glaub nicht, aber du weißt ja, wie das ist am Dorf.«

Sie schluckte. »Wer, wer ist es?«

»Die Hartinger Ilse.«

»Die ist doch fast siebzig!«

»Ja, und? Ich bin auch schon sechzig. Die Ilse hat so viel Grund und ein Mietshaus in München. Du suchst doch eine Wohnung …«

»Lieber leb ich in meinem Loch! Bis du wahnsinnig?! Die Hartinger!« Dosi kämpfte mit ihrer Atmung. Ihr Vater grinste. »Du verarscht mich!«, sagte Dosi säuerlich.

»Na, überhaupt ned.«

Jetzt lachte Dosi. »Du hast echt an Vogel, Papa.«

»Komm, Dodo, wir räumen noch die Küche auf, bevor Mama aus der Kirche kommt. Hast du noch was vor heute?«

»Ja. Schlafen. Wann müssen wir morgen bei Oma sein?«

»Um elf Uhr bekommt sie vom Bürgermeister die Ehrenbürgerschaft von Büchlberg, dann gehen wir ins Wirtshaus, und um zwei Uhr gibt es Kaffee.«

»Endlose Fresserei. Muss ich zum Kaffee auch mit?«

»Hast du was vor?«

»Ich treff mich mit Eric.«

Ihr Vater sah sie erschrocken an.

»Nicht, was du denkst. Wir müssen das mit dem Haus endlich klären. Ich brauch das Geld.«

»Der Depp. Weißt du, wie der hier heißt? *Der Stenz von Passau.* Er, der blonde Fischkopf.«

»Papa, nicht wieder die alten Geschichten. Ich will mein Geld, sonst nix.«

Papa Roßmeier grummelte unverständlich und räumte die Spülmaschine ein. Dosi half ihm. Dann goss er beiden einen Blutwurz ein. Sie stießen mit dem Kräuterschnaps an und sahen sich tief in die Augen.

EINGEFROREN

Patzer betrat die Garage, knipste das Licht an. Das alte Jaguar-Cabrio schimmerte im kalten Schein der Neonröhre. Der Jaguar war das Einzige, was er als Pluspunkt auf dem Geschmackskonto seines Vaters verbuchte. Tja. Patzer holte seinen Autoschlüssel aus der Hosentasche und machte einen langen Kratzer über die ganze Seite des Wagens. Schade um den penibel gepflegten Metalliclack. Sollte sein Vater ruhig einen Herzinfarkt bekommen, wenn er den Frevel sah. Vielleicht ein Querschläger vom hauseigenen Schießstand? Der Jaguar. Er war seit seinem zehnten Lebensjahr nicht mehr darin gesessen. Damals hatte ihn sein Vater öfters mal mitgenommen. Bis zu der Fahrt nach Grafenau zu einem Oldtimertreff. Hinter Kalteneck hatte er sich im Auto übergeben. Die vielen Kurven, der rüde Fahrstil seines Vaters. Sein Vater ohrfeigte ihn und schickte ihn mit dem Postbus nach Hause. Allein. Mit zehn Jahren! Seitdem war Patzer nie wieder in dem Cabrio gesessen. Er öffnete die Beifahrertür und setzte sich hinein. Knarzendes Leder. Er war wieder zehn Jahre alt. Kälte umgab ihn. Diesmal nicht der Fahrtwind. Er konnte sogar die Kotze auf der Zunge schmecken.

REIBUNG

Hummel hatte sich am Abend noch mit Gerlinde von Kaltern getroffen, die aufs Höchste gespannt war wegen des

Geistlichen, der aus dem Fenster gestürzt war. Hummel konnte ihr aus ermittlungstechnischen Gründen natürlich keine Auskunft geben und fragte sie umständlich, wie sie beide denn jetzt geschäftlich weitermachen, seine Karriere als Schriftsteller forcieren wollten.

Woraufhin sie mal wieder ins Schwadronieren kam: über die Fallstricke des Buchmarkts, die gähnende Langeweile mutloser Buchprogramme, die Austauschbarkeit von Titeln oder Stoffen. »Etwas Wagemutiges müsste es sein, etwas Ungeschliffenes, Grobes, Erschütterndes.«

»Und was könnte das sein?«, fragte Hummel naiv.

»Ja, woher soll ich denn das wissen?!«, antwortete sie scharf. »*Sie* sind doch der Autor. Überraschen Sie mich mal, Herr Hummel, gehen Sie ins Risiko, schreiben Sie was mit Substanz, nicht dieses sensibel-melancholische Zeugs, mit dem man sich eincremen kann. Es soll wehtun, wenn man es liest.«

Das tat es jetzt schon. Gewalt, Härte, Schroffheit. Und alles so im erlebnisorientierten Rahmen. Das klang gerade so, als würde man bei *TUI Hinein ins Abenteuer!* buchen, mit Frühbucherrabatt, versteht sich.

RAUCHZEICHEN

Mader ging mit Bajazzo nachts im Ostpark Gassi. Er lutschte einen Brühwürfel und dachte nach. Wie konnte sich Bruder Wolfgang solch einen Lebensstil leisten? Wer war die Frau an seiner Seite, die sie tot in der Wanne gefunden hatten? Er wartete immer noch auf das Phantombild, das die Schnittmenge bilden würde aus der Aussage der Nachbarin und Dr. Fleischers Input auf Basis von Schädelmessung und einer Reihe von Daten und Werten, die sie aus den sterblichen Resten abzupausen versuchte. Zumindest das biologische Alter hatten sie schon: gerade mal dreißig Jahre. So ein grausames Ende. Wenn sie die Lebensgefährtin von Bruder Wolfgang war, warum hatte der sich nicht einfach beruflich verändert, als seine Position mit seinen privaten Interessen kollidierte? Vielleicht, weil es in seinem Beruf Möglichkeiten gab, die er woanders nicht hatte? Aber Immobiliengeschäfte konnte man doch auch woanders betreiben? Vielleicht hatte er sich schmieren lassen, aber solche Geschäfte waren keine kontinuierliche Einnahmequelle, die er für seinen gehobenen Lebenswandel doch sicher gebraucht hatte. Er dachte an Hummels These mit den Antiquitäten, der Kirchenkunst. Dazu würden die Spuren unter den Fingernägeln passen und die Tatsache, dass die ausgebrannte Wohnung vor der Explosion ausgeräumt worden war. Was sollte man groß anderes mitnehmen als ein paar Elektrogeräte und Kunstgegenstände?

Auch wenn Maders Geschmacksnerven vom Genuss des Brühwürfels reichlich betäubt waren, nahm er deutlich wahr, dass Bajazzo im Park einen großen Haufen platziert hatte. Er ging in die Hocke und sah über die dunstige Wiese. Von Bajazzos Haufen stieg eine Rauchfahne gegen das Licht der Parklaternen auf. Wie von einem Vulkan oder dem Kühlturm eines Atomkraftwerks. »Guter Hund, Bajazzo!«, rief Mader. Mader zog den knisternden Plastikbeutel aus der Manteltasche und ging zu Bajazzo, der stolz neben seinem Kunstwerk posierte.

FATA MORGANA

Zankl war glücklich und verschwitzt. Und nackt. Das Gefühl war so gut! Erschöpft in den kühlen Laken. Mit ihr an der Seite. Der erste Sex seit Monaten! *Whoa!* Als wäre ein Damm gebrochen. Er ließ den ganzen Film noch mal ablaufen. Der Abend war wunderbar gewesen. Vergaß man mal den Auftakt mit der bescheuerten Aquarellvernissage. Zumindest hatte er im letzten Moment verhindern können, dass Conny einen sanft dahingetupften Weinberg kaufte. Stattdessen hatte er ironisch zu einer absolut scheußlichen grauen Felslandschaft geraten, die jetzt in Luftpolsterfolie verpackt im Gang draußen darauf wartete, die Atmosphäre ihres Wohnzimmers um eine depressive Grundstimmung zu bereichern. Na ja, vielleicht würde sich das Bild ja bei Tageslicht betrachtet einen Hauch heiterer ausnehmen. Sonst wäre es vielleicht auch was für ihr Kellerabteil? Ansonsten aber ein umwerfender Abend! Clarissa hatte herzallerliebst geschlafen beim Essen in dem edlen italienischen Lokal in Harlaching. Und Connys neue Freundin Laura hatte wirklich sexy ausgesehen. Conny auch. Natürlich.

Natürlich? Gab es da einen Zusammenhang? Klar. Lauras Ausstrahlung hatte Conny offenbar daran erinnert, dass sie nicht nur Mama war, dass da noch jemand war, der ihren Busen liebkosen wollte. Sie hatte sogar unter dem Tisch mit ihm gefußelt. Was für ein hocherotisches Ereignis nach Monaten des Darbens! Er hatte Sex nur noch als eine langsam verblassende Erinnerung aus grauer Vorzeit abgetan, als Fata Morgana, Trugbild seines unterbeschäftigten Unterleibs. War auch wieder ungerecht – seine sehr einseitige Bedürfnisstruktur. So eine Schwangerschaft und eine Geburt waren ja tiefe Einschnitte im Leben. Aber

94

jetzt war alles auf Anfang gestellt. Ja, es war wie beim allerersten Mal gewesen. Woran er sich zwar nicht mehr wirklich erinnern konnte, aber vom Gefühl her musste es genau so gewesen sein. *Neuland!* Er war so glücklich mit seiner Frau. Und mit ihrem gemeinsamen Kind. Moment mal. War das nicht wahnsinnig spießig? Und wenn schon! Das Einzige, was bei ihm einen leicht faden Beigeschmack hinterlassen hatte, war der Umstand, dass Lauras Mann Carlo darauf bestanden hatte, sie einzuladen. Da war er dann doch Beamter. Aber nachdem Conny ihm unterm Tisch ans Schienbein getreten hatte, hatte er das akzeptiert. »Das nächste Mal laden wir ein!«, hatte sie ihm am Heimweg ins Ohr gegurrt, als sie nüchtern und mit sicherer Hand das Auto durch Münchens dunkle Straßen heimwärts lenkte. Das mit der Einladung bezweifelte er. Denn Carlo hatte ihm mehrfach versichert, dass Laura eine absolut fantastische Köchin sei. Gute Lokale seien ja eine schöne Sache, aber nichts gegen die Kochkünste seiner Frau. Zankl hatte demütig ob der vielfältigen Qualitäten Lauras genickt.

Auf der Heimfahrt hatte Zankl nachdenklich das schöne Profil von Connys Gesicht betrachtet, ihren prachtvoll gewölbten Busen, geteilt vom strammen Sicherheitsgurt. Als er zu Hause von der Toilette gekommen war und Clarissa tatsächlich selig in ihrem Bettchen schlummerte – erstmals im Kinderzimmer – und Conny seinen Küssen keinen Widerstand entgegengesetzt hatte, hätte er vor Glück heulen können. Manchmal war die Welt so einfach.

Er sah auf die Schlitze der Jalousie, die das gelbe Straßenlicht sanft hereinfächerten. Aber er konnte immer noch nicht schlafen. Carlo, Lauras Mann, hatte ihn gefragt, was er beruflich mache. Er war ein kleiner Beamter bei

der Polizei. Mordkommission. Die üblichen Mafiascherz-
chen. Haha. Carlo hatte ihm erzählt, dass er Banker sei. Bei
einer italienischen Privatbank, die auch eine Niederlas-
sung in München hat. Dass man davon gut leben konnte,
sah man allein schon an Carlos Anzug. Tja, als deutscher
Beamter buk man eben kleinere Brötchen. Was ihm im
Moment egal war. Denn die schönsten Dinge im Leben
waren kostenlos.

RAUMKAPSEL

Good day, sunshine. Patzer hatte ein gutes Gespräch
mit seiner Mutter hinter sich. Er hatte ihr beim Frühstück von dem neuen Bauprojekt und den phänomena-
len Renditemöglichkeiten erzählt. Klar, er hatte die Sache
ein bisschen hochgejazzt, aber seine Mutter wusste, dass
momentan viel in Erlebnisgastronomie und diesen Klim-
bim investiert wurde, und hatte ihm schließlich einen aus-
gesprochen günstigen Kredit in Aussicht gestellt, sollte er
das Projekt an Land ziehen. Patzer war sehr zufrieden mit
seinen Überredungskünsten. Und er war froh, dass sein
Vater noch seinen Rausch ausschlief. Es war gestern sehr
spät geworden. Er hatte gehört, wie die besoffenen Soldaten sich nachts um drei von ihren Rekruten heimfahren
ließen. Zu welcher Kaserne eigentlich? Hier und in Passau
waren ja die Standorte geschlossen worden. Nach Freyung, Feldkirchen? Egal. Wenn es nach ihm ginge, könnte
man alle Standorte schließen.

»Besuch uns bald wieder!«, sagte seine Mutter.

»Ja, Mama«, sagte Patzer und dachte: ›Den Teufel werd
ich tun!‹

»Und pass auf mein Geld auf!«

Patzer küsste sie auf die Wange, was ihn weniger Über-
windung kostete, als er gedacht hätte. Er schmeckte und
roch ihre Vergänglichkeit. Ihre Tage waren gezählt. Ein
Schauer lief ihm über den Rücken.

Er ging, ohne sich von seinem Vater zu verabschieden.
War froh, als er in der Raumkapsel seines Aston Martin
saß, isoliert vom Rest der Welt. Der Motor brüllte, der
Kies spritzte von den Reifen, als er die Auffahrt hinunter-
schoss.

RESPEKT

Dosi zwängte sich in ihr Dirndl. War das Teil in der Rei-
nigung eingelaufen? Egal. Irgendwann war sie drin. Sie be-
gutachtete sich im Spiegel. Wow! Fränki würde ausflippen. Dekolleté wie Honigmelonen bei ihrem Türken an
der Landshuter Allee. Frontalpräsentation. Es knirschte
etwas, aber langsam gab der Stoff nach.

»Dodo, kommst du jetzt?«, rief ihr Vater von unten.

»Ich komm gleich, ich brauch eh mein Auto. Fahrt
schon vor!«

Kurz darauf fiel unten die Tür ins Schloss.

Sie sah auf die Uhr. Viel zu früh. Ihre Mutter war
immer in Panik, sie könnte zu spät kommen. Auch beim
Gottesdienst war sie immer die Erste in der Kirche. Papa
hatte schon lange aufgegeben, sie dorthin zu begleiten.
Kirche und Glauben waren ihre Hauptinteressen in der
Freizeit. Die *Passauer Neue Presse* las sie in der Regel von
hinten: erst die Todesanzeigen, dann den Rest. Ihr Vater
war wesentlich weltlicher eingestellt: Er spielte Trompete
bei der *Salzweger Blosn* und ging regelmäßig zum Stammtisch im Gasthaus *Spetzinger*. Ihre Eltern waren so unter-

schiedlich und trotzdem so lange schon glücklich verheiratet. »Respekt«, murmelte sie und schlüpfte in die
Schuhe. »Pack ma's!«

RESTGLUT

Als Patzer auf den Parkplatz fuhr, explodierten schwere
Regentropfen auf der Windschutzscheibe. Himmel
schwarz und gelb. Jüngster Tag. Blitze zuckten durch
Wolkenbänke. Donnerschläge. Patzer öffnete die Fahrer-
türe. Der Sturmwind peitschte ihm den Regen ins Gesicht. Er ging zur Kirche hinüber. Seelenruhig. Der Wind
tobte und beutelte die Bäume. Laub und Äste wirbelten
durch die Luft.

In der Kirche deutete Patzer einen Knicks an, bekreu-
zigte sich. Staunte über sich selbst. Reflex aus vergangenen
Tagen. Die Kirche war leer. Kein Mensch, kein Schmuck
an den Wänden, schlichter Altar aus Granit. Großes Kreuz
aus schwarzem Holz.

Patzer setzte sich in die letzte Bankreihe. Kalte,
sakrale Luft. Eine Prise Weihrauch. Vor dem Altar war
er aufgebahrt gewesen. Sebastian. Großer Bahnhof damals. Schwarz-Rot-Gold. Ausgehuniformen. Alle Bank-
reihen voll. Schwarze Barette unter grauen Schulter-
klappen. Gebirgspanzerdivision. Wehrbeauftragter und
Verteidigungsminister hatten sich die Ehre gegeben. Damals starben noch keine Soldaten im Dienst. Oder nur
selten. Willkommener Anlass, die Moral der Truppe zu
stärken. Gefallen fürs Vaterland. Sah sein Vater immer
noch so. Ausgerechnet Sebastian. Beschissener Unfall auf
einer Nachtübung. Aus Leichtsinn unter eine Panzerkette
geraten. Beim Bisln.

Patzer erinnerte sich noch an die Predigt von damals. Die war unkonventionell, voller Zweifel an dem, was Soldaten tun, woran sie glauben. Der Priester stellte die Frage nach dem Sinn des Lebens. Die Trauergemeinde ignorierte das geflissentlich. Wartete nur auf die Worte des Ministers. Patzer wusste nicht mehr, was der gesagt hatte. Patzer dachte damals ebenfalls über den Sinn des Lebens nach. Was es bedeutete, wenn man den Bruder, das Vorbild, verlor. Dass niemand etwas von seinem Tod hatte. Irritierende Gedanken.

Gute Predigt. Sebastian hätte sie gefallen. Sebastian, ein Chaot, Draufgänger, der niemals lange überlegte. Einfach machte. Seine waghalsigen Afrikatrips mit dem Motorrad, sein alter VW-Bus.

In der Sakristei knirschte eine Tür. Patzer blickte auf. War es derselbe Priester von damals? Wohl kaum. Wer hier landete, bewarb sich schnell wieder weg. Obwohl, vielleicht war es ein Endlager. Der Priester steckte zwei große Kerzen auf dem Altar an. Flackerndes Licht in der fast dunklen Kirche. Er ging nach hinten, auf Patzer zu. Sein Schatten tanzte über die nackten Wände des Kirchenschiffs. Er lächelte Patzer an. Patzer lächelte zurück. ›Könnte sein‹, dachte Patzer.

»Wollen Sie beichten?«, fragte der Pastor.

Patzer überlegte einen Moment. Nein. Er hatte genug gebüßt. »Danke. Jetzt nicht.«

»Schlechtes Wetter draußen.«

Patzer nickte.

»Wollten Sie auf den Friedhof?«

»Ja. Sebastian Patzer.«

»Sebastian Patzer. Ich erinnere mich. Viel zu früh aus dem Leben gerissen.«

»Ja. Viel zu früh.«

»Sind Sie verwandt?«

»Der Bruder.«

Der Priester sah ihn neugierig an. »Sie sind der Bruder … Ich hab Sie nie wieder hier gesehen.«

»Ich hab's nicht geschafft. Keine Zeit.«

»Wir alle haben keine Zeit. Zumindest glauben wir es. Aber wir haben sie.«

»Mir fehlte die Kraft. Ich habe Sebastian immer bewundert. Er war so frei. Akzeptierte keine Grenzen. Stellte alles infrage. Machte, was er wollte.«

»Freiheit ist heute oft nur noch ein Wort aus dem Reiseprospekt.«

»Was Sie damals gesagt haben in der Predigt. Den Sinn des Lebens in der eigenen Entfaltung suchen. Vor all den Soldaten. Die glaubten, dass Entfaltung und Pflichterfüllung eins sind.«

»Die sich Fremdbestimmung schönreden.«

Patzer sah den Priester erstaunt an. »Das von einem Soldaten Gottes? Da ist ja noch Feuer in Ihnen.«

»Restglut. Manchmal denke ich: Drinnen ist wie draußen.«

»?«

»Draußen auf dem Friedhof. Diese Stille. Und hier: kein Mensch, kein Leben.«

»Friedlich.«

»Frieden ist anders.« Der Priester zwinkerte. »Lebt Ihr Bruder noch?«

»Wie?«

»In Ihrem Herzen.«

»O ja, das tut er.«

»Besuchen Sie ihn. Sprechen Sie mit ihm.« Der Priester stand auf und reichte Patzer die Hand. »Gott segne Sie.«

»Auf Wiedersehen.«

Patzer stand auf und ging. Im Vorraum hielt er inne, zündete eine Kerze an und steckte eine 50-Euro-Note in den Opferstock.

SINN DES LEBENS

Kein Regen mehr. Alles glänzte in der Vormittagssonne. Mit Klarlack überzogen. Hyperpräsent. Patzer ging zum Grab seines Bruders. Der feine Kies, die Hagelkörner. Seine Schritte knirschten. Sonst kein Ton. Windstille. Der Grabstein trug den ganzen Größenwahn, die Geltungssucht seines Vaters in sich. Ein riesiger schwarzer Marmorblock. Obszön in seiner Protzigkeit auf diesem Provinzfriedhof. Ambitionierte Steinmetzarbeiten, Kunsthandwerk in Vollendung: Troddeln, Romben, Blüten in Gold. Wie auch die Lettern seines Bruders:

SEBASTIAN PATZER 1972–1993

Einundzwanzig Jahre alt. Nur. Das Grab akkurat gepflegt. Da ließen seine Eltern nichts drauf kommen. Patzer setzte sich auf die Steinumrandung des Nachbargrabs und starrte auf den schwarzen Marmorblock. Mit einem Meißel befreite er Schlag um Schlag seinen Bruder aus dem toten Stein. Bis er da war.

»Hallo Basti.«

»Hey, Alter. Wie geht's dir, Bruderherz?«

»Geht so. Dachte, ich komm mal vorbei.«

»Lang nicht gesehen.«

»Tut mir leid. Hab's einfach nicht geschafft. Hab's mir immer wieder vorgenommen, aber irgendwie ... Ich weiß auch nicht. Heute war ich in der Nähe.«

»Beim alten Herrn.«

»Und der alten Dame.«

»Wie geht's ihnen?«

»Papa hatte seinen Fünfundsiebzigsten. Seine ganzen Kumpels waren da.«

»Haben auf dem Schießstand rumgeballert?«

»Klar.«

»Du auch?«

»Ja. Damit die was zum Lachen haben.«

»Du warst ein guter Schütze.«

»Bin ich immer noch. Aber nicht für die.«

»Und Mama?«

»Rollstuhl. Gelenke im Arsch. Ton unverändert. Solange sie wach ist. Wird zum Glück schnell müde.«

Sebastian lachte.

»Einmal Sohn, immer Sohn. Ich verpass nichts.«

»Zu Hause nicht.«

»Und sonst, was machst du? Privat, beruflich?«

»Ich war im Knast. Wegen meiner Investmentfirma.«

»Du schlimmer Finger!«

»Jetzt bin ich wieder am Start.«

»Was haste für ein Auto?«

»Aston Martin.«

»Wow! Junge, dann geht's dir ja richtig gut. Was ist mit meinem alten VW-Bus?«

»Hat Papa irgendwann weggegeben. Blockierte nur die Garage.«

»Hat er den Jaguar noch?«

»Na klar.«

»Erinnerst du dich, wie du ihm die Karre vollgekotzt hast?«

»Als wär's gestern.«

»Ich war so stolz auf dich. Die Scheißkarre. Sein Ein und Alles.«

»Du, Sebastian?«

»Ja?«

»Hast du mitbekommen, was der Priester auf deiner Beerdigung gesagt hat?«

»Asche zu Asche, Staub zu Staub?«

»Nein, in der Kirche. Über den Sinn des Lebens.«

»Hab ich nicht. War ganz vertieft in den Pomp. Da war sogar einer vom Verteidigungsministerium, oder?«

»Der Minister persönlich.«

»Hat sich ja gelohnt. Für den Alten zumindest.«

»Weiß ich nicht. Doch. Ja. Aber der Priester hat was gesagt über persönliche Entfaltung und Freiheit.«

»Ja?«

»Als Sinn des Lebens. Dass man sich die Freiheit nehmen muss. Auch gegen Widerstände.«

»Recht hat er, verdammt noch mal! Das Leben ist zu kurz, um sich anzupassen.«

»Du fehlst mir.«

»Erzähl keinen Scheiß. Ich fehl dir nicht. Der Tag, die Stimmung, die Gegend, die Eltern bringen dich schräg drauf. Du schuldest mir nichts. Mach einfach dein Ding.«

»Du bist ein cooler Hund, Sebastian. Immer noch.«

Der Marmorblock antwortete nicht. Patzer stand auf und ging zum Auto. Die Wolkengebirge am Himmel waren sehr dreidimensional. Sie leuchteten violett.

MANGA

Dosi fühlte sich wie eine gestopfte Gans. Sie hatte im Wirtshaus *Schmiedinger* anlässlich Omas neunzigstem Geburtstag die Schlachtplatte gewählt, und jetzt schipperte in ihrem Magen das Vielerlei Fleisch durch einen Ursumpf von Blau- und Sauerkraut vorbei an Knödel-inseln und schaumgekrönten Wellen alkoholfreien Weiß-biers. Alkoholfrei, denn sie musste noch fahren. Was sie gerade tat. Der Gurt und das enge Dirndl setzten sie ziem-lich unter Druck. Sie fuhr einen Umweg in die Stadt, über die Ries, um noch bei der Veste Oberhaus Station zu machen. Bisschen sentimental sein. Beim Ausstei-gen fiel ihr ein, dass sie ja eigentlich in Salzweg anhalten wollte, um sich des Dirndls zu entledigen. Hatte sie trotz drückender Enge schlichtweg vergessen. Zu viele Gedan-ken. Also im Dirndl. Bei Omas Jubeltag waren fast alle in Tracht erschienen. Die beiden Zwillingsschwestern ihres Vaters sogar als Passauer Goldhauben. Ja, hier galt Tradi-tion noch was. Trotzdem würde sie nachher in der Alt-stadt auffallen wie eine Manga-Prinzessin. Modisch war Passau schon lange in der konformistischen Jetztzeit an-gekommen. Die *Stadtgalerie* zwischen Ludwigsplatz und Bahnhof hatte die letzten fehlenden Filialisten der Groß-stadtmonotonie nach Passau gelockt. Überdachtes Einkau-fen mit *Orsay, Pimkie, Marc'O'Polo, Mustang, Palmers, Saturn.* ›Kaufingerstraße ist überall‹, dachte Dosi. Wahn-sinn. Hatte sich schon stark verändert das alles. Wenn man den Leuten aufs Maul schaute, war allerdings alles beim Alten. Das war so gscherd wie eh und je. Sie erinnerte sich an das Hörspiel zweier weißbiergeröteter Einheimischer knapp jenseits der dreißig, das sie das letzte Mal in der Fußgängerzone unfreiwillig belauscht hatte.

»Hast des gesehn?«
  »Wos?«
  »Die, da vorn. Die mit dem Arsch.«
  »Wia a Brauereiross. Und?«

»Des ist die Wittmeier.«

»A geh?«

»Logisch.«

»Boh, is die jetzt so a Blunzn? Die hat doch so an Super-arsch ghabt. Is die no mit'm Gruber zam?«

»Scho lang nimma. Die hat gheirat und baut. Freyung.«

»Mei, die Waidla.«

»Aber's Bier is billig. Da draußen kriagst a Hoibe no für an Zwickl.«

»In Freyung, echt? Wahnsinn, die Wittmeier… Woaßt no, bei der Klassenfahrt…«

Dosi grinste und dachte: ›Was brauchst'n da noch *Facebook*!? Alle wichtigen Fragen geklärt: Ehestand, Wohnsitz, Bierpreise.‹ Sie blickte auf die Stadt hinunter. Von der Aussichtsplattform beim Thingplatz bei der Veste Oberhaus aus sah alles noch immer so aus wie vor fünfzehn Jahren. Die Stadt wie der Bug eines riesigen Kreuzfahrtschiffs, eingekeilt zwischen Donau und Inn, deren schwarze und braune Wassermassen an der Ortsspitze schlierig ineinanderliefen. Der strahlend weiße Dom, der klarstellte, wer der Chef in der Stadt war, das verspielte Renaissance-Rathaus, neben dem sich in dunkler Gasse das *Scharfrichterhaus* verbarg. Wie oft hatte sie dort im Café, im Kellergewölbe oder in dem kleinen Kino gesessen.

Dosi schluckte. Wahnsinn, jetzt wurde sie echt emotional! Das passte ihr gar nicht. Der Schmarrn mit den alten Zeiten. War doch gut, wenn sich auch was änderte. Die Caféruine hier oben zum Beispiel, die sollte jetzt endlich abgerissen werden. Hatte ihr Vater erzählt, als sie ihn nach neuen Bauvorhaben in der Stadt gefragt hatte. Sie sah auf die zugewachsene Terrasse unterhalb der Aussichtsplattform. Wurde auch Zeit, dass der Betonschandfleck endlich verschwand. Patzer hatte damit nichts zu tun, sondern die Münchner Augustiner-Brauerei. Sie schenkte ihrer ehemaligen Schule weit hinten am Inn einen kurzen Blick, dann zog sie sich die Strickjacke enger um die Schultern.

PROPAGANDA

Auf der Schanzlbrücke hielt ein schwarzer Sportwagen neben ihr. Der bollernde Auspuff erregte ihre Aufmerksamkeit. *Patzer!* Was machte der denn hier? Ihr Puls schnellte hoch. Aber da war er auch schon wieder verschwunden. Nach rechts in Richtung Vilshofen auf die B8. Sollte sie ihm folgen? Nein, der war viel zu schnell. Vielleicht hatte er hier wieder ein Date mit Schmidhammer? Jetzt am Wochenende? Egal, er war sowieso nicht mehr einzuholen. Und sie war verabredet. Wenn sie eins nicht mochte, dann Unpünktlichkeit.

So saß Dosi kurz darauf in einem Caféhaus in Passaus Altstadt, im *Hinterhaus*, einem vermeintlichen Kontrapunkt zum bierselig Jodelnden, zur immer noch kolportierten geistigen Enge Passaus aus dem letzten Jahrtausend. *Preißnpropaganda!* Als ob die Fischkopfstudenten nicht eine Enge ganz eigener Art importiert hätten. Was das Café hier eindrucksvoll bewies. Allein die Windlichter mit ihren filigranen Drahtflechtereien an geeistem Glas. »Baby, ich bin ja so romantisch«, flüsterten die Teelichter in dem schattigen Gewölbe. Deren Flackern aber vor allem eines demonstrierte: dass die klamme Zugluft aus diesen Altstadthäusern selbst mit Schönerwohnenkreativtipps nicht zu verbannen war.

Dosi konnte es sich nicht verkneifen, bei der norddeutschen Bedienung etwas zu bestellen, was nicht auf der Karte stand: ein Colaweizen. Den politisch inkorrekten Fachbegriff verkniff sie sich dann doch. Aber die blöde Frage »In welchem Verhältnis mischt man das?« beantwortete sie recht lässig: »Ganz nach Gfui.«

So nippte Dosi jetzt an ihrer Jugend. Früher trank sie ihr Bier eher in so abgewanzten Kneipen wie dem *Landsknecht* in der Innstadt. Goldene Zeiten. Waren sie das wirklich – golden? Sicher nicht. Aber gute Atmosphäre damals in der Lederergasse: Holztische mit bizarren Schnitzereien und Kerzenhalter mit Wachskrebsgeschwüren als stille Zeugen zahlloser weißbierbefeuerter Liebesschwüre und endloser Diskussionen über den Niedergang der Rockmusik. All die langhaarigen Biker und Ledermäuse, die Alternativen, Handwerker und verschwurbelten Gymnasiasten. Aus den Boxen progressive Rockmusik oder wie immer dieser Gitarrengniedelkram hieß.

Im Café *Hinterhaus* hingegen gedämpfte Loungemusik, Terrakottaboden und aalglattes Design. Italien statt Niederbayern. ›Warum sitze ich ausgerechnet hier?‹, fragte sich Dosi. Klar: Erics Idee. Er mochte so was. Sicher auch die junge Studentin, die hier kellnerte und stolz ihren sportlich strammen Bauch samt Nabelpiercing unterhalb ihres knappen Tops präsentierte. Wäre nichts für Dosi, so ein Piercing. Würde glatt untergehen. Ja, sie könnte mal wieder Sport treiben. Ihre Tanzkarriere lag ja momentan auf Eis. Ihre ganze Work-Life-Balance. Zu wenig Rock 'n' Roll.

ANGELSCHNUR

Zwei Uhr war vereinbart. Jetzt war es zwanzig nach zwei. Typisch Eric. Der Depp. Wie hatte sie den Typen jemals heiraten können? Frage ans Universum. Ihre Mutter war damals dagegen gewesen, ihr Vater sowieso und ihre Schwester auch. Ihre beste Freundin Rosi hatte ihr sehr deutlich gesagt, was sie von Eric hielt:»Zipfelklatscher!« Das kurze, garstige Wort enthielt tatsächlich alles, was man über Eric wissen musste. Ein Typ, der ein Saxofon im Rückfenster seines Autos liegen hatte. Wie zufällig! Wie spontan! Sie hatte ihn nie spielen sehen, geschweige denn je gehört. Alles Fake. Und doch hatte ihr das Absurde, Trotzige, Angebermäßige dieser Haltung imponiert. Alle ihre Freundinnen waren scharf auf ihn, aber ausgerechnet sie hatte er angebaggert. Er hatte sie um den Finger gewickelt, wie man eine Angelschnur aufrollt: *bssssshhh…*

Nachdem er das Absurde und Trotzige seines Charakters auch im Sinne von Heirat und Eigenheimglückseligkeit mit ihr ausgelebt hatte − blitzartig −, hatte sie ihn schon bald bei der verfrühten Rückkehr von einer Spätschicht mit einer blonden Studentin erwischt.»Blond« hatte sie sich gemerkt. Die gewaltigen Brüste, die da hinter der angelaufenen Rückscheibe seines Autos im Carport auf und ab hüpften, hatte sie verdrängt. Wo war das Saxofon damals? Die absurde Situation vor ihrem Haus in Ruderting zauberte ein Lächeln in Dosis Gesicht. Jetzt. Damals fand sie das gar nicht lustig. Sie hatte ihm alle vier Reifen aufgestochen. Während die beiden zugange waren. *Pfffff…*

Die Scheidung war schnell durch, aber das gemeinsam angezahlte Wohneigentum entpuppte sich als Finanzfiasko. Dieser Scheißbanker damals: »Sie müssen die Immobilie als Alterssicherung sehen. Ein Rettungsring in unsicheren Zeiten.« *Pfiffkas!* Ein Schwimmreifen aus Beton, der sie immer wieder auf den schlammigen Grund ihrer damaligen Beziehung zog. Eric hockte weiterhin in dem Haus. Ungeklärtes Besitz- oder Mietverhältnis, de facto Schrottimmobilie. Ihre Hoffnung war gering, dass sie das heute geregelt bekam. ›Aber die Hoffnung stirbt zuletzt‹, sagte sie sich. Dosi trank nachdenklich von ihrem Colaweizen und betrachtete den braunfleckigen Rand, den der Schaum am Glas hinterließ.

EHER ITALIENISCH

Da war er, draußen vor der Glastür. Eric. Nicht nordisch, wie der Name vermuten ließ, sondern eher italienisch. Wild grimassierte er in sein Handy. Selbiges hielt er wie einen kostbaren Singvogel in der Rechten. Dosi musste gar nicht hören, was er sagte.

»Ja, Baby, es tut mir furchtbar leid. Es ging nicht anders. Bitte versteh doch. Es war schon spät. Nein. Ein Glas Wein, also zwei. Ich dachte, es wäre besser, wenn ich nicht mehr fahre. Nein, nicht die Blonde. Baby, was glaubst du? Du weißt doch: Ich liebe dich! Du bist mein EIN und ALLES. Nein. Ja. Warum? Nein! Doch! Natürlich! Aber Schatzi, ich liebe dich. Nur dich. Heute Abend machen wir es uns so richtig gemütlich, ja? Ja ja, Kuscheln und so. Genau. Bussi. Ciao.«

Eric betrat das Lokal. Nein, er nahm es in Besitz, umarmte den Barkeeper, gab der Bedienung einen feuchten Kuss und trat an ihren Tisch. »Da bin ich, Dosi. Sorry, nicht ganz in time.«

»Passt scho.«

Er umarmte sie.

›Er riecht gut‹, dachte Dosi. Sie spürte Elektrizität mittlerer Intensität. Nein, ein bisschen mehr. Deutlich mehr. Was ihr gar nicht passte.

»Hey, Dosi, das ist echt schön, dich zu sehen.« Er setzte sich und legte die alte *Leica* auf den Tisch, die er die ganze Zeit wie zufällig in der linken Hand gehalten hatte.

»Was machst du mit dem Fotoapparat?«, fragte sie.

»Na, was macht man mit einem Fotoapparat? Fotos.«

»So altmodisch?«

»Das digitale Zeugs ist nichts für mich. Ich mag das mit Film, schwarz-weiß, selbst entwickeln.«

»Eine neue Aufreißmasche?«

»Ja klar. Merkst du, wie's funktioniert?«

»Witzig.«

»Ja. Klar. Komm. *Cheese.*« Er nahm die *Leica* in Anschlag.

Dosi zögerte einen Sekundenbruchteil, bevor sie die Hand hob. »Lass das! Ich bin nicht zum Flirten hier!«

»Schade eigentlich.«

Er las ihre Gedanken und legte nach: »Du siehst fantastisch aus.«

»Du kannst es nicht lassen, was?«

»Nein, kann ich nicht. Wie läuft's im Job?«

»Danke, gut. Und du? Bist du noch beim Aschenbrenner?«

»Ja, wieso?«

»Kennst du den hier?« Sie zeigte ihm auf ihrem Smartphone das Foto von Bruder Wolfgang.

Er betrachtete das Bild eingehend. »Nein, wer ist das?«

»Bruder Wolfgang, bürgerlich Wolfgang Hirtlmeier. Oder Schirneck.«

»Wie jetzt?«

»Er hat unterschiedliche Namen benutzt. Ein Geistlicher, der mit Antiquitäten handelte. Vermutlich Diebesgut.«

»Oh, Diebesgut. Und da dachtest du gleich an mich. Danke.«

»Na ja, es gibt eine Spur nach Passau, und du arbeitest in einem Antiquitätenladen. Also, kennst du ihn?«

»Nein. Nie gesehen.«

»Gut. Dann kommen wir zum nächsten Programmpunkt. Wie machen wir das mit dem Haus?«

»Wie sollen wir was machen? Es läuft doch wunderbar.«

»Wunderbar?! Für dich vielleicht. Ich zahl weiter meine Raten...«

»Das tu ich auch.«

»Ja, aber du wohnst auch darin.«

»Ich zahle Miete.«

»Lächerliche 400 Euro im Monat für ein ganzes Haus.«

»Von dem die Hälfte mir gehört. Und für deine Hälfte zahle ich. Such mal jemanden, der bereit ist, 800 Euro Miete im Monat zu bezahlen. Hier! Für ein Haus! Wo jeder Depp selber baut!«

»Ich brauch das Geld. Ich will das Haus verkaufen.«

»Dann mach mir ein gutes Angebot, und ich zahl dich aus.«

»Gutes Angebot?! Wie dein letzter Vorschlag?«

»Ja, wie mein letzter Vorschlag. Der war sehr angemessen. Wir sind nicht in München. Das hier ist eigentlich schon Österreich. Und überhaupt – woher soll ich's denn nehmen?«

»Ich wohn in München in einem Loch und zahl das Doppelte wie du.«

»Tja. Wärst halt in Passau geblieben, Dosimaus.«

Dosi zählte lautlos bis zehn und nahm einen großen Schluck Colaweizen.

Eric wusste, dass er sie auf der Palme hatte, und lächelte. »Wer hatte denn die Idee mit dem Hausbau?«

»Und wer vögelt auf dem Parkplatz irgendwelche Studentinnen?!«, platzte Dosi heraus.

Natürlich war genau in diesem Moment die Caféhausberieselungs-CD zu Ende, und Dosis Satz war bis in den letzten Winkel des Cafés zu hören. Alle Augen und Ohren auf die beiden. Der Barkeeper nestelte am CD-Player herum. Dosi war selbst ein wenig erschrocken über ihren Temperamentsausbruch. »Tut mir leid«, sagte sie zu Eric und meinte damit die Colaweißbiersuppe, die sie mit dem Ellenbogen auf sein schneeweißes Hemd befördert hatte.

»Passt schon«, sagte Eric, um Haltung bemüht. Und entschwand auf die Toilette.

Die Musik dudelte, die Gäste waren wieder ganz auf sich fixiert. Auf dem Tisch lag immer noch die *Leica*. Dosi nahm sie und öffnete das Gehäuse. Kein Film. Eh klar. Sie stand auf und sagte zur Bedienung: »Der Herr zahlt.«

Draußen an der Donaulände strömten die Touristen aus den Bussen in die Schiffe, aus den Schiffen in die Busse. Dosi lenkte ihre Schritte hinauf in die Altstadt.

HAUSMEISTERKUNST

Die Sache mit dem Haus war ihre ganz persönliche Prüfung. Heute würde sie das Problem nicht lösen. Vor einem Handarbeitsgeschäft blieb sie stehen und betrachtete sich im Spiegelbild des Schaufensters. Das Dirndl war schon ein bisschen extrem. Sie sah auf die Uhr. Eine halbe Stunde zu früh. Egal. Große Messergasse 24. Sie studierte das Klingelschild: Ebert, Hornsteiner, Reuther, Wimmer. Karl Wimmer. Sie klingelte. Gedankenstrich. Dann rasselte der Summer der schweren Holztür. Sie drückte die Tür auf. Ein Schwall dumpfer Luft empfing sie im Treppenhaus. So roch die Altstadt.

Eine einsame Glühbirne funzelte auf. Irgendwo tickerte die Minute. Sie wusste, dass das Licht nicht mal bis in den dritten Stock reichte, und stieg eilig die steile Steintreppe hinauf. Überall Schwalbennester aus Kabeln, die in verdrehten Strängen in faustgroßen Löchern in der Wand verschwanden. Hausmeisterkunst. Im dritten Stock ging das Licht aus. Ab hier reichte das milchige Oberlicht des Treppenhauses. Vogelkot an Himmelblau.

Wimmers Wohnungstür war angelehnt. Sie klopfte. »Komm rein, ich bin in der Küche«, hörte sie seine Stimme. Sie trat ein. Mann, Wimmer hatte sich verbessert: nicht mehr die drückende Enge und die dunklen Möbel vom *Hiendl*. Statt grüner Auslegware auf knarzenden Dielen glänzte frisch abgezogenes Parkett im Flur. Warmes Licht aus Niedervoltbullaugen in der Decke. Das Telefon im Flur klingelte. »Gehst du kurz dran?«, rief Wimmer aus der Küche.

»Hallo, hier bei Wimmer«, sagte Dosi in den Hörer.

»Äh, ja, hier … Ist der Karl da?«

Sie betrat mit dem Telefon die Küche. Wimmer schraubte irgendwas unter dem Waschbecken und kam jetzt mit hochrotem Kopf darunter hervor. Graues, pomadiges Haar, ein lausbubiges Faltengesicht. Er nahm das Telefon. »Wimmer? Ach, du bist es. Nein, träum weiter, eine Exkollegin.« Er hörte eine Weile zu, dann sagte er:

»Mach ma. Einfach an Tag später. Servus.« Er wischte sich die Hände an der Hose ab und umarmte Dosi. »Sauber, im Dirndl!«

»Extra für dich.«

Er lachte. »Geh schon mal ins Wohnzimmer, ich setz gleich Kaffee auf. Du willst doch einen, oder?«

»Klar«, antwortete Dosi, und sogleich ploppte die Erinnerung an den scheußlichen Kaffee hoch, den Wimmer immer im Präsidium zubereitet hatte. Magenzersetzend. Aber das gehörte dazu. Sie ging hinüber ins Wohnzimmer. Und staunte erneut. Hatte Wimmer eine neue Frau? Das Wohnzimmer war elegant eingerichtet und aufgeräumt. Ein modernes flaches Sofa und ein Glastisch mit einem interessanten Fuß: eine Meerjungfrau aus Messing, die die schwere Platte schulterte. Nicht kitschig, eher Jugendstil. Eine alte Vitrine mit Glasobjekten. Sie musterte die Sachen interessiert.

»Schön, gell?«, sagte er.

Sie drehte sich um. »Sind die aus dem Bayerischen Wald?«

»Ja, Zwiesel, Spiegelau. Auch Böhmen.«

»Ist das dein neues Hobby?«

»Na ja, wenn man pensioniert ist, muss man ja was mit seiner Zeit anfangen.«

»Hast du eine Freundin?«

Er lachte. »Immer voll auf die Eins, meine Dosi.«

»Nein, ich mein, ich kenn deine Wohnung noch von früher.«

»Und so viel Geschmack hättest du mir nicht zugetraut?«

Dosi wurde rot. Sie roch den brandigen Kaffee aus der Küche. Sie zog die Augenbrauen hoch und lachte. »Nein.«

Wimmer lachte auch. Sie freute sich. Sie hatten immer noch diesen direkten Draht. Gut so. Nicht dieser unverbindliche Schmus. Jetzt sah sie den überquellenden Aschenbecher mit den *Reval*-Kippen auf dem Beistelltischchen und die Brandlöcher im Parkett. Also doch noch ein paar dunkle Flecken. An der Wand gerahmte Fotos: Wimmer mit seiner Frau, die sehr früh an Krebs gestorben war. Kinderlos. Zahlreiche Landschaftsaufnahmen. Bayerischer Wald, nördliche und südliche Länder, ein einsamer Strand wie aus einem Reisekatalog.

»Du reist?«

»Wann immer es geht. Weißt du, in Passau kannst du ganz gut von der Pension leben.« Er gab ihr einen der beiden dampfenden Kaffeebecher und deutete auf den Tetrapak H-Milch. Sie goss sich großzügig ein.

»So was, Dosi, lang nicht gesehen.«

Sie nickte und schlürfte ihren Kaffee.

»Alles im grünen Bereich?«, fragte er.

»So weit, so gut.«

Wimmer zündete sich eine *Reval* an.

»Und du, wie schmeckt dir das Nichtstun?«, fragte Dosi.

»Ich hätte nicht gedacht, dass es so leicht ist, nicht zu arbeiten. Wo es doch heißt: einmal Polizist, immer Polizist.«

»Und?«

»Klar, ich les die Zeitung und treff ab und zu Kollegen, aber es interessiert mich nicht wirklich.«

»Und dann komm ich.«

»Dann kommst du. Wie läuft es mit Mader?«

»Passt scho.« Mehr wollte sie dazu nicht sagen. Sie wusste, dass Mader mal in Passau gearbeitet hatte – strafversetzt und vor ihrer Zeit – und er sich keine Freunde hier gemacht hatte.

Gut, jetzt war der Name gefallen, und Wimmer ließ es sich nicht nehmen, die alte Schallplatte zu spielen: »Dem hat es damals richtig Spaß gemacht, uns alt aussehen zu lassen. Dumme Bauernburschen. Für die Diskotheken- geschichte bin ich so was von abgewatscht worden. Und als Mader sich geweigert hat, auszusagen, dass er gefah- ren ist bei dem Unfall, haben die mir ein Verfahren ange- hängt. Klar bin ich gefahren. Aber die paar Weißbier…« Er sinnierte kurz. Dann lächelte er. »Ist Geschichte. Tau- send Mal erzählt. Mader ist in München. Wir sind hier. Wie kann ich dir helfen?«

Dosi hatte ihn gar nicht um Hilfe gebeten, als sie ihn aus dem Café angerufen hatte. Aber sie wusste, dass sie ihm nichts vormachen konnte. »Ich hab eine Frage an dich. Kannst du mir irgendwas zu Dr. Patzer erzählen?«

»Wer ist das?«

»Geschäftsmann aus München. Dr. Friedrich Patzer. Immobilien. Saß im Knast.«

»Weswegen?«

»Wir hätten ihm gerne einen Mord angehängt. Also, er war's, aber gereicht hat es nur für Betrug. Er ist gerade aus Stadelheim raus, und ich hab ihn in Mün- chen mit dem Schmidhammer gesehen, dem Bauunter- nehmer aus Untergriesbach. Und hier in Passau hab ich ihn auch gesehen. Heute. Laufen hier irgendwelche grö- ßeren Immobiliengeschäfte, wo er seine Finger drin- haben könnte?«

»Vielleicht das Oberhaus-Café. Das reißen die jetzt endlich ab. Die Presse war voll davon.«

»Ja, hat mir mein Vater erzählt. Sonst noch was?«

»Der *Grenzlandpark*. Erlebnistourismus mit Baumwip- felweg und Römerweg am Castra Boiotra in der Innstadt. Natur und Kultur.«

»Natur und Kultur‹ passt nicht so ganz zu Patzer. Kannst du dich trotzdem schlaumachen, was der hier mit dem Schmidhammer treibt?«

»Ich kann mich umhören. Du weißt ja, hier kennt jeder jeden.«

»Machst du das?«

»Ja, logisch. Aber jetzt zu dir. Wie geht's privat?«

»Wimmer, Wimmer... Du kannst es nicht lassen! Tja, Eric – muss ich mehr sagen.«

»Weinst du dem Stenz immer noch nach?«

»Wirklich nicht. Aber er tanzt mir auf der Nase rum. Mit dem Haus. Kriegt seinen Hintern nicht raus. Und ich kann es nicht verkaufen.«

»Vielleicht braucht er mal eine Lektion von der Ordnungsmacht. Ich könnte ein paar Kollegen vorbeischicken. Also Exkollegen.«

Sie sah ihn zweifelnd an.

Er lachte. »Was hältst du davon, wenn wir das Private im Wirtshaus besprechen?«

Sie sah auf die Uhr. Es ging bereits auf sechs zu. »Warum nicht. Aber bitte keine ›Lounge‹...«

»Ich dachte an den *Hoffragner*. Der macht gleich auf. Passt des?«

»Des passt.«

ÜBERRASCHUNG

Hummels Küchentisch war Zeuge so manch tiefer Einblicke in die Psyche des Hausherrn. Wenn er Bier trank und laut dachte. Aber auch dann, wenn er Tagebuch schrieb:

Liebes Tagebuch,

heute war ein komischer Tag. Samstag. Beate muss für die Uni lernen, und ich muss lernen, nicht so ungeduldig zu sein. Aber ich sehne mich so nach ihr! Ich hab versucht, mich abzulenken, mich aufs Schreiben zu konzentrieren. Aber so richtig groovt es nicht. Und dieser Satz von Frau von Kaltern geht mir auch die ganze Zeit im Kopf herum. »Überraschen Sie mich mal!« Will sie, dass ich einen Krimi im Lack-und-Leder-Milieu schreibe? Mit einem Kommissar, der sich nachts mit Hundehalsband und Peitsche demütigen lässt? Dem in der höchsten Ekstase plötzlich die genialen Ideen kommen zur Lösung seiner Fälle. Die er aber leider nicht im Kopf behält, weil er mit gefesselten Händen nichts aufschreiben kann. Wow, das ist ... Scheiße. Totaler Mist!

Mein Held soll ein romantischer Held sein, der neben seinem harten Job im Kampf gegen das Verbrechen auch eine weiche, sehnsuchtsvolle Seite hat. Ach, Beate!

Hummel klappte das Tagebuch zu. So wurde das nichts. Ihm ging sein weinerlicher Tonfall ja selbst auf den Keks. Er stand nun vor der Alternative, sich ein oder zwei oder drei Bier aus dem Kühlschrank zu holen oder aber noch mal loszuziehen. Zur Sicherheit holte er sich erst mal ein Bier und legte sich aufs Sofa. Nicht, ohne vorher noch eine Soulplatte aufzulegen. Bettye Lavette: *Let me down easy ...*

SUPER LOVER

Dosi fuhr auf dem Heimweg einen Umweg. Sie fühlte sich gut. Einen Tick zu gut. Drei Weißbier waren definitiv eins zu viel zum Autofahren. Das Gespräch mit Wimmer war gut gewesen. Sie hatte ihm über ihren neuen Fall berichtet. Von dem Immobiliendeal und ihrem Verdacht, dass es was mit Antiquitätenschiebereien zu tun haben könnte. Sie zeigte ihm das Bild von Bruder Wolfgang. Leider erfolglos. Zu dem weißen Transporter mit der Passauer-Land-Nummer konnte Wimmer auch nichts sagen. Wäre ein großer Zufall gewesen. Dosi hatte Wimmer sogar von Fränki erzählt und natürlich noch mal im Detail von Eric und ihrer Hausgeschichte. Wimmer hatte sein Angebot erneuert, die alten Kollegen auf Eric anzusetzen, um ihm ein bisschen Ärger zu machen. Bei der dritten Alkoholkontrolle hatte Eric sicher mehr als 0,8 Promille. Wie sie jetzt.

Sie zwang sich, langsamer zu fahren. Sie wollte noch einmal mit Eric reden. In Ruhe. Nicht immer gleich emotional werden. Lieber kühl und sachlich Druck machen. Wimmer hatte sogar angeboten, als moralischer Beistand mitzukommen. Der alte Mann und das Mädchen. »Hallo Eric, das ist mein Neuer, wir wollen hier zusammen einziehen…« Nein. Das würde sie schon alleine schaffen. Sie passierte das Ortsschild von Ruderting, bremste ab. Eric war zu Hause, denn im Erdgeschoss brannte Licht. Sein Wagen stand im Carport. Ein Geländewagen von VW. Wie konnte er sich ein so teures Auto leisten? Na ja, wer so billig wohnt.

Jetzt zögerte sie doch kurz, als sie in der anbrechenden Dunkelheit im Dirndl vor ihrem alten Haus stand. Schutthaufen der Vergangenheit, Denkmal geplatzter Kleinmädchenträume. Die ermunternde Wirkung der drei Weißbier war verflogen. Sie war jetzt stocknüchtern. Herrgott noch mal! Sie schmiss die Tür des Fiesta entschlossen zu und drückte auf die Klingel. Ihre Energie verpuffte, als der dezente Westminster-Glockenschlag ertönte. *Sir Eric, please come downstairs, there's a lady asking for you.* Sie musste es noch ein paarmal westminstern lassen, bis der Hausherr geruhte zu öffnen. Ein großes Fragezeichen im Gesicht, ein metallisch glänzender Bademantel an seinem Körper. Die braun gebrannten Waden unbedeckt, die perfekt pedikürten Zehen lugten aus Badelatschen, auf denen golden YSL prangte. »Heißt das *You Super Lover*?«, schnarrte Dosi und deutete auf seine Schuhe.

Irritiert sah Eric auf seine Füße. »Was willst du?«, fragte er, nicht unfreundlich, aber doch etwas verunsichert.

»Reden, mein kleiner Yves Saint Laurent«, schnurrte Dosi jetzt und drückte sich an ihm vorbei ins Haus. »Hab ich dich bei deiner Beautystunde gestört? Bevor du auf die Piste gehst?«

»Ja, ich wollte gerade die Gurkenmaske auflegen. Ich dachte, wir hätten uns heute schon ausreichend ausgetauscht?«

»Nicht ganz, mein Lieber. Mit dem Ergebnis bin ich nicht zufrieden.« Während sie sprach, inspizierte sie das Wohnzimmer. Ihr Gefühl sagte ihr, dass etwas nicht stimmte.

»Willst du was trinken, einen Sprizz?«, fragte Eric.

»Lieber einen Kaffee.«

Er verschwand in der Küche.

Als er mit einem Tablett voller Kaffee, Tassen und Wassergläsern zurückkehrte, war sie weg. »Doris?«

Keine Antwort. Er ging zum Gästeklo, schaute ins Bad, dann stieg er ins obere Stockwerk. Er fand sie mit trübem Blick auf dem Doppelbett sitzend. Am Boden lagen ein Damenslip mit zwei Quadratzentimetern Stoff, eine Strumpfhose und ein transparenter schwarzer BH. Dosi hatte das Foto vom Nachttisch in der Hand. Ein strahlender Eric und eine strahlende Frau.

»Dosi, was soll das, du kannst nicht einfach …«

»Halt die Klappe«, sagte sie kraftlos. »Warum ausgerechnet Rosi, meine beste Freundin!? Du blöder Arsch! Ihr habt hier euer hübsches Nest, vögelt euch die Seele aus dem Leib, und ich finanzier euch den ganzen Spaß. Seit wann wohnt sie hier?«

»Sie wohnt nicht hier.«

»Das kannst du deiner Oma erzählen«, sagte Dosi ruhig und schleuderte das Bild an die Wand. Glas prasselte auf den Parkettboden.

»Jetzt mal langsam, Dosi!«

Aber Dosi war nicht mehr zu bremsen. Dieser Mistkerl, mit ihrer besten Freundin, hier unter diesem Dach, in diesem Haus, das zur Hälfte ihr gehört. Rosi! Die dumme Schlampe! Ihr Glück, dass sie gerade nicht da war. Stattdessen prügelte Dosi jetzt auf Eric ein, diesen eitlen Faun im Seidenbademantel, diesen Schmarotzer, Betrüger…

DERRICK

»Boh, das ist eine Gegend!«, stöhnte Zankl, als er ausstieg.

»Wieso«, meinte Conny, »ihr ermittelt doch ständig in Grünwald.«

»Conny, du hast zu viel *Derrick* geguckt. Hierher verschlägt es uns eher selten…« Jetzt dachte er an Burg Waldeck, an das Burgfest samt Schießerei, an seine Flucht im Bergwald. Ja, das war alles im schönen, friedlichen Grünwald passiert. Aber das war ja wirklich eine exotische Ausnahme gewesen. Hoffentlich.

Conny hatte Clarissa aus der Babyschale geholt, er klappte den Boogaboo auseinander. Dann holte er die Blumen von der Rückbank. Ein wirklich schöner Strauß mit Lilien, Margeriten und Tulpen. Frühling pur für 50 Euro.

Komisch, über den Preis hatte er gar nicht nachgedacht, sondern im Geiste nur Lauras strahlendes Gesicht gesehen. *Ja, dieser Mann kennt sich mit Blumen aus. Und mit Frauen...*

»Frank, kommst du endlich?«, rief Conny.

»Ja, äh...«

»Träumst du?«

»Ja, von dir.«

»Mach endlich das Papier von den Blumen!«

VOLL DIE SONNE

Hummel war unruhig. Irgendwas stimmte nicht. Er war gerade vom Sofa hochgeschreckt. Hatte von Dosi geträumt. Dass sie in Gefahr war, dass sie mit einer Waffe bedroht wurde. Quatsch! Dosi war nur zu einem Familienfest nach Passau gefahren. Trotzdem wählte er ihre Handynummer. Nichts. Nur die Mailbox. Er sprach ihr nicht drauf, sah auf die Uhr. Viertel vor neun. So was, voll weggepennt. Eigentlich war er müde, aber er wollte unbedingt noch Beate sehen. Sie hatte den ganzen Tag keine Zeit für ihn gehabt, angeblich für die Uniprüfungen gepaukt. Hummel zog die Jacke an und verließ das Haus, in Richtung Ostbahnhof zur Trambahn. Die Nachtluft war kühl und frisch. Kaum Verkehr. Der Mond stand kugelrund am Nachthimmel. Der Polarstern strahlte hell.

Eine vierköpfige Türkengang bestieg mit ihm den Waggon. Sie saßen in der Vierergruppe neben ihm und unterhielten sich lautstark. Zum Fürchten? Nein, eine Gang war das nicht. Ganz einfach Kumpels. Und bester Laune – Hammersprüche. »Hey, hab mir heut bei Murat Döner

gekauft. Ich sag dir: geht voll die Sonne auf! So was von
geil!«

»Komm, Soße von Murat ist doch voll scheiße.«

»Nein, ist es nicht.«

»Was quatschst du?«

»Ich war bei Ilmaz. Hat beste Döner in Haidhausen.«

»Nein, hat Murat.«

»Egal. Hörst du: Ich steh in Ilmaz, kommt so Assi rein
in Trainingsanzug und bestellt Döner. Mit alles.«

»Also bei Murat…«

»Jetzt wart. Kommt gleich. Also bestellt eine Döner,
und der Harun tut ihm das Zeug rein, dann fragt er: mit
scharf?«

»Ohne mit.«

»Nein, mit scharf. Also fragt er: mit scharf? Sagt der
Typ: ja, mit scharf. Harun tut Löffel Chili rein, sagt der
Typ: noch eine. Tut Harun noch eine Löffel rein. Typ nickt
und sagt: noch eine. Harun guckt, macht dritte Löffel. Voll
der Respekt! Und sagt dann: Alles klar, keine Probleme
mit de Auspuff!« Der Erzählende schlug sich lachend auf
die Schenkel, die anderen sahen ihn an wie einen Alien.

Der Einzige, der noch lachte, war Hummel, zumal es
um seinen Laden in der Rosenheimer Straße ging. Direkt
neben *Domina's Heaven*. Zweimal scharf.

Als sie durch die Maximilianstraße ratterten, wurden
alle Namen vorgelesen: »*Gucci, Versace, Vertu…*«

»Ich hab zwei Anzüge«, sagte einer, »ein *C & A*, eine
Bugatti. Bugatti hol ich nur raus, wenn ich gehe in Klub.
Weißte, Frauen stehen auf *Bugatti*.«

»Was willst du, *Bugatti* Scheiße. Ich hab *Boss*.«

Meldete sich ein Dritter. »Ich hab *Rimowa*. Der ist voll
krass.«

»Hey, Alter, weißte, wer *Rimowa* ist?«

»Klar, meine Anzug.«

»Du bist so was von bescheuert. *Rimowa* ist so Rollkoffer.«

Alle lachten. Hummel auch. Gut gelaunt stieg er an der Station Theatinerstraße aus. Nachts besonders schön, ohne die Touristen, ohne die ganzen Leute mit ihren ausladenden Einkaufstaschen von *Beck, Konen, Lodenfrey*, ohne die Cafésitzer, die mit steiler Stirnfalte auf ihr iPhone starrten. ›Hey, ihr Zombies, wohnt ihr denn im Internet?‹, war Hummels klassischer Gedanke bei diesem Anblick. Er hingegen betrachtete seine Umwelt mit Neugier, saugte die Atmosphäre auf. Deswegen ging er jetzt zu Fuß nach Schwabing: das Kettenhemd der Fünf Höfe, das Goldgelb der Theatinerkirche, die dunklen Bögen der Feldherrnhalle, die Lichtachse der Ludwigstraße bis zum Siegestor, der Aston-Martin-Showroom, die Objektschützer mit ihren Maschinenpistolen am Innenministerium, das Antiquariat mit den prachtvollen alten Stichen im Fenster, der brausende Verkehr, die beiden festlich erleuchteten Brunnen vor der Uni. Hummel liebte seine Stadt, ihre Größe. Nicht zu groß, nicht zu klein. Er schaute sich sogar die wahrhaft scheußlichen Bilder an, die an der Giselastraße dem kunstsinnigen Laufpublikum feilgeboten wurden. An der Franz-Joseph-Straße bog Hummel ab und erreichte schließlich die Kurfürstenstraße. Schon von Weitem sah er das weiße Neonschild mit der schwarzen Schrift *Blackbox*. Der lange Spaziergang durch die nächtlichen Straßen hatte sein Herz mit so viel Poesie aufgeladen, dass er darauf brannte, Beate einmal mehr seine Liebe zu gestehen. Er musste nur den richtigen Moment dafür erwischen. Kein Problem – im Warten war er gut.

TROCKENSCHWIMMEN

Patzer war hochzufrieden. Das war perfekt gelaufen. Er stand am offenen Fenster seines Zimmers im Hotel *Wilder Mann* und rauchte eine Zigarre. Sah zum Rathausplatz hinüber, Festbeleuchtung, auf die Donau mit ihren Ausflugsschiffen, auf die angestrahlte Veste Oberhaus. Yes, mit dieser Nummer konnte er richtig groß rauskommen. Von null auf hundert in 5,4 Sekunden. Wie sein Aston Martin. Vor ein paar Tagen noch im Knast, jetzt schon ein Riesendeal. Mittags war er mit dem Chef der Innstadt-Brauerei verabredet gewesen. Thema: der Sommerkeller, ein alter Tanzsaal am Hang über dem Brauereihof, ein Kleinod der vorletzten Jahrhundertwende. Jetzt ein Gerätelager. Extrem renovierungsbedürftig und sehr kostenintensiv. Patzer hatte den Plan, den Saal mit der großen Glasfront zu renovieren und als »Glaspalast« zum kulinarischen Höhepunkt des geplanten Drei-Flüsse-Erlebniszentrums zu machen, eines Großprojekts mit Seilbahn zur Pilgerkirche Maria Hilf und Baumwipfelweg im angrenzenden österreichischen Wald unter Integration der beliebten Ausflugsgaststätte *Weinbeißer*.

Die Marketing-Abteilung von Bayerwaldtourismus war immer noch am Grübeln, wie man das Ganze dann nennen sollte, hatte ihm der Brauereichef berichtet. *Grenzlandpark* ging gar nicht. Klang nach Militär. Der Vorschlag *Felix Passavia* war ebenfalls blöd und ignorierte das Bayrisch-Österreichische des Projekts. Vielleicht doch »Bösiland«, wie ein Passauer Kabarettist das Projekt bezeichnet hatte, als erste Pläne an die Lokalpresse durchgesickert waren. Entsprach durchaus Patzers Humor, der jetzt auch noch einen Erwachsenenabenteuerspielplatz im Köcher hatte: Paintball, Survival, Mud-Race und solche Sachen.

Später, wenn die Zeit reif war. Erst die Klassiker. Im Glaspalast sollte erlesene Erlebnisgastronomie mit Panoramablick auf die Stadt geboten werden. Mal nicht von der Donauseite, sondern vom Inn, inklusive Blick auf Oberhaus.

Patzer war voller Enthusiasmus. Kein Wunder, er war sehr dankbar, dass seine alten niederbayrischen Freunde trotz seiner schwierigen Ausgangslage gleich an ihn gedacht hatten, als es um dieses diffizile Projekt ging. Ja, hier war Durchsetzungsvermögen gefragt, und bestimmt würden die Umweltschützer auf die Barrikaden gehen. Sollten sie doch. Er liebte Widerstand. Hier in der Provinz würde ihm keiner in die Suppe spucken. Trockenschwimmen für München. Wie hieß der Spruch von Schwarzenegger? *I'll be back.* Er würde es Steinle zeigen. Er zog tief an seiner Zigarre und behielt den brennenden Rauch lange in der Lunge.

DER PATE

Die Zigarre und der Grappa vernebelten Zankl aufs Angenehmste den Kopf. Was für ein lustiger Abend! Ganz anders als erwartet. Es waren noch zwei andere Paare in der großzügigen und lässig-geschmackvoll eingerichteten Grünwalder Villa zum Essen eingeladen gewesen. Es wurde viel gelacht und viel getrunken. Das Gespräch mit Carlo auf der nächtlichen Terrasse unter dem glitzernden Grünwalder Sternenhimmel war ihm fast wörtlich in Erinnerung: »Weißt du, Franco, bei uns in Italien ist die Familie alles. Und gute Freunde gehören zur Familie. Man kümmert sich. Gehen die Geschäfte gut, teilst du, gehen sie schlecht, teilst du auch. Verstehst du?«

»Ja, versteh ich.«

»Komm, mein Freund, trinken wir noch einen.«

Eigentlich hatte Zankl erwartet, dass jetzt wie in *Der Pate* der Satz kam: »Ich werde dir ein Angebot machen, das du nicht ablehnen kannst!« Aber nichts dergleichen. Jetzt saßen sie im Auto.

Conny hatte ja wegen des Stillens keinen Tropfen Alkohol getrunken, war aber trotzdem sehr ausgelassen. »Ihr versteht euch gut, Carlo und du?«

»Ja. Ist ja ein toller Typ.«

»Laura auch. So ein schönes Paar. Und so glücklich.«

»Sind wir doch auch. Mit denen nehmen wir es lässig auf.«

Conny strahlte.

›Hoffentlich erwartet sie jetzt keine sexuellen Höchstleistungen mehr‹, dachte Zankl und gähnte. Der Grappa hatte ihn erst scharf gemacht und jetzt einfach nur noch schrecklich müde. Was für Luxussorgen! Aber er erkannte Conny nicht wieder. War es die Bekanntschaft mit Laura, die dieses neue Interesse an Zärtlichkeiten bei Conny ausgelöst hatte? Italienische Lebenslust? Allegria? *The Return of Bungabunga?* Frauen reden ja bekanntlich über alles. Und Laura war wirklich ein heißer Feger. Aber Carlo? Zankl tappte da noch immer im Dunkeln. Oberflächlich betrachtet war er tatsächlich ein toller Typ. Bloß, was war unter der Oberfläche? Die Familie? Gehörte er etwa zur *Familie?* Carlo war ihm jedenfalls nicht geheuer.

ABSACKER

Hummels Kopf dröhnte, als er aufwachte. Auslöser für seinen beträchtlich erhöhten Bierkonsum war dieser Scheißtyp in der Kneipe gewesen, Beates Ex. Der sich ungeniert wieder an sie ranmachte. Als Hummel sein Recht anmeldete, hatte Beate ihn angezischt:»Ich kann selbst auf mich aufpassen!« Und dann hatte ein Wort das andere gegeben. Er hatte das Lokal fluchtartig verlassen und war zu Fuß heimgelaufen. Von Schwabing bis Haidhausen. Gerade als sich der Nebel in seinem Kopf einigermaßen gelichtet hatte, war er der Versuchung erlegen, noch einen Absacker im *Johannis-Café* zu trinken. Er konnte sich nicht erinnern, wie er heimgekommen war. Jedenfalls war er in voller Montur auf dem Wohnzimmerteppich aufgewacht und fühlte sich wie mit fünfundsechzig nach dem dritten Herzinfarkt. Der Geschmack in seinem Mund war unterirdisch. Jetzt fiel ihm ein, dass er dunklen Weizenbock getrunken hatte. Er stürzte zum Klo und ließ seinen Gefühlen freien Lauf.

MALEDIVEN

Dosi war in einem ganz ähnlichen Zustand. Sie war noch im Tiefschlaf, als ihr Vater sie weckte. Sie stolperte im Bademantel die Treppe runter. Dort warteten zwei Polizeibeamte. Ein großer und eine kleinere Frau. Den großen kannte sie.»Servus, Hans.«

»Servus, Dosi.«

»Gibt's ein Problem?«

Er nickte.»Wir sind in die Carossastraße gerufen worden.«

»Hat Eric randaliert?«

»Nein.«

»Ist was mit ihm?«

Er nickte.»I derf nix sagn. Wir sprechen am Revier. Ziehst du dich an?«

Dosi sah ihn perplex an.

»Verstehst du mich?«, fragte Hans.

Dosi schüttelte den Kopf, aber sie ging nach oben, um sich anzuziehen. Kruschte die Kopfschmerztabletten aus dem Waschbeutel und nahm drei auf einmal. Auf dem Nachttisch stand die leere Flasche Blutwurz. Sie hob es schon beim bloßen Anblick. Jetzt sah sie das Dirndl über der Stuhllehne. Den großen braunen Fleck auf der weißen Bluse.

Es klopfte. Die kleine Polizistin steckte den Kopf zur Tür herein.

»Alles in Ordnung?«

Dosi pampte sie an. »Schau ich aus, als wäre alles in Ordnung? Nein, ich hab einen Schädel so breit wie der von der Bavaria! Ich komm gleich.«

»Was ist das?!«, fragte die Polizistin und deutete zum Stuhl.

»Ein Dirndl.«

»Das seh ich auch. Ich mein, auf der Bluse.«

»Was weiß ich. Kaffee?«

»Darf ich das mitnehmen?«

»Tun Sie sich keinen Zwang an.«

Auf der Fahrt ins Präsidium überlegte Dosi fieberhaft, was gestern Abend passiert war. Sie hatte einen astreinen Filmriss. Der Blutwurz hatte viele tausend Gehirnzellen in ihrem Kurzzeitgedächtnis gekillt. Und jeder einzelne Gedanke erinnerte sie jetzt schmerzhaft an das perfide Tun des Kräuterschnapses. Woran sie sich noch erinnern konnte: wie sie aus dem Auto gestiegen war, geklingelt hatte, Westminster, Eric in Bademantel und Schlappen, dann er in der Küche und sie im Schlafzimmer, das Foto von seiner neuen und ihrer ehemals besten Freundin Rosi, das sie an die Wand geschleudert hatte. Hatte sie das wirklich getan? Ja, das Splittern des Glases hatte sie genau im Ohr. Was war dann passiert? Hatte sie zugehauen? Sie wusste es nicht. Wie war sie heimgekommen? Offenbar mit dem Auto. Autopilot? Und dann hatte sie ihren Ärger in Blutwurz ertränkt. Ob das an ihrer Bluse Blut war? Hatte sie sich an den Scherben geschnitten? Sie sah ihre Hände an. Nein.

Außer Hans und dem Pförtner Walter kannte sie im Präsidium keinen der Beamten mehr. Sie wurde in eins der Verhörzimmer geführt und wartete. Allein. Nur in Begleitung ihres Kopfwehs. Das grelle Neonlicht ließ sie die Augen zusammenkneifen. Sie wünschte sich ganz weit weg. Auf die Malediven. Mindestens.

Die Tür ging auf. Hans und ein Anzugheini. ›Guter Cop – böser Cop‹, dachte sie. Mr. Boss war ihr auf den ersten Blick unsympathisch.

»Mandl, Kripo Straubing«, stellte er sich vor.

»Rossmeier, Kripo München«, antwortete Dosi ungerührt. »Warum bin ich hier?«

»Hat man Ihnen das nicht gesagt?«

»Irgendwas mit Eric, meinem Ex. Was ist mit ihm?«

»Nun, das wüssten wir gerne von Ihnen.«

»Bitte etwas genauer. Warum bin ich hier?«

»Weil Sie unter Mordverdacht stehen.«

Jetzt wurde Dosi blass.

Mandl lächelte schmal. »Ich glaube, dass Sie uns da etwas mehr erzählen können. Sie waren gestern bei ihm.«

»Wir wollten noch mal über das Haus sprechen.«

»Welches Haus?«

»Unser Haus. Wir waren mal verheiratet.«

»Sie waren verabredet?«

»Das am Abend war spontan. Ich hatte ihn nachmittags schon getroffen.«

Mandl lächelte. »Im Café *Hinterhaus*, wo es bereits zu einem ersten Akt der Aggression kam.«

»Wer sagt das?«

»Die Bedienung. Stimmt das?«

»Er war unverschämt geworden. Eric ist ein richtig gscherder Hund.«

»Und da ist Ihnen die Hand ausgerutscht?«

»Nein. Ist sie nicht! Es gab ein Missgeschick. Das Bierglas ist umgefallen.«

»Missgeschick. So! Sie haben am Nachmittag schon Bier getrunken?«

»Nein. Ja. Also ein Colaweizen.«

»So. Und abends ist Ihnen dann wieder die Hand ausgerutscht.«

»Nein, ist sie nicht.«

Dosi war sich alles andere als sicher. Sie bekam kein einziges Bild ins Gedächtnis, was in dem Haus noch gelaufen war. »Ich kann mich nicht erinnern«, sagte sie schließlich. »Ich habe zu Hause was getrunken, weil ich mich so über ihn geärgert habe.«

»Was?«

»Blutwurz.«

»Na, das passt ja. Machen Sie das immer so, dass Sie Schnaps trinken, wenn Sie sich über etwas ärgern? Sie sind doch bei der Kripo?«

»Ja, ich bin bei der Kripo. Und momentan bin ich nicht im Dienst! Zefix, hören Sie auf, mich wie ein Hopperl zu behandeln. Was ist mit Eric? Liegt er tot in seinem Haus, das auch mein Haus ist? Hat seine Liebste bei ihrer Heimkehr gleich messerscharf kombiniert, dass ihre alte Freundin Doris es war, die Eric erschossen hat? Oder erschlagen oder die Kehle durchgeschnitten oder...«

»Beruhigen Sie sich!«

»Ich denke gar nicht dran.«

Hans sah Dosi ernst an. »Dosi, es sieht nicht gut aus. Das Haus ist verwüstet. Blut in Schlafzimmer und Küche. Wir haben ein Radarfoto, wie du mit achtzig durch Ruderting rauschst. Und nachdem uns Erics Freundin angerufen hat, haben wir eins und eins zusammengezählt.«

»Was ist mit Eric?!«

»Dosi, wo hast du ihn versteckt?«

Jetzt lachte Dosi auf. »Ihr habt sie doch nicht alle. Ihr glaubt, dass ich ihn getötet und dann in den Kofferraum gepackt und irgendwo im Wald verscharrt oder in die Donau geworfen habe?«

Hans nickte treudoof. »Wald oder Donau?«

Dosi schüttelte fassungslos den Kopf. »Ich sag jetzt gar nichts mehr. Schaut euch mein Auto an, meine Klamotten« – sie stoppte kurz, als sie an ihre Bluse dachte –, »dann sprechen wir uns wieder, wenn ihr was habt.« Sie stand auf.

»Wo wollen Sie hin?«, fragte Mandl irritiert.

»Ich geh jetzt. Sie haben rein gar nichts in der Hand.«

»Sie bleiben! Bis wir Ihre Kleidung und das Auto untersucht haben.«

»Dosi, setz dich bitte wieder!«, sagte Hans. »Soll ich dir einen Kaffee bringen?«

JAHRESKARTE

Nicht überall war die Welt so kalt und grau. Manche Menschen führten ein ganz normales, erfülltes, spießiges Familienleben. Wie zum Beispiel Zankl. Mit einem wunderbaren Familiensonntag im Zoo. Er sah sich aus der Außenperspektive. Als Star in seinem eigenen Film. *Super-*

paps – der alles im Griff hat, Teil I. Er schob den marine-
blauen Boogaboo mit jugendlichem Schritt durch den Zoo.
Seine schöne Frau ging neben ihm. O ja, sie war schön! Die
engen Jeans passten ihr wieder, auch die kurze schwarze
Lederjacke, die er so an ihr mochte. Er sah das perfekte
Glück. Ein Mann, eine Frau, ein Baby. Das ausnahmsweise
mal tief und fest schlief und von den exotischen Tieren
rein gar nichts mitbekam. Nun ja, wenn sie aufwachte,
würde er sie herausheben und ihr die Affen mit den lusti-
gen roten Pos zeigen. Ob sich Clarissa überhaupt für Tiere
interessierte? Vielleicht war es etwas voreilig gewesen,
jetzt schon eine Familienjahreskarte zu kaufen. ›Aber
Mädchen mögen ja Tiere. Schade, dass sie sich so selten für
Fußballl interessieren‹, sinnierte er weiter. ›Clarissa wird
sicher nicht am Wochenende mit mir ins Stadion gehen. Ja,
ein Junge wäre auch noch schön.‹ Er sah zu den spielenden
Affenkindern, dann zu Conny: »Du, Conny, hast du schon
mal daran gedacht…?«

In dem Moment klingelte sein Handy. Er sah die Nummer: Mader. Am Sonntag? Er nahm den Anruf an und
hörte aufmerksam zu. Dosi war in Schwierigkeiten. Ja,
klar könne er nachher kommen. Als er auflegte, hatte er
seine Frage an Conny vergessen. Nein, hatte er nicht. Aber
er wagte es nicht, sie zu stellen, denn dass der Nachmittag gelaufen war, hatte sie natürlich mitbekommen. Zankl
überlegte fieberhaft. Hatten sie für heute Abend schon
etwas vor? Er könnte was Schönes kochen. Kerzenschein,
leise Musik und so.

ANDERSRUM

Dosi saß neben Wimmer hinten im Streifenwagen und schwieg. Sie fuhren gerade die Ilzleite entlang, dann die B12 hoch nach Salzweg. Der Wagen hielt vor dem Haus von Dosis Eltern. Dosi und Wimmer stiegen aus. Wimmer sprach noch mit den beiden Polizisten, bevor sie davonfuhren.

»Schöne Scheiße«, sagte Dosi zu Wimmer.

»Das kannst du laut sagen. Hast du einen Anwalt?«

»Ich brauch keinen Anwalt. Ich hab nichts gemacht. Außer dass ich mit drei Weißbier Auto gefahren und zu schnell durch Ruderting gebrettert bin.«

»Und Eric?«

»Ich hab keine Ahnung. Ich bring doch niemand um! Und entsorg dann die Leiche im Wald. Ich bin die Kripo. Das Spiel geht andersrum.«

»Das ist kein Spiel.«

»Hab ich auch schon gemerkt. Was ist der Mandl für einer?«

»Unangenehmer Typ. Karrierist. Mordkommission Straubing. Will nach München.«

»Gott behüte.«

»Der nimmt keine Rücksicht.«

»Danke. Ohne dich säße ich jetzt in U-Haft, bis die Ergebnisse von der KTU da sind. Aber das wird nicht so schwer sein. Meine Fingertapper sind überall im Haus.«

»Ich mein eher deine Bluse. Wenn das Blut ist...«

»Ich hab keine Ahnung. Da ging ein Bilderrahmen zu Bruch. Vielleicht hab ich mich geschnitten...« Sie dachte an ihre Hände. Die keine Schnitte auswiesen.

»Ohne Leiche passiert erst einmal gar nichts.«

»Es gibt keine Leiche!«, betonte Dosi.

Wimmer nickte. »Die Kollegen haben mich gebeten, dein Auto mitzunehmen. Ist das okay?«

Sie nickte und gab Wimmer den Autoschlüssel. »Mach nix kaputt.«

Er sah zu ihrem alten Fiesta und grinste. »Und du rühr dich bitte nicht weg von hier. Ich halt dich auf dem Laufenden. Aber sag das niemandem. Sonst krieg ich Ärger.«

»Danke, das weiß ich sehr zu schätzen.«

EIGENE FAUST

Mader, Zankl und Hummel saßen abends beim *Klinglwirt* in der Balanstraße. Nicht viel los. Am Sonntagabend war man normalerweise daheim und sah *Tatort*. ›Oder man speist mit seiner schönen Frau‹, dachte Zankl. Beides heute Fehlanzeige.

»Kommt Fränki auch noch?«, fragte Hummel.

Zankl nickte. »Ich hab ihn für neun Uhr bestellt.«

»Dann wissen wir vielleicht schon, wie wir vorgehen«, sagte Mader. »Ich will nicht, dass der was auf eigene Faust dreht.«

Zwei Bier später hatten sie einen Plan, der dienstlich nicht ganz korrekt war. Menschlich schon. Hummel sollte Dosi beistehen. Er war ja immer noch in der Wiedereingliederungsphase, was bedeutete, dass er arbeiten durfte, aber nicht musste. Hummel würde der Polizeipsychologin vorschwindeln, dass er doch noch etwas mehr Zeit für sich brauchte. Um seine Gedanken und Emotionen zu sortieren. Mader würde Günther informieren. Natürlich nicht über ihr Vorhaben, dass Hummel Dosi vor Ort in Passau helfen sollte. Sondern über ihren Personalengpass. Schließlich mussten sie den Tod von Bruder Wolfgang und sei-

135

nem Spatzl aufklären und sich um das Tagesgeschäft kümmern. »Vielleicht kriegen wir ja jemanden für den ganzen Büroschmarrn.«

»Das glauben Sie doch selbst nicht«, sagte Zankl.

»Nein, aber fragen kostet nix. Hummel, Ihr Einsatz in Passau wird ja nur ein paar Tage dauern. Bringen Sie uns Doris wieder gut heim.«

»Ich geb mir Mühe.«

Mader nickte nachdenklich. »Zankl, wir kümmern uns um den toten Geistlichen. Meinen Sie, wir beide schaffen das hier zu zweit?«

»Das kriegen wir hin. Montag knöpf ich mir gleich die Leute von seinem Priesterseminar vor.«

»Und Fränki?«, fragte Mader. »Nicht, dass er vor Eifersucht durchdreht, wenn Hummel da wieder mitmischt?«

»Ach, inzwischen kennt er mich«, meinte Hummel.

In diesem Moment betrat Fränki die Kneipe. Er grüßte kurz und setzte sich. Sah nicht gut aus. Mitgenommen, Handtuch im Wind. Und er war dankbar für ihre Hilfe, denn er musste morgen für seinen neuen Auftraggeber zu einer zweiwöchigen Fortbildung bei *Microsoft* nach Seattle. Er machte sich Vorwürfe: »Ich hätte mit ihr nach Passau fahren sollen! Dann wäre das Ganze nicht passiert. Aber sie wollte nicht. Sie hätte nie allein zu dem Typen gehen dürfen …«

»Mach dir keine Sorgen, Fränki, wir kümmern uns«, sagte Hummel. »Die werden ihr nichts anhängen können, was sie nicht getan hat.«

»So viel Vertrauen hab ich nicht zur Polizei.«

Mader runzelte die Stirn. Nicht weil er beleidigt war. Nein, tatsächlich sah es schlecht aus für Dosi. Die Indizien waren erdrückend. Wobei der wichtigste Beweis fehlte – die Leiche.

Nachdem Fränki mit allen Handynummern getauscht hatte, war er auch schon wieder weg.

»Der macht sich echt Sorgen«, meinte Mader.

VIBRATIONEN

Einsteinstraße. Rote, gelbe und weiße Lichtspuren, nass glänzender Asphalt, das Dröhnen des Zweizylinders, das Zittern der Tachonadel. Fränkis Fingerspitzen in den dünnen Lederhandschuhen waren schon jetzt leicht taub. Nicht nur die Vibrationen der *Triumph*. Auch die seiner Gefühle. A94, Steinhausen, das Redaktionsgebäude der *Süddeutschen Zeitung* wie ein Adventskalender, Stadtgrenze. Er riss das Gas auf und verschwand donnernd in der Nacht.

SCHLAU

Auf dem Blechtablett vereinigte sich unansehnlicher Eintopf mit wässrigem Kartoffelbrei. Es roch schlecht. Nein danke. Dosi legte sich auf die Pritsche in ihrer Zelle und starrte an die Decke. Stockflecken und Risse. Ein Riss ging jetzt auch durch ihr Leben. Dosi konnte es nicht fassen – sie war Polizistin und hatte unfreiwillig die Seiten gewechselt. Sie saß im Knast. Sie schloss die Augen. Eine verkehrte Welt, ohne Verbindung zu ihrem normalen Leben.

Plötzlich hörte sie ein Klickern an der vergitterten Fensterscheibe. War da was? Nein. Sie hatte sich getäuscht. Doch, jetzt wieder. Sie öffnete die Augen, spürte die unangenehme Nässe ihres durchgeschwitzten Nacht-

hemds. Da sah sie ihn! »Elvis! Was machst du denn hier?«
Der Mond schien ihm ins Gesicht. Nur ein Poster. Schade.
Aber sie atmete erleichtert auf. Sie war nicht im Gefängnis, sie war in ihrem Jugendzimmer. Hatte schlecht geträumt. Wieder das Klickern. Sie ging ans gekippte Fenster und schob den Vorhang ein Stück beiseite. Ihr Herz
machte einen Satz.

Nachdem Dosi Fränkis schlotternden Körper im Hausflur eine halbe Ewigkeit gedrückt hatte, schob sie ihn in
die Küche und setzte Teewasser auf. Bald hielt Fränki den
dampfenden Teebecher fest umklammert. »Woher wuss-
test du, welches mein Fenster ist?«, fragte Dosi.

»Elvis forever.« Sie grinste. Der Aufkleber an ihrem
Fenster. Fränki war wirklich ein schlaues Kerlchen.
Könnte bei der Polizei anfangen.

TIEFEBENE

Hummel schämte sich. Die nette Polizeipsychologin so
anzulügen. Sie hatte ihn heute Morgen gefragt, wie es
ihm ging. »Nicht so gut. Das mit den neuen Mordfällen
erschüttert doch sehr stark meinen Glauben an das Gute
im Menschen.« Was für ein Blech! Er arbeitete schließlich in der Mordkommission. Da sah man sämtliche Übel
der Welt, also viele zumindest. Aber offenbar war er recht
überzeugend. Jedenfalls machte er Dr. Schaller Hoffnung
auf seine zukünftig erhöhte Therapiebereitschaft: »Ich
muss mir vorher noch über mein Verhältnis zu meinen Eltern klarer werden. Dafür brauche ich Bedenkzeit.« Hummel staunte über sich selbst. Das Resultat war genau das
gewünschte: Er sollte sich doch noch ein paar Wochen
schonen. Nichts übereilen!

Das galt auch für den *Isar-Donau-Express*, wie sich der Regionalzug zwischen München und Passau großspurig nannte. Zweieinhalb Stunden für knapp zweihundert Kilometer. Der Zug zur späten Mittagszeit war nur schwach besetzt, und sie hatten gerade Landshut hinter sich gelassen. Am Horizont verschwammen die Höhenzüge des Bayerischen Waldes im trüben Mittagslicht. Ja, Niederbayern hieß noch lange nicht »flach«. Ein paar Gleise weiter hatte er in Plattling einen froschgrünen Zug mit der Aufschrift *Waldbahn* stehen gesehen. Der Zug ging nach Zwiesel, zu den Glasbläsereien. Kam nicht auch der Bayerwaldprophet Mühlhiasl aus dieser Gegend? Der Bayerische Wald – eine mystische Region.

Der Zug zischte jetzt an der Donau entlang, Hummel sah auf das glitzernde Wasser. Ab und zu ein träger Lastkahn, dann wieder ein Schnellboot, einmal sogar mit Wasserski im Schlepptau. Smokey Robinson schmachtete *I'm a choosy beggar* in Hummels Kopfhörer. Wo romantische Musik ist, sind auch romantische Gedanken nicht weit: *Beate.* Seinen Anruf heute hatte sie gar nicht gut gefunden. Mit der Information, dass er jetzt auf unbestimmte Zeit nach Passau verschwand, konnte sie nicht viel anfangen. Klar, dass er seiner Kollegin in Not half. Aber war denn der Fall nicht in guten Händen bei der Passauer Polizei? Schwang da etwa eine Prise Eifersucht mit? Hummel lachte. Er und Dosi. *Never!* Das passte nicht zusammen. Dosi war so … nein, er wusste auch nicht, wie – jedenfalls nicht sein Typ. Er mochte große, schöne, kluge Frauen. Dosi hingegen war klein, rund und – bauernschlau. Er konzentrierte sich wieder auf Smokey, der von seiner Mama sang, die ihm den Tipp gegeben hatte, »to shop around« – sich die Damenwelt erst einmal genau anzusehen, bevor er sich festlegte. Kluge Mama, beneidenswerter Smokey!

STOISCH

Als die Tür sich hinter Zankl geschlossen hatte, atmete er tief durch. Er stand draußen vor der Heilig-Kreuz-Kirche, und der Obergiesinger Verkehr rauschte. In seinem Kopf rauschte es ebenfalls. Als hätte man ihm das Gehirn gewaschen, mit anschließendem Schleudergang. Der Umgang mit Geistlichen war, als würde man in eine völlig andere Welt eintauchen. Diese Männer sagten alles und doch nichts. Pater Hubertus, der Erste auf Zankls Liste von Wolfgangs Seminar, hatte ihm wohlwollend bei einer Tasse Tee Auskunft gegeben, wie das Leben im Priesterseminar organisiert war, wie der strenge Tagesablauf aussah, was in der Zeit geschah, die man mit anderen verbrachte, was in der Zeit, die man allein verbrachte, im Zwiegespräch mit Gott, welche Regeln einzuhalten waren. Es klang alles sehr ritualisiert.

»Man redet doch mal über persönliche Dinge?«, hatte Zankl gefragt.

»Ja, natürlich, aber auch in dieser Hinsicht sind wir Seelsorger. Nichts ist für andere Ohren bestimmt. Wissen Sie, wie alle Menschen erleben wir Momente des Zweifels, in denen wir bei anderen Trost und Rat suchen. Ein Bruder ist für den anderen Bruder da.«

›Boh!‹, hatte Zankl innerlich gestöhnt. Natürlich ehrte das den Kirchenmann, aber das brachte ihn keinen Millimeter weiter. Seine Informationen zu Bruder Wolfgang waren nicht mal vage. Selbst der Hinweis, dass er in einem Tötungsdelikt ermittelte, hatte den Priester nicht aus der Ruhe gebracht. *Der Herr hat's gegeben, der Herr hat's genommen.* Sozusagen.

Insgeheim bewunderte er die stoische Haltung des Kirchenmanns in dieser lauten und schrecklichen Welt. Wer so dachte, den konnte nichts aus der Bahn werfen. Er sah auf seinen Zettel. Die nächste Adresse war im Schlachthofviertel. Keine Kirche. Na, mal sehen, ob ihn das weiterbrachte. Er ging zum U-Bahnhof Silberhornstraße.

WHIRLPOOL

Hummel sah durch die schmutzige Zugscheibe hinaus auf den Bahnsteig. Kurz war er überrascht, schon wieder Fränki zu sehen. Aber klar – für seine Dosi tat er alles. Dosi sah nicht so schlecht aus, wie Hummel erwartet hatte. Sie mampfte eine Leberkässemmel, und eine frische Röte leuchtete in ihrem Gesicht. Fränki hingegen war der Schatten seiner selbst. Was bei dem Hänfling schon was heißen wollte. Bleich, hager, nervös rauchend. ›Interessantes Paar‹, dachte Hummel.

Als er auf den Bahnsteig von Gleis 1a heraustrat, war Dosis Leberkäs Geschichte.

Fränki nahm einen letzten Zug aus seiner Zigarette und schnippte sie ins Gleisbett.

Dosi umarmte Hummel. »Super, dass du kommst.«

»Ehrensache.« Er gab Fränki die Hand. »Wann musst du los?«

»Jetzt gleich.« Er deutete zu seiner Maschine rüber, die er am Parkplatz der Grenzpolizei abgestellt hatte.

Hummel schnupperte. »Seit wann rauchst du Mentholzigaretten?«

»Will's mir abgewöhnen.«

»Viel Erfolg«, sagte Hummel und holte seine *Prince of Denmark* raus. »Irgendwas Neues?«

Dosi nickte. »Leider ja. Das Blut auf meiner Bluse ist von Eric. Aber es gibt immer noch keine Leiche. Deswegen darf ich frei rumlaufen. Noch. Keine Fluchtgefahr. Aber ich muss mich zur Verfügung halten. Was sagt denn Günther?«

»Der war erstaunlich cool. Das traut er dir dann doch nicht zu.«

»Weiß er, dass du hier bist?«

»Ja und nein. Er wird es sich denken. Ich bin krankgeschrieben – so psycho –, also nicht dienstlich hier.«

»Schatz, ich muss los«, meldete sich jetzt Fränki.

Sie drückten sich innig, und beide fluteten ihre Pupillen. Hummel blieb diskret zurück.

Als der bollernde Zweizylinder verhallt war, marschierten Dosi und Hummel die Bahnhofstraße in Richtung Zentrum.

»Hast du Hunger?«, fragte Dosi.

»Jetzt, wo du's sagst.«

Sie steuerten das *Gasthaus zum Löwen* am Ludwigsplatz an. In der Gaststube war der Stammtisch noch oder schon halb besetzt. Ansonsten ein paar versprengte Touristen bei Kaffee und Kuchen an den Tischen aus hellem Holz. Hummel bestellte eine Currywurst mit Pommes und Dosi einen Apfelstrudel mit Vanillesoße.

»Und, was ist mit Eric passiert?«, fragte Hummel.

»Ich hab keinen Dunst.«

»Hat er irgendwelche Sachen gedreht?«

»Ich weiß es nicht.«

»Was hat er denn gearbeitet?«

»Er hat beim Aschenbrenner gejobbt. Ein Antiquitätenladen am Dom. Eric ist übers Land gegondelt und hat den Bauern die Speicher leergeschwatzt. Truhen, Schränke, Geschirr, Schmuck.«

»Hast du mit dem Aschenbrenner schon gesprochen?«

»Nein, noch nicht.«

Hummel sah auf die Uhr. »Sollten wir machen. Aber das reicht auch morgen. Du erzählst mir erst mal alles, dann überlegen wir. Kannst du mir eine Pension empfehlen?«

»Kommt nicht infrage. Du wohnst bei Tante Trudi.«

»Äh, ich bin lieber für mich.«

»Trudi ist für vier Wochen in Bad Birnbach zur Kur.«

»Äh, ja dann ... Sie weiß davon?«

»Logisch, meine Mama soll nach dem Rechten sehen und die Blumen gießen. Wenn du schon mal hier bist, solltest du dir das Flair einer echten Passauer Altstadtwohnung nicht entgehen lassen. Frühes 17. Jahrhundert.«

»Mit Zentralheizung?«

»Logisch. Sauna, Whirlpool, alles da.«

»Super. Und ich hab einen grünen Daumen, bei mir hat noch keine Pflanze überlebt.«

Sie wurden von der Ankunft der bestellten Speisen unterbrochen. Hummel staunte über die Größe der Currywurst und die Menge an Pommes. Schon der Beilagensalat wäre in München als Einzelgericht durchgegangen. Der Strudel reichte lässig für zwei. Oder, na ja, für eine Dosi. ›Lässt sich doch ganz vielversprechend an, mein Trip in die Provinz‹, dachte Hummel. Er versenkte ein großes Stück Wurst in der currybraunen Soße.

LE SYSTÈME

Bernd Opitz, den Zankl herausgeklingelt hatte, sah aus, als wäre er gerade erst aufgestanden, obwohl es bereits Nachmittag war. In einem Nebenzimmer quengelte ein Kind. Opitz entschuldigte sich und holte den Kleinen. »Kommen Sie doch in die Küche«, bat er Zankl.

Zankl folgte ihm und setzte sich in die große Wohnküche. Es sah bunt und unordentlich aus. Zwei Hochstühle. »Äh, der Kleine, ist das Ihr Kind?«

»Aber ja doch, das will ich hoffen. Ebenso wie seine große Schwester.« Opitz hantierte am Herd herum, machte einen Brei warm. »Wollen Sie einen Kaffee?«

»Ja, gerne.«

Zankl überlegte, wie er beginnen sollte.

Opitz nahm ihm den Anfang ab. »Sie wundern sich, weil Sie meine Adresse über das Priesterseminar haben. Aber das ist kein Einzelfall, dass man sich vor der Priesterweihe noch mal anders entscheidet. Ich arbeite jetzt in der Seelsorge. Telefonhotline. Nachts. Daher schlafe ich morgens länger.«

»Und Ihre Frau?«, fragte Zankl reichlich indiskret.

»Arbeitet halbtags, ab mittags. Sie legt den Kleinen hin, und wenn er aufwacht, übernehme ich. Und nachher hole ich mit ihm die Große vom Hort ab. Genau eingespielt.«

»Toll, wenn Sie das so gut hinkriegen. Ich habe auch eine kleine Tochter, und wir kriegen schon das kaum gebacken.«

Opitz lächelte und goss Kaffee in zwei Becher. Er platzierte das Baby auf seinem Schoß und begann es zu füttern. Zankl schaute andächtig zu. Am Ende wurde das Baby auf den Boden entlassen, wo eine Krabbeldecke ausgebreitet war und allerhand Plastikspielzeug herumlag.

»Bruder Wolfgang also ...?«, meinte Opitz.

»Ja, Bruder Wolfgang. Können Sie sich an ihn erinnern?«

Opitz zog die Augenbrauen hoch und musterte Zankl.

»Er ist tot«, erklärte Zankl. »Aus dem Fenster gestürzt.«

»Ein Unfall?«

»Wir wissen es nicht. Noch nicht.«

»Sie sind von der Kripo.«

»Ja. Mordkommission. Hatten Sie in letzter Zeit Kontakt mit Bruder Wolfgang?«

»Nein. Schon lange nicht mehr.«

»Und damals?«

»Damals waren unsere Zimmer auf demselben Flur.«

»Was war er für ein Mensch?«

»Über Tote sagt man nichts Schlechtes.«

»Also gibt es was Schlechtes.«

Opitz nickte.

»Wir gehen davon aus, dass ihn jemand aus dem Fenster gestürzt hat. Ich möchte dieses Verbrechen aufklären.«

Opitz sah ihn lange an, dann nickte er. »Wolfgang ist einer der Gründe dafür, dass ich das Priesterseminar verlassen habe. Er war ein hervorragender Schüler. Nur die besten Noten, aber in menschlicher Hinsicht ein Totalausfall, ein unangenehmer Streber, der anderen immer ihre Verfehlungen vorhielt. Im Priesterseminar ist man noch jung, ist man noch keine gefestigte Persönlichkeit. Er hat uns alle bespitzelt, hat jede Verfehlung in einem Notizbuch festgehalten.«

»Um was damit zu tun?«

»Er hat uns erpresst. Es ging ganz banal um Geld. Wer in dem Büchlein stand, musste zahlen. Und tat es auch.«

»Sie haben ebenfalls bezahlt?«

»Alle haben bezahlt. Es waren überschaubare Summen. Es war so eingespielt, dass niemand es hinterfragte. Es gehörte irgendwie zum System.«

»Kam denn niemand auf die Idee, die Sache bei den Lehrern anzuzeigen?«

»Nein, er genoss großes Ansehen bei ihnen. Wir hatten alle Angst. Und es waren ja wirklich Verfehlungen, die das, was wir wollten, infrage stellten. So sah ich das. Damals zumindest.«

Am liebsten hätte Zankl gefragt, ob sie nach Ableisten der Zahlungen mit den Verfehlungen fortgefahren waren, aber das verkniff er sich. »Können Sie sich vorstellen, dass sich jemand an ihm gerächt hat?«

»Heute?«

»Ja, heute.«

»Nein, das waren keine Dinge, für die man jemanden umbringt. Schon gar nicht nach so langer Zeit.«

»Glauben Sie, dass er mit den Erpressungen weitergemacht hat? In größerem Stil vielleicht?«

»Wir sprechen schon noch von einem Geistlichen, nicht von einem Mafiaboss?«

Zankl überlegte kurz, dann sagte er: »Ja, durchaus. Aber wissen Sie, ich bin Polizist, auch da gibt es schwarze Schafe. Wenn Leute imstande sind, andere zu erpressen, dann sind andere auch imstande zu töten.«

»Ist das ein Kausalzusammenhang?«

»Nein, man kann auch töten, ohne erpresst zu werden.«

Zankl erzählte ihm jetzt von den Narben auf Wolfgangs Rücken. Nachdem er Opitz sehr eindringlich bearbeitet hatte, berichtete der ihm von dem »Vorfall« damals. Wie die empörten Seminaristen Wolfgang eines Nachts einen Denkzettel verpasst hatten. Und Hausmeister Meisel ihn in letzter Sekunde gerettet hatte. Zankl nickte dankbar. Endlich wusste er ein bisschen mehr. Meisel musste er noch mal auf den Zahn fühlen.

Opitz trank einen großen Schluck des inzwischen fast kalten Kaffees, sah zu seinem Sohn auf den Boden, dann zu Zankl. »Behandeln Sie das, was ich Ihnen erzählt habe, bitte vertraulich. Ich bin immer noch bei der Kirche angestellt.«

Zankl nickte. »Gab es jemanden, der größere Probleme mit ihm hatte?«

»Es ging um kleine Verfehlungen, Ahnungslosigkeit, Leichtsinn.«

»Meinen Sie, er hat dieses Notizbuch später weitergeführt?«

»Wolfgang war damals charakterlos, warum sollte er es heute nicht mehr sein?«

›Weil er nicht mehr am Leben ist‹, wollte Zankl schon sagen. Tat er nicht. Er stand auf. »Herr Opitz, ich bin Ihnen sehr dankbar. Langsam wird mein Bild von Bruder Wolfgang klarer. Niemand wird erfahren, dass wir miteinander gesprochen haben.« Er reichte ihm seine Visitenkarte. »Falls Ihnen noch was einfällt.«

Opitz gab sie ihm zurück. »Nein, das war alles.«

ZEHN PFERDE

Typisch Dosi! Das mit der Zentralheizung entpuppte sich als Euphemismus reinsten Wassers. Die Dreizimmerwohnung in der Kleinen Messergasse hatte eine Heizung, die zentral im Wohnzimmer stand. Und das war ein altersschwacher Gasofen, dessen Abluftrohr sich durch eine meterdicke Mauer kämpfte. Diese hatte stark isolierende Wirkung. Allerdings in die falsche Richtung. Sie ließ die Kälte nicht raus. Die zwei kleinen Fenster hingegen ließen nur spärlich das Tageslicht ein. Die Schlafkammer war gänzlich ohne Fenster. Die Luft war klamm und kühl.

Hummel beschloss, auf dem Sofa zu schlafen. In diese Gruft brachten ihn keine zehn Pferde. Da spukten wahrscheinlich die Vorfahren von Tante Trudi.

»Muss man nur mal ordentlich durchheizen«, sagte Dosi leichthin.

»Ist deine Tante wegen Rheuma auf Kur?«, fragte Hummel.

»Nein, Depressionen.« Dosi lachte. »Weißt du, wir drehen jetzt einfach die Heizung auf Vollgas und gehen rüber ins *Scharfrichterhaus*. Wenn du wieder heimkommst, ist es schön warm hier.«

SCHOKOKÜSSE

Mader machte auf dem Heimweg noch einen Abstecher zur Theatinerkirche. Er ließ Bajazzo draußen, um sich zehn Minuten auf eine der Kirchenbänke zu setzen. Keine Stoßgebete für Dosi, einfach so. Bisschen nachdenken. Er saß hinten links und betrachtete den mittleren Seitenaltar. Darüber das düstere Bild mit der Abnahme Jesu vom Kreuz. Voller Schmerzen und doch voller Schönheit. Sehr kraftvoll. Mader war kein großer Kenner sakraler Kunst, aber er musste zugeben, dass die Kunstwerke in diesem Licht, in dieser Atmosphäre und mit dem leichten Weihrauchgeruch schon eine sehr spezielle Ausstrahlung hatten. War »erhaben« das richtige Wort dafür? Wäre die Aura bei diesen Kunstwerken auch noch an anderen Orten vorhanden?

Hummels Bekannter Dr. Georg Schrammel hatte ihm heute ein paar interessante Details über den internationalen Handel mit Kirchenkunst erzählt. Er hatte daraufhin die aktuellen Statistiken vom Raubdezernat angefordert. Ein Riesengeschäft. Aber das waren nur nackte Zahlen. Ihn interessierte, wer damit handelte, und auch, was für Leute solche Kunst kauften. Waren sie gläubig, konnten sie Diebstahl nicht billigen. Waren sie nicht gläubig, dürfte sie sakrale Kunst nicht besonders interessieren.

Naive Gedanken – beim Geld hörte die Religion sicher
auf.

Was, wenn Bruder Wolfgang bei diesen Hehlergeschäf-
ten fleißig mitgemischt hatte, um so seine doppelte Haus-
haltsführung zu finanzieren? Wie sonst hätte er sich die
Zweitwohnung in Haidhausen leisten können inklusive
einer Geliebten mit hochhackigen Pumps? Er musste
noch mal mit Bruder Wolfgangs Chef sprechen. Ob dieses
Geschäft wirklich so im Verborgenen geblüht hatte. Und
was würde Notkar zu Wolfgangs Erpressungen sagen? Das
hatte Zankl wirklich gut herausgekriegt. Das hatte er doch
bestimmt auch noch nach seiner Seminaristenzeit betrie-
ben. Er musste sich bei den anderen Mitarbeitern in der
Kardinal-Faulhaber-Straße umhören, ob sie von Wolfgangs Notizbuch wussten. Mader machte sich keine großen Hoffnungen, dass die Mauer des Schweigens wirklich
Risse bekam. Vielleicht konnte er pokern und behaup-
ten, die Polizei hätte ein angekokeltes Notizbuch in der
ausgebrannten Wohnung gefunden und wäre jetzt dabei,
die Seiten zu rekonstruieren... Wäre dreist gelogen, allerdings angesichts der Machenschaften, die dort im Verborgenen blühten, durchaus verzeihlich. Würde für ein
bisschen kreative Unruhe in dem so stillen Gemäuer der
Kardinal-Faulhaber-Straße sorgen. Im Dienste der Wahrheit war das in Ordnung. Oder? Mader stand zufrieden
auf. Die Ruhe in der Kirche hatte ihm gutgetan, ihn ins-
piriert. Draußen setzte er den Hut auf und rieb sich die
Hände in der kühlen Abendluft. Zeit, heimzugehen.

Wo war Bajazzo? Er hatte ihn doch hier bei den Fahr-
radständern des Coffeeshops neben der Kirche gelassen?
Hatte er ihn festgebunden? Nein, Bajazzo war doch so zu-
verlässig. Bajazzo würde vielleicht ein paar Meter herum-
strolchen, mehr nicht... Mader blickte sich um. Kein Ba-

jazzo weit und breit. Mader schluckte trocken und rief heiser: »Bajazzo!«

Nichts. Jetzt flackerte Panik in Maders Blick auf. Er sah es genau vor sich: Ein schwarzer Transporter, zwei Männer in Overalls sprangen heraus, einer packte Bajazzo, der andere öffnete die Schiebetür, ein vielstimmiges Winseln erklang, und schon war Bajazzo in dem Käfig bei den anderen Hunden, und die Schiebetür knallte zu. Mader lief hinüber zur Feldherrnhalle, zur Viscardigasse und zum Hofgarten. Nichts. Mader zitterte. Verdammt noch mal, was war er für ein Idiot! Er hätte seinen Hund doch nicht einfach auf der Straße stehen lassen dürfen! Was sollte er tun?

Als die Flutwelle der Verzweiflung gerade mit voller Wucht anrollte, kam Bajazzo aus der U-Bahn-Station Odeonsplatz herausgesprungen. Im Schlepptau Leonore, Maders Exfrau, in festlichste Abendgarderobe gehüllt. Mader stürmte ihnen mit wehendem Lodenmantel entgegen. Er wusste nicht, wen er zuerst begrüßen sollte.

Das nahm ihm Leonore ab: »Charly, also nein, wie kannst du Bajazzo einer Horde wild gewordener Teenager überlassen?!«

»Wie, ich …?«

»Sie haben ihn mit ihren Pausenbroten gefüttert!«

»Pausenbrote? Es ist gleich halb sechs!«

»Du hast keine Ahnung von jungen Leuten. Kein Mensch isst mehr Mamas Pausenbrot. Und von Hunden hast du auch keine Ahnung. Nicht wahr, mein Süßer?«, sagte sie und beugte sich zu Bajazzo hinunter, um ihn hinter den Ohren zu kraulen.

»Ich war nur kurz in der Kirche«, sagt Mader schwach.

Leonore sah ihn erstaunt an, dann lachte sie. »Hast du ein Glück, dass ich heute ausnahmsweise die U-Bahn genommen habe. Ich bin gerade zur rechten Zeit gekommen. Die Flegel wollten ihn mit Schokoküssen füttern. Stell dir vor! Schokoküsse! Davon bekommt man doch so ekelhafte Blähungen!«

Mader nickte ungläubig. Seine Exfrau! Wie immer wusste er nicht, ob sie ihn gerade auf den Arm nahm. Aber er war heilfroh, dass sie ihm Bajazzo gebracht hatte. »Du gehst ins Theater?«, fragte er.

»Oper. *Turandot!*«

»Touché! So früh schon?«

»Ich bin noch auf einen Aperitif verabredet.« Sie zog vielsagend die Augenbrauen hoch. »Ich muss los. Man sieht sich.«

Mader sah ihr hinterher. Der frische Abendwind blähte ihr glockenförmiges Abendkleid wie einen Heißluftballon. Es leuchtete metallisch im Schein der Abenddämmerung und entschwebte mit Leonore in Richtung Residenzstraße.

Schokoküsse!

WOLFGANG PETRY

Das Haus lebte. Ohne Zweifel. Klar, Hummel hatte drei Dunkle im Kellergewölbe des *Scharfrichterhauses* getrunken, aber die Geräusche hier waren definitiv nicht nur in seinem Kopf oder Bauch. Es gluckerte, knackte, knirschte. Wahrscheinlich stand der Keller des feuchten Gemäuers knietief im Donauwasser, und das arbeitete sich langsam durch alle Fugen und Ritzen nach oben. Na ja, er war im dritten Stock des schmalen Hauses. Keine akute Gefahr.

Durch die Fenster im Wohnzimmer sah er nur zwei Meter über die Gasse auf das Nachbarhaus. Das Küchenfenster hingegen kam seinem romantischen Gemüt eher entgegen, denn es bot einen weiten Blick über die Hausdächer der Altstadt und auf die steil abfallende Gasse hinaus. Es war erst acht Uhr, aber die drei Bier hatten ihn schon in Bettschwere gebracht. Hummel saß in der Küche, rauchte und dachte nach. Die Stille – sah man mal von den merkwürdigen Geräuschen des Hauses ab – beunruhigte ihn ein bisschen. Ihm fehlte die Musik. Tante Trudis bescheidene Auswahl an Höhner, Kastelruther Spatzen oder Wolfgang Petry kam für ihn leider nicht infrage. Dann lieber gar nichts. Bei Beate hatte er bereits angerufen. Nur die Mailbox. Er hätte gerne »Ich liebe dich« gesagt, hatte sich dann aber doch nicht getraut. Warum eigentlich nicht? Nein, diese Worte mussten persönlich ausgetauscht werden. Er ging ins Wohnzimmer, legte sich aufs Sofa und hörte wieder ein Gurgeln und ein zischendes Geräusch wie ein verdruckster Furz. Ihm fiel ein, dass Radio ja auch eine Option war. Er musste lange kurbeln, bis er einen Sender fand, der halbwegs erträgliche Musik spielte – Cat Stevens. *Father & Son.* Besser als gar nichts.

AC/DC

Musik, manchmal lebensrettend. Die Erfahrung machte Zankl gerade. Conny hatte hormonell eine ganz schwierige Phase, und Clarissa schrie fortwährend wie am Spieß. Zweimal Elend. Nachdem Conny die Wohnung verlassen hatte – Rückbildungsgymnastik, Gestresste-Mütter-Stammtisch oder irgendeine andere Fluchtoption –, wurde Clarissas Geschrei noch schlimmer. Nicht lautstärkemäßig, aber in der Intensität. Bildeten sich schon Risse in den Wänden? Nein, aber durch seine Seele ging ihr Wehklagen wie die Stahlsaiten eines Eierschneiders durch ein gekochtes Ei. Zankl setzte sich den Funkkopfhörer auf und drehte AC/DC laut, um Clarissa zu übertönen. Er ging stampfenden Schrittes mit ihr in der Wohnung auf und ab. Hospitalismus. Clarissa beruhigte sich nicht, selbst durch die Gitarrenriffs von *Hell's Bells* war ihr hochfrequentes Greinen noch zu hören. Zankl konzentrierte sich auf AC/DC. Er erschrak höllisch, als plötzlich Hausmeister Ölec in seiner Wohnung stand. Zankl nahm den Kopfhörer ab und bemerkte, dass die Musik keinen Deut leiser wurde, im Gegenteil – sie hallte in Mörderlautstärke durch die Wohnung. Peinlich berührt sprang Zankl zur Anlage und schaltete sie aus.

»Laute Musik nicht gut für Babys«, sagte Ölec.

Zankl nickte müde und wunderte sich über den ausbleibenden Protest von Clarissa. Sie schlief tief und fest auf seinem Arm. Mit der gütigsten Miene der Welt sah Zankl auf ihre geschlossenen Augen und ihr zufriedenes Lächeln. »Mein kleiner Engel.«

UNENTWEGT

Hochnebel. Morgenstille. Hummel hatte bereits einen Spaziergang hinter sich. Über das Kopfsteinpflaster der Passauer Gassen, durch den Schatten des mächtigen Doms zum Residenzplatz, wo er eine kleine Bäckerei gefunden hatte, aus der es verführerisch duftete. Er hatte sich zwei Rosensemmeln gekauft, kleines, rundes Backwerk mit aufgerissener Kruste. Und ein Croissant, das er sogleich vor der Bäckerei verzehrte. Im Rücken die süße Abluft aus der Backstube, von vorne die sanfte Kühle des Morgens, oben bahnte sich die Sonne ihren Weg durch den flaumigen Dunst. Er spazierte durch die Gassen und fand hinter dem Dom einen schmalen Durchstieg, eine Gasse, an deren Ende sich ein großartiger Ausblick auf die Innseite der Stadt eröffnete. Die Anhöhen über dem Fluss, dort musste Österreich sein. So hatte Dosi es ihm erzählt. ›Schon schön‹, dachte er. Gut gelaunt ging er zurück in Trudis Wohnung.

In der Küche brühte er sich aus Trudis Beständen Kaffee auf und entdeckte in einem der Küchenschränke ganze Bataillone von Einmachgläsern mit Marmelade. Er entschied sich für Brombeer. Butter gab's nicht. Was wurscht war, denn die Marmelade auf den frischen Semmeln war köstlich. Der *Aldi*-Kaffee weniger, aber man konnte nicht alles haben. Dann breitete er auf dem Küchentisch die fünf Postkarten aus, die er am Residenzplatz in einem bereits geöffneten Andenkenladen gekauft hatte. Verschiedene Stadtansichten. Eine Karte zeigte ein historisches Bild mit Fischern vor der Ortspitze. Dass man die schlanken Boote »Zillen« nannte, entnahm er der Rückseite der Karte. 1907. So anders sah die Stadt da gar nicht aus. Er holte seinen Füller heraus. Den hatte er extra eingesteckt, um seiner Geliebten möglichst stilvoll zu schreiben. Kuli konnte ja jeder.

Liebe Beate,
ich sitze in meiner romantisch-gemütlichen Altbauwohnung mitten im mittelalterlichen Gassengewirr Passaus. Du fehlst mir so sehr! Leider erfordern Dosis Schicksalsschläge meine Anwesenheit hier, aber ich werde die Zeit nutzen, um unentwegt an dich zu denken. Vielleicht kann ich dir hier sogar im Geiste näher sein als im hektischen München.
Dein dich immer liebender Klaus

Das war reichlich fett. Aber es kam ja von Herzen. Er klebte eine Marke drauf und versah auch die anderen Karten mit Marken. Allzeit bereit. Jeden Tag würde er Beate jetzt eine romantische Karte schreiben. Jeden. Fünf Karten hatte er. Länger als fünf Tage würde die Aktion hier ja sicher nicht dauern.

HINSETZEN

Dosi war nicht ganz so gut gelaunt. Sie war ja kooperativ und hatte morgens gleich die Polizeidienststelle in der Nibelungenstraße aufgesucht. Um ihren guten Willen zu zeigen und sich nach dem Stand der Ermittlungen zu erkundigen, soweit man ihr Auskunft gab. Nichts Neues von Eric. Die Untersuchung ihres Autos hatte ein Fülle von Spuren ergeben: Laub, Waldboden, Kuhdung, Flusssand. Sie wusste immer noch nicht, wo sie nach dem Streit mit Eric noch gewesen war. Sie konnte sich einfach nicht an ihren Heimweg erinnern, auch wenn sie sich erst hinterher die Lichter mit der Schnapsflasche ausgeschossen hatte. Verdammter Blutwurz! Aber eins war klar: Eric musste her! Tot oder lebendig. Letzteres natürlich. Alles andere wäre ungut. Für Eric und für sie.

Es war Viertel nach zehn, als Dosi bei Hummel klingelte. Hummel schrak vom Sofa hoch, er war gerade noch mal in romantische Tagträume abgetaucht. Er brauchte einen Moment, um zu realisieren, wo er war. Passau, nicht Haidhausen.

»Bist du ausgehfertig?«, fragte Dosi, als er die Tür öffnete.

»Darf ich noch aufs Klo gehen?«

»Aber hinsetzen, gell!«

155

»Sowieso.«

Als Hummel vom Klo kam, legte er das Schulterhalfter an.

Dosi schüttelte den Kopf. »Des brauchst du hier ned.«

»Ich geh nie ohne, wenn ich im Dienst bin.«

»Du bist nicht im Dienst. Lass die Waffe da, sonst kriegen wir noch Stress.«

Dosi nahm die Pistole und legte sie in die Besteckschublade des Küchentischs.

»Wo geht's denn hin?«, fragte Hummel.

»Zum Aschenbrenner. Dem Chef von Eric. Ist gleich am Domplatz.«

GOTTES STIMME

Das Antiquitätengeschäft Aschenbrenner lag im westlichsten Winkel des Platzes. Die Vormittagssonne knallte erbarmungslos auf die Hausfront. Aschenbrenner schützte seine Auslagen mit einer altmodischen gelborangen Schutzfolie, die an die Klebestreifen erinnerte, die man zum Fliegenfangen benutzt. Auf dem Parkplatz vor dem Antiquitätengeschäft stand ein weißer Mercedes Vito mit Passauer-Land-Nummer. Hummel zuckte die Achseln. Dosi machte mit dem Handy ein Foto von Wagen und Nummernschild.

Beim Öffnen der mit reichen Schnitzarbeiten verzierten Holztür des Antiquitätenladens erzitterte die eingelassene Butzenscheibe mit sanftem Klirren, gefolgt vom Klang eines hellen Glöckchens, das bei Hummel frühkindliche Weihnachtserinnerungen hervorrief. Das Ladeninnere sah tatsächlich nach Bescherung aus. Im Halbdunkeln funkelten Jugendstillampen, mit Klavierlack veredelte Beistelltischchen und speckige Barockputti. Eine Wunderkammer voll geschliffenem Glas und altem Schmuck. Von irgendwo ganz hinten im Laden erklang die Stimme Gottes: »I kim glei.« Aschenbrenner ließ sich Zeit. Hummel und Dosi betrachteten derweil kitschige Bilder in monströs verschnörkelten Rahmen, die eigentümlichen Glasschalen und -kugeln in leuchtenden Farben, deren Alter sie nicht einmal ansatzweise zu schätzen vermochten, die aber sicher aus den Tiefen des Bayerischen Waldes stammten.

Auftritt Aschenbrenner. Er trug über Jeans und kariertem Hemd einen grauen Arbeitskittel. Vollbart, strubbelige graue Haare, buschige Augenbrauen. Er mochte wohl um die sechzig sein.

Der Ersatz-Meister-Eder sah mit strengen Augen über den Rand der Brille, die ganz vorne auf seiner Nasenspitze saß. »Suchen Sie was Bestimmtes?«

Dosi nickte. »Ja, Eric Krämer.«

»So?«

›Polizei‹, wollte Hummel schon sagen, aber Dosi stieß ihm in die Rippen.

»Ich bin seine Exfrau«, erklärte Dosi.

Aschenbrenner musterte sie von Kopf bis Fuß, kratzte sich am Bart und sagte: »Die Polizei war schon da. Ich weiß nicht, wo er ist.«

Dosi nickte. »Die Polizei glaubt, dass ich etwas mit Erics Verschwinden zu tun habe. Hab ich aber nicht. Ich glaube, da steckt was anderes dahinter. Hatte er Probleme?«

Aschenbrenner überlegte noch, ob er ihr trauen sollte. »Hätten Sie denn einen Grund, ihn aus dem Weg zu räumen?«

Dosi lachte auf. »Einen? Tausende! Er ist ein Schuft, ein Angeber, ein Weiberheld.«

»Und ein Spitzenverkäufer«, ergänzte Aschenbrenner.

»Ist er das?«

»Das ist er. Er schwatzt den Bauern auf dem Land wirklich alles ab. Hier, sehen 'S den Schrank?« Er zeigte ihnen einen wirklich schönen Bauernschrank. »Mitte 18. Jahrhundert. Wissen Sie, was er bezahlt hat? 500 Euro! Wahnsinnig günstig! Einen ganzen Nachmittag hat er an den Bauern hingeredet.«

Dosi nickte. »Ja, das ist Eric, der Maustotschmatzer.«

Aschenbrenner musste grinsen. »Und verkauft wird der Schrank für …« Jetzt stockte er.

»Für a bisserl mehr«, sagte Dosi und lächelte.

»Ja, wir ham schon noch was dran machen müssen. Abbeizen, einölen … Ja, Eric – wie kann ich Ihnen helfen?«

»Ich weiß es selbst noch nicht. War er komisch in letzter Zeit, hatte er irgendwelche Sachen am Laufen?«

»Wie meinen Sie das?«

»Hehlerware.«

»Jetzt reicht's aber.« Er deutete zur Tür.

»Nicht Sie. Er. Und nicht vorsätzlich. Der Eric ist doch immer so a bisserl larifari. Nimmt mit, was geht. Also, was er glaubt, dass geht.« Dosi dachte an die Geschichte mit den zwanzig originalen *Rolex*. Die er gutgläubig als Schnäppchen gekauft hatte und in Österreich mit Riesenprofit verchecken wollte. Die Schleierfahnder vom Zoll hatten ihn gleich aus dem Zug rausgezogen. Und herzhaft gelacht über die schlechten Fälschungen. »Rolecks« hatte auf dem Ziffernblatt gestanden. Heute kannte er sich aber offenbar besser mit Wertgegenständen aus. »Also«, nahm sie den Faden wieder auf, »hatte er irgendwelche Probleme, Ärger? Hat er irgendwas Komisches hier angeschleppt?«

»Des is a ordentliches Gschäft.«

»Und wenn's nicht so wär, würd ich es nicht weiter-
erzählen. Also?«

SO A HITZ

Hubsi bog auf den Domplatz ein. Das grelle Mittagslicht
blendete ihn. Er hielt sich die Hand schützend vor die
Augen. In seiner Malerhose steckten ein breiter Pinsel und
ein Zollstock. Aus der Brusttasche der verfleckten weißen
Malerjacke zog er eine Schachtel *Camel* und schnippte
sich eine Filterlose zwischen die Lippen. Hubsi wischte
sich den Schweiß von der Stirn. »Zefix, is des a Hitz!« Sein
Blick wanderte über den Domplatz. Dann sah er den weißen Vito. »Mei, der Depp. In der pralln Sonn!«

HOLZHAMMER

Als sich die Ladentür mit einem weiteren Klirren des
Butzenglases und einem unfreundlichen Klicken hinter
ihnen schloss, standen Dosi und Hummel in der gleißen-
den Sonne. Die frisch sanierte Fassade des Doms blendete.
Hummel kniff die Augen zusammen. »Du immer, Miss
Holzhammer.«

»Ach komm, so ein arroganter Depp! Von wegen: ›Des
is a ordentliches Gschäft.‹ Und ich bin die Heidi Klum,
und du bist der Seal oder ihr Neuer oder der Dieter Boh-
len oder...«

»Aus, Dosi!«, stoppte Hummel ihren Redefluss.

»Ja, ja.«

»Was mach ma jetzt?«

»Wir schaun uns den Wagen und den Herrn da an.«
Dosi deutete zu dem Vito.

Hubsi hatte gerade festgestellt, dass niemand im Auto saß und die Tür abgesperrt war. Er sah zu den öffentlichen Toiletten hinüber und fluchte leise. Dann kramte er in der Hosentasche und förderte einen Schlüssel zutage. Steckte ihn ins Schloss. Der Schlüssel hakte.

»Was machen Sie denn da?«, fragte Hummel. Hinter ihm Dosi. Hubsi nackelte unbeeindruckt weiter. »Also?«, fragte Hummel noch mal.

»Schleich di!«

»Polizei!«, sagte Hummel und zückte seine Dienstmarke.

Jetzt drehte sich Hubsi um und sah ihn und Dosi erstaunt an. »Äh, des is mei Auto, also des von meim Spezl. I bin Maler und …«

»Papiere!«

Jetzt sah Hubsi doch sehr verdattert aus.

»Wird's bald?!«

»Klaus!« Dosi zog Hummel zur Seite hinter den Wagen und deutete zum Dom. Dort kam gerade Patzer heraus. An seiner Seite ein Geistlicher, der zum Abschied Patzers rechte Hand in beide Hände nahm und ihn dann mit einer lässigen Handbewegung segnete. *Gott mit dir, du armer Sünder.*

»Hat ja interessante Freunde hier«, sagte Hummel.

»Ich hab ihn schon vor ein paar Tagen gesehen.«

»Warum hast du das nicht gesagt?«

»Hab ich in dem Trubel vergessen.«

»Und was macht der hier?«

»Geschäfte? Ist ja aus der Gegend. Aus Pocking.«

»Klingt wie 'ne Krankheit.«

»Ein Ort im Rottal.«

»Und, was macht er hier?«, fragte Hummel.

»In München hat er sich mit einem Passauer Bauunternehmer getroffen. Die drehen irgendein Ding. Angeblich soll hier der *Grenzlandpark* entstehen, Erlebnistourismus. Vielleicht hat er damit was zu tun.«

Patzer steuerte forschen Schritts auf den Antiquitätenladen zu.

»Jetzt schlägt's aber dreizehn«, meinte Dosi, als Patzer in dem Laden verschwand.

Als Hummel jetzt wieder der Vito-Mann einfiel, war der natürlich weg. Leicht genervt zündete er sich eine Zigarette an.

STAMPFING

»Mei, du bist so a Hirndübl!«

»Du hast gsagt, am Domplatz!«

»Residenzplatz, Hubsi. Residenzplatz! Andere Seite. Und, was wollte der Bulle?«

»Ich weiß es nicht.«

»Meinst du, die wissen was?«

»Ach Schmarrn, woher denn?«

Toni ließ den Wagen an, und sie rumpelten über das Kopfsteinpflaster zum Rathausplatz hinunter an die Donau.

»Um vier muss ich wieder auf der Baustell sein!«

»Des schaff ma, Hubsi.«

Sie fuhren in Richtung Schanzlbrücke.

Hubsi schüttelte den Kopf. »Der Sepp, mei, wie kann man so blöd sein?«

»Hey, des kann jedem passiern. Hier, magst a Bier?«

Toni fischte zwischen den Sitzen zwei Flaschen Bier

heraus und reichte sie Hubsi. Dieser öffnete sie per Zollstock und gab Sepp eine Flasche. »Wo müss ma hi?«

»Stampfing.«

»Wo isn des?«

»Bei Otterskirchen.«

»Otterswas?«

»Kirchen. Kurz vor Vilshofen rechts den Berg hoch.«

»Aha. Und was ist sein Problem?«

»Ich weiß es nicht. Außer, dass es pressiert.«

»Wenn des jetzt wieder irgendein Schmarrn is …«

»Wie du besoffen in die Ilz gefahrn bist, hamma dich auch wieder nausgholt.«

Hubsi nickte nachdenklich und grinste. »Dem Huber sein Auto. War nix kaputt. Bloß a bisserl nass. Woaßt no, wie ma die Sitze gföhnt ham?«

Sie lachten beide herzlich und gurgelten das Bier runter. Toni griff zwischen die Sitze und holte noch zwei Flaschen hervor. Übergabe. Öffnen. Prost. Bestens eingespielt.

»Nur des mit der Lüftung war a bisserl blöd«, sagte Hubsi und lachte wieder.

»Was war mit der Lüftung?«

»Wie i so drinhäng im Auto, war mir so was von schlecht, und dann hab i aufs Armaturenbrett gspien.«

»Ja, und?«

»Na des meiste ist in die Lüftung …«

Toni haute vor Vergnügen auf das Lenkrad. »Als wenn's gestern gewesen wär. Eine brutale Sommerhitz. Der Gruber dreht die Klimaanlage voll auf in seinem Variant, und auf einmal riachts so komisch …«

Erneut ausgelassenes Schenkelschlagen allerseits.

162

RUSTIKALE ELEGANZ

Patzer verließ den Laden und ging zielstrebig den Platz in Richtung Landratsamt hoch. Jetzt sahen sie den schwarzen Aston Martin, der dort im Schatten parkte. Das heisere Brüllen des Sportwagens hallte über den Domplatz.

Dosi stürmte in den Laden und blaffte Aschenbrenner an: »Was wollte Patzer bei Ihnen?!«

Aschenbrenner ließ sich nicht aus der Ruhe bringen. »Ich wüsste nicht, was Sie das anginge.«

Hummel wurde jetzt offiziell und zeigte seine Dienstmarke.

»Öha«, sagte Aschenbrenner.

»Öha«, bestätigte Hummel. »Der Herr von eben, Dr. Patzer, ist der Kunde bei Ihnen?«

»Nein. Noch nicht.«

»Was wollte er? Kaufen oder verkaufen?«

»Kaufen.«

»Was?«

»Altes Holz.« Als er die verständnislosen Gesichter sah, ergänzte er: »Von alten Scheunen und Bauernhöfen. Für Inneneinrichtungen von Restaurants und solche Sachen. Rustikale Eleganz. Gelebte Authizität.«

»Aha, Authizität. Wir kennen Dr. Patzer aus München. Ist das nicht ungewöhnlich – ein Münchner kauft hier bei Ihnen in Niederbayern ein?«

»Wenn Sie wüssten, wie viele Kunden ich aus München hab.«

»Kennen Sie Bruder Wolfgang?«, fragte Dosi.

»Hirtlmeier«, ergänzte Hummel. »Oder Schirneck.«

Dosi zeigte ihm das Bild auf dem Handy. Aschenbrenner sah es kurz an und schüttelte dann den Kopf.

»Handeln Sie eigentlich auch mit Sakralkunst?«, fragte Hummel.

»Des kommt jetzt drauf an, was Sie meinen.«

»Hehlerware.«

»Bei Antiquitäten kann man sich hinsichtlich einer rechtmäßigen Herkunft nie ganz sicher sein. Ich bemühe mich natürlich immer im Sinne einer ...«

»Jetzt ist aber Schluss!«, sagte Hummel scharf. »Wir wollen wissen, ob Eric irgendwelche krummen Dinger gedreht hat. Wissen Sie was?«

»Nein. Sagte ich bereits.«

Hummel nickte nachdenklich.

»Der Typ lügt wie gedruckt«, sagte Hummel, als sie den Laden verlassen hatten.

Dosi nickte. »Eric hat was mit gestohlenen Antiquitäten zu tun. Und dann Stress mit Komplizen bekommen. Den Aschenbrenner knöpfen wir uns noch mal vor. Später.«

»Was machen wir jetzt?«, fragte Hummel.

Dosi druckste rum. »Ich, äh, ich würde gerne etwas überprüfen. Also, ich hab ja keine Erinnerung mehr an den Abend, also fast keine. Aber ich weiß, dass ich am Heimweg noch an den Inn gefahren bin.«

»Um was zu tun?«

»Wahrscheinlich um nachzudenken. Oder ...«

»Um Eric ins Wasser zu schmeißen?«

Sie sah ihn direkt an. »Ich weiß nur, dass ich dort am Wasser gesessen bin.«

»Dann schauen wir uns da doch mal um.«

»Glaubst du, dass ich ...?«

»Nein, glaub ich nicht. Aber ich glaub, dass du von dem schlechten Trip runterkommen musst. Du hast ihn nicht umgebracht und auch nicht ins Wasser geschmissen. Wir fahren hin. Vielleicht kommt dann auch deine Erinnerung zurück.«

»Danke.«

»Wofür?«

»Dass du mir hilfst.«

»Ehrensache.«

»Die Münchner könnten dich auch gut brauchen.«

»Ach, die schaffen das auch so.«

SUPER-NANNY

Gesine betrat das Büro. Gellendes Babygeschrei. Zankl hatte Clarissa auf dem Arm und versuchte sie zu beruhigen. Vergeblich. »Gib mal her! Na, komm, gib sie mir!« Clarissa stellte sofort das Greinen ein und sah Gesine neugierig an. Dann schmatzte sie laut. »Gibt's bei mir nicht, Süße«, sagte Gesine und hielt sie ganz ruhig. Clarissa sah sie immer noch interessiert an.

»Warum klappt das bei dir?«, fragte Zankl.

»Erfahrene Tante.«

»Super. Ich bin kein erfahrener Vater.«

»Kommt schon noch. Wo ist Conny?«

»Musste zum Arzt, da hat sie Clarissa hier vorbeigebracht.«

»Hast du den Wagen dabei?«

»Nein, ich bin zu Fuß.«

»Den Kinderwagen.«

»Ach so. Ja, steht unten. Bei Wallicek an der Pforte.«

»Dann mach ich Mittag mit ihr. Ich dreh eine Runde durch den Alten Botanischen Garten. Wenn das okay für dich ist.«

»Das ist sehr okay.«

Als Gesine zur Tür raus war, rieb sich Zankl die Augen. Gesine? Für ihn der Prototyp eines Singles. Und jetzt plötzlich Super-Nanny. Er hatte echt keine Ahnung von Frauen.

BRÜLLER

»Des schaugt ned guat aus«, sagte Toni, als er den Leichenwagen im Straßengraben in dem Waldstück kurz hinter Stampfing sah. Das Heck stand aufreizend in die Höhe. Sepp saß auf einem Baumstumpf und rauchte. Er trug seine graue Dienstkluft, den Betroffenheitsanzug.

»Trauerhilfe Miller ist der letzte Brüller«, begrüßte ihn Toni.

»Macht euch nur lustig. Ich hab echt ein Problem.«

»Des schaugt ned guat aus«, lautete Hubsis verspätetes Echo. »Soll ma dich rausziehn?«

Sepp schüttelte den Kopf und deutete nach vorne. Der rechte Vorderreifen stand in einem ungesunden Winkel zum Kotflügel.

»Heinrich, der Wagen bricht«, sagte Toni ehrfürchtig.

»Der Miller bringt dich um«, sagte Hubsi. »Du weißt ja, wie der mit seine Autos is.«

»Ihr seid's echt eine Hilfe.«

Hubsi zuckte mit den Schultern. »Ich wollt's ja bloß gsagt ham. Was mach ma?«

»Mein Problem ist nicht der Wagen.«

Sie sahen ihn erstaunt an.

»Des kann mir der Kapfhammer richten. Der Miller merkt des gar ned.«

Er sah auf die Uhr und zeigte auf den Wagen. »Aber der

Herr dahinten drin muss in zwei Stunden auf dem Innstadt-Friedhof sein.«

Toni grinste. »Und wir bringen ihn hin?«

»Genau.«

»Und was sagen die, wenn wir da mit dem Malerwagen ankommen und hinten den Sarg rausziehen?«

»Nix. Ich kenn die Jungs vom Friedhof. Ich sag denen Bescheid. Ihr ladet im Hof aus und haut wieder ab. Den Rest erledigen die.«

»Wenn du meinst.«

Sepp öffnete die Heckklappe des Leichenwagens. Sie konnten den schweren Sarg nur unter großer Anstrengung von der Ladefläche ziehen. Er krachte ziemlich unsanft auf den Asphalt. »Eiche massiv. Modell *Friedrich der Große*. Mit handgeschmiedeten Beschlägen *Eternity de luxe*. Das Teuerste, was wir haben.«

»Und wer kriegt so was?«

»Der Dillinger.«

»Der Stadtrat?«

»Genau der.«

»Der fette Dillinger. Was macht der hier draußen?«

»Ruhesitz.«

»Na, jetzt liegt er.«

Ächzend schleiften die drei den schweren Sarg zum Vito.

Als der Sarg endlich im Laderaum war, setzten sie sich auf die Stoßstange und zündeten sich Zigaretten an.

Sepp sah nervös auf die Uhr.

»So viel Zeit muss sein«, meinte Toni.

ZITRONENBONBON

Die Werbebotschaft an den Türen des alten Kombis gefiel Hummel: *Roßmeier's Metzgerei – das Beste vom Pferd.* Sie fuhren den Inn entlang bis zu Dosis alter Schule, dem Adalbert-Stifter-Gymnasium. Hinter dem Schulgebäude bogen sie in einen ungeteerten Weg ein, der zu einer kleinen Wendeplatte führte. Dort zweigte der Fußweg ans Innufer ab. Unterhalb der vom letzten Hochwasser ausgefressenen Böschung erstreckten sich die Flussauen. Momentan Niedrigwasser. Der Inn hatte sich weit zurückgezogen.

»So einfach schmeißt du hier keinen ins Wasser«, urteilte Hummel.

Dosi nickte, studierte aber trotzdem genau den grauen Flusssand. Um was zu sehen? *Deine Spuren im Sand, die ich gestern noch fand...* Der Sand sah jungfräulich aus, denn es hatte in der Nacht ausdauernd geregnet.

Sie gingen bis ans Wasser und setzten sich auf einen flachen Felsen.

»Und?«, fragte Hummel, nachdem er sich eine Zigarette angezündet hatte. »Kommt die Erinnerung zurück?«

Dosi schüttelte den Kopf und musste plötzlich lächeln. »Hier am Inn hatte ich mein erstes Rendezvous. Mit Peter. Ein wahnsinniges Gestoppel. Irgendwann haben wir uns dann doch geküsst. Er schmeckte nach Zitronenbonbon. Ich war in der sechsten Klasse. Peter war in der fünften. Ich stand schon damals auf jüngere Männer.«

Hummel rauchte, sah aufs Wasser. Dann schnippte er seinen Zigarettenstummel in den Fluss.

»Hatte Eric Freunde?«

»Ich weiß es nicht.«

»Was ist mit der Frau, die bei ihm wohnt?«

»Mit Rosi red ich kein Wort!«
»Aber ich. Weißt du, wo sie arbeitet?«

MEIN HIRN IST KLEIN

Toni und Hubsi sahen Sepp und den lädierten Leichenwagen im Rückspiegel verschwinden.
»Sachen macht der Sepp«, sagte Toni.
»Also, des meine is des ned«, meinte Hubsi. »Des is ja
Knochenjob. Die Särge umananderheben.«
Zügig fuhren sie die kurvige Straße hinab. Hubsi stellte
das Radio an und suchte einen Sender. Plötzlich dröhnte
ein schweres Gitarrenriff aus den Boxen. »Rinnstein!«,
jubelte Hubsi und drehte richtig laut auf. Sie sahen sich
beide mit wippenden Köpfen an und zeigten die Teufels-
finger. Blindes Einverständnis.

Herzilein, mein Hirn ist klein
Hab ich es satt, mach ich dich platt
Hol dich aus der Tasche – meine Ninanuckel-
flasche
Mit einem Schluck geht's gluckgluckgluck
Herzilein, mein Hirn ist klein
Ich trink kein Wein, ich trinke Bier
Erst eins, dann zwei, dann drei, dann vier
Gleich jetzt und hier
Herzilein, mein Hirn ist klein
Mein Herz ist Stein, ich trink kein Wein
Ich trinke Bier, gleich jetzt und hier!

»Scheiße!«, rief Hubsi, als er den Trecker sah.
Toni riss im letzten Moment das Lenkrad nach links,

und sie überholten den Trecker. »Ois easy«, sagte Toni entspannt.

»Wenn da oana auf der Gegenspur gwesen wär!«

Rasant ging es in die nächste Kurve. Hubsi lachte wieder und griff zwischen die Sitze. Vergeblich. »Samma scho leer?«, fragte er.

»Na. Wart!« Toni rutschte ein Stück runter, die Augen immer auf der Straße, und fischte unter dem Sitz nach weiteren Flaschen. Jetzt fand er eine und reichte sie Hubsi. Bei der zweiten machte er einen gefährlichen Schlenker. Das tat der guten Stimmung keinen Abbruch. Sie prosteten sich zu, und Toni gab noch ein bisschen mehr Gas. Vor der letzten Kurve spürten es beide. Sie waren definitiv zu schnell. Toni stieg in die Eisen, das ABS pumpte, Hubsi stützte sich am Armaturenbrett ab. Alles perfekt, gut runtergebremst, Schrittgeschwindigkeit, doch dann kam ein Ölfleck. Und der brachte die Räder trotz ABS zum Schleudern. Der Wagen drehte sich in Zeitlupe um die eigene Achse. Genug Schwung, um den schweren Sarg in Bewegung zu setzen. Lässig stieß er die Hecktür wie eine Saloontür auf und glitt auf die Straße. Funken stoben von den handgeschmiedeten Beschlägen *Eternity de luxe*.

Toni und Hubsi sahen dem Sarg mit großen Augen hinterher. Im Rückspiegel.

Toni fand als erster Worte. »Du Depp, warum machst du die Tür nicht gscheid zu!«

Sie stiegen aus und besahen sich das Malheur. Der Metallriegel des Hecktürschlosses war stark verbogen. »Tja, koa Chance gegen *Friedrich den Großen*«, stellte Toni fest. »Hätte ma den Fritz mal lieber angschnallt.«

ZIELSICHER

So schnell hatte sich der fette Dillinger die ganzen letzten Jahre nicht mehr unmotorisiert bewegt. Mit über dreißig Stundenkilometern raste er jetzt in edles Eichenholz gepackt die steile Bergstraße hinab in Richtung Donau. *Powered by Schwerkraft.* Die handgeschmiedeten Eisenbeschläge sorgten für geringen Widerstand und immer mehr Speed auf der gut geteerten Straße. Zweiundvierzig Stundenkilometer. Wiesen, Kühe, Bäume, einsame Gehöfte flogen vorbei, mit einem jähen Kreischen schmiegte sich der Sarg jetzt in einer lang gezogenen Linkskurve an die Leitplanke. Auch hier machte er dank *Eternity de luxe* eine gute Figur. Spektakulär sprühten die Funken. Nun noch der große Endspurt. Achtzehn Prozent Gefälle. Die letzte Kurve vor der Abzweigung. Dreißig-Grad-Kurve links. Keine Leitplanke. Schwupps!

Dillinger hob ab. So viel Leichtigkeit war selten. Die Kühe auf der Weide sahen erstaunt nach oben, die Vögel bekundeten Interesse auf Augenhöhe, als Dillinger alias *Friedrich der Große* über die Wiese zischte und zielsicher die Donau ansteuerte.

Batschhh.

Taufe. Neubeginn. Der Fluss des Lebens.

ERDIGER TON

»Suchen Sie etwas Bestimmtes?«

Hummel hatte die hochhackigen Pumps in *Rosi's Boutique* studiert und wollte gerade zu einem Ständer mit Seidenschals übergehen. »Die sind toll!«, sagte er.

»Direktimport aus Mailand. *Peloni.*«

»Aha. Und die Schals?«

»Handarbeit aus Sardinien.«

»Wunderbar.«

»Für Ihre Frau?«

Hummel nickte und sah die Boutiquenbesitzerin genauer an. *Wow!* Lange braune Haare und dunkle Augen. Eric hatte zweifellos Geschmack. »Meine Frau ist blond. Passt der zu ihr?« Er hielt einen roten Schal hoch.

»Nein, da würde ich einen erdigen Ton wählen.« Sie gab ihm einen sandfarbenen Schal mit abstrakten Wellenmustern.

Hummel nickte. »Den nehm ich.«

»Sie sind nicht von hier?«

»Nein, aus München. Urlaub. Mein alter Spezl Eric hat mir Ihren Laden empfohlen.«

Sie erstarrte.

Hummel setzte seinen Frauenversteherblick auf. »Ist Ihnen nicht gut?«

Sie sah ihn an. »W... wie heißen Sie denn?«

»Wolfgang. Wolfgang Hirtlmeier.«

Sie schüttelte den Kopf.

»Ich sollte etwas abholen bei ihm.« Diese Worte sagte er mit einer gewissen Dringlichkeit.

Sie sah ihn kalt an. »Mit seinen Antiquitätengeschichten habe ich nichts am Hut. Kaufen wollen Sie ja offenbar nichts. Wiederschaun!«

Hummel machte sich gar nicht die Mühe, den Empörten zu geben, und zog Leine. Schade, der Schal hätte Beate gut gestanden. Tja.

Er traf Dosi in der Fußgängerzone. Sie schleckte ein großes Eis. Pistazie und Schokolade.

Hummel begnügte sich mit einer Zigarette. »Volltreffer. Der hatte auch privat irgendwelche Geschäfte am Laufen.«

»Mal sehen, was der Aschenbrenner dazu sagt.«

»Aber wir müssen ein bisschen aufpassen. Wenn die Passauer Kollegen mitkriegen, dass wir in ihrem Revier wildern… Haben die in München schon ein Bild von der Frau in der Wanne?«

»Ich muss Zankl nachher eh noch anrufen.«

Dosis Schokoeiskugel plumpste aufs Pflaster. »Na super.«

»Scherben bringen Glück.«

»Hä?«

WAS PERSÖNLICHES

»Mader, haben Sie sich das jetzt eigentlich überlegt mit Regensburg?«, fragte Dr. Günther.

»Hm.«

»Ich verstehe Sie nicht. Position, Geld – ist doch ein Riesenkarriereschritt!«

»Zu viele Erinnerungen.«

»Bitte?«

»Ich will nicht darüber sprechen.«

»Also nein?«

»Eher nein.«

»Sie machen mir Spaß. Ich frag sie in zwei Wochen noch mal.«

»Tun Sie das.« Er wandte sich zum Gehen.

»Mader?«

»Ja?«

»Wegen dieser Geschichte in der Kardinal-Faulhaber-Straße. Ich will Ihnen da nicht reinreden… Aber seien

Sie diskret. Die Herren von der Kirche haben bereits schlechte Presse. Die Kirche und die beiden Bietergruppen sind nicht daran interessiert, dass das mit dem toten Bruder breitgetreten wird.«

»Breittreten ist eine schöne Umschreibung dafür.« Günther sinnierte kurz über seine gelungene Wortwahl, lächelte. »Sie wissen, was ich meine.«

»Keine Sorge, ich will die Preise nicht verderben.«

»Man muss das in einem größeren Kontext sehen. Die Kirche hat ja über die Vermittlung christlicher Werte hinaus auch den Auftrag von Tradition und Werterhaltung. Es geht um ein Stück echtes München, um den Fortbestand authentischer Bausubstanz in zeitgemäßer Nutzung.«

›Architektur der Nächstenliebe‹, dachte Mader eingedenk Dosis Bericht über das Gespräch mit Bruder Johannes. Aber er sagte ganz schlicht: »Natürlich. Seien Sie sich unserer ganzen Diskretion versichert.«

»Wunderbar. Wir verstehen uns. Halten Sie sich bitte bei dem Pressetermin nachher zurück. Und bitte denken Sie über das Angebot mit Regensburg nach. So eine Gelegenheit kommt nicht zweimal. Ewig können wir das nicht hinauszögern.«

Mader war genervt, als er Günthers Büro verließ. Weniger wegen der Mahnung zur Diskretion. Das war inzwischen Standard. Ihn ärgerte, dass Günther ihn immer noch loswerden wollte. Momentan hatten sie doch kaum Berührungspunkte. Oder wollte der ihm tatsächlich etwas Gutes tun? Mader selbst war Karriere so was von wurscht. Er hatte sich ganz gut eingerichtet in seinem Leben zwischen Neuperlach und Präsidium. Mit Bajazzo, mit seiner Fernbeziehung zu Catherine Deneuve, mit seinen Leuten. Nein, wenn er im Moment eins nicht brauchte, dann Veränderung. Jedenfalls keine grundlegende. Er ging in sein Büro, setzte sich an seinen Schreibtisch und kritzelte nachdenklich mit dem Kuli auf einem Notizzettel herum. Bajazzo rieb sich an seinen Beinen. Er holte einen Brühwürfel aus der Jackentasche und teilte ihn mit Bajazzo. Salz des Lebens. Regensburg. Seine alte Heimat. Ja, er würde nach Regensburg gehen. Aber nur auf den Friedhof und seine Eltern besuchen. Das hatte er das letzte Mal nicht geschafft.

VENEDIG

Toni und Hubsi starrten aufs Wasser. »Da ist er!«, rief Hubsi.

Toni trat aufs Gas, hielt auf das Gehöft an der Donau zu.

Kurz drauf saßen sie in einer spontan entwendeten Zille. Hubsi ruderte flussaufwärts, Toni suchte das Wasser ab. Er konnte den Sarg nicht sehen. War er abgesoffen? »Scheiß Eiche.«

»Die ham Venedig auf Stempn aus Eiche gebaut«, erklärte Hubsi.

»Und?«

»Nix und. Verrottet nicht. Hab ich mal gehört.«

»Du sollst nicht hören, sondern schauen.«

Hubsi stellte das Rudern ein und drehte sich um. In dem Moment touchierte der Sarg die Zille. Hubsi ging fast über Bord.

»Ich hab ihn!«, rief Toni und hielt den Sarg fest.

»Und wie sollen wir den jetzt ins Boot bringen?«

»Du Depp. Ich halt ihn fest, du ruderst.«

Irgendwann erreichten sie den Hof, wo Hubsi kurz

vorher die Bootskette mit dem Bolzenschneider aus dem Werkzeugkasten des Vito geknackt hatte.

»Heiliger Bimbam«, sagte Toni jetzt.

»Was denn?«

Toni hatte den Sarg im Wasser umgedreht. Richtig rum. Der Deckel stand offen. »Der Dillinger ist weg!« Sie schauten sich an.

»Den krieg ma nimmer«, sagte Toni und schüttelte den Kopf.« Dann musste er herzhaft lachen.

»Was ist daran so komisch?«

»Wir machen den Deckel zu und laden ihn ein.«

»Und die Leiche?«

»Glaubst du, dass jemand den Sarg noch mal aufmacht?«

»Ja, logisch, wenn der aufgebahrt wird.«

»Sonst hätt ma jetzt einfach ein paar Steine neiglegt und zugmacht.«

Hubsi kratzte sich am Kopf. »Komm, des riskier ma jetzt einfach.«

Sie füllten den Sarg mit ein paar von den Hochwassersandsäcken, die bei der Zille unter dem Baum lagen und auf ihren nächsten Einsatz warteten. Dann hoben sie den Sarg auf die Ladefläche.

»Mir san so blöd«, ächzte Toni, als der Sarg aufgeladen war.

»Wieso?«, fragte Hubsi.

»Wir hätten den Sarg erst einladen sollen und dann die Säcke.«

Toni stöhnte kurz und besah sich dann den Sarg. Er nickte zufrieden. »Also, das Modell kann man echt weiterempfehlen. Ein paar Kratzer, sonst tipptopp!« Er holte aus der Werkzeugkiste eine Dose Motoröl, tränkte einen Lappen und warf ihn Hubsi zu. Er selbst nahm auch einen.

Zehn Minuten später glänzte der Sarg taufrisch. Diesmal schnallten sie den Sarg auf der Ladefläche an. Das Radio blieb aus. Und Bier gab es auch keins mehr. Punkt halb vier trafen sie am Friedhof ein. Sie fuhren auf den Hof des Verwaltungsgebäudes. Sepp hatte seine Kollegen schon informiert. Diese fuhren den Rollwagen an die Ladefläche des Vito. Hubsi schnallte den Sarg ab.

»Vorsicht, der ist schwer!«, warnte Toni.

»Mach ma ned zum ersten Mal«, schnarrte einer der Grauen.

»Aufmachen braucht's den ned«, sagte Hubsi.

Toni sah ihn irritiert an.

Hubsi grinste. »Die fette Sau is echt ned schee.«

»Jetzt schleicht's euch. Wenn des oana sieht, dass der Miller seine Leichen jetzt im Malerauto bringt, kann er bald zusperrn.«

Jetzt grinst auch Toni. »Wie gesagt. Hebt's euch keinen Bruch. Und servus!«

HEIMATSCHUTZ

Zankl und Mader hatten ihre Handys dem Anlass entsprechend auf lautlos gestellt. Sie waren im Tagungssaal des kirchlichen Verwaltungsgebäudes in der Kardinal-Faulhaber-Straße, wo eine Presseveranstaltung mit den beiden Architekturentwürfen zur Umgestaltung des Gebäudekomplexes stattfand. Neue Offenheit: Gerade hatte der Stadtbaurat eine launige Rede gehalten, dass München sich glücklich schätzen könne, bei Investoren so begehrt zu sein, dass die Kirche nun die Qual der Wahl habe. Entweder die bayrisch-gediegene Mischung aus Luxushotel und Ärztezentrum oder die italienische aus schi-

ckem Mittelklassehotel und italienischer Gastronomie:
von Espressobar über Pizzeria bis hin zur Edeltrattoria.

Äußerlich unterschieden sich die Architekturmodelle
nicht – es galt ja, die historische Fassade unverändert zu
erhalten. Dr. Steinle als Vorsitzender der Münchner Investorengruppe betonte natürlich mit gewichtigen Argumen-
ten den Heimatschutz beziehungsweise die Wahrung Alt-
münchner Tradition. Dr. Roberto Zignelli hingegen – ein
gut aussehender Italiener um die vierzig – sprach vom italienischen Geist Münchens. Dass München noch schöner
und lebenswerter werde, wenn dort mehr Italien statt-
fände. Schließlich sei es für ihn immer noch ein Kultur-
schock, wenn in dieser wunderbaren Stadt jemand nach
dem Essen einen Cappuccino bestellte und keinen Caffè.
Dieser ironisch-gustiöse Abschluss von Zignellis Rede
wurde allseits mit lebhaftem Applaus bedacht. Wenn
Zankl entscheiden dürfte, würde er die italienische Variante wählen, allein schon wegen des maßgeschneider-
ten Anzugs von Zignelli. Mader zeigte keine Regung. Ihn
interessierte einzig, wie groß die Begehrlichkeiten um die
Immobilie waren, ob diese als Mordmotiv infrage kamen.

Bruder Notkar hatte sie gebeten, »sich ganz im Hintergrund zu halten«. Genau das waren seine Worte gewesen.
Worauf Mader natürlich keine Rücksicht nehmen konnte.
Steinle kannte ihn sowieso, aber er hatte auch registriert,
dass die italienische Delegation nicht ahnungslos war, um
welche beiden Herren es sich da in der letzten Stuhl-
reihe handelte. Mader überlegte. Dass Steinle Unterwelt-
kontakte hatte und im Zweifelsfall seine Interessen knall-
hart durchsetzen würde, das wussten sie. Was aber war
mit den Italienern? Ein paar Italiener machten noch lang
keine Mafia. Wobei – der ganze Alltag bestand aus Klischees und Stereotypen. Sie mussten sich mal über diesen

Zignelli schlau machen. »Es reicht, Zankl«, sagte Mader. »Die Häppchen schenken wir uns. Und, was meinen Sie?« »Ich weiß nicht. Da geht es um so viele Millionen, das ist schon eine Riesenkiste. Aber ob man dafür einen Toten in Kauf nimmt?« »Oder zwei. Vergessen Sie die Leiche seiner Lebensgefährtin nicht. Wer Steinle ist, wissen wir. Überprüfen Sie bitte diesen Zignelli. Ich hör mich hier noch ein bisschen um. Können Sie Bajazzo bei Wallicek abholen?« »Muss ich mit ihm Gassi gehen?« »Das wäre schön.«

FRISCHER WIND

Patzer stand auf der Aussichtsplattform am Thingplatz bei der Veste Oberhaus. Unter ihm lag die Dreiflüssestadt in ihrer ganzen sonnenbeschienenen Schönheit. Die zuckerbunten Altstadthäuser, die weiß-blauen Schiffe am Kai, das italienische Rathaus, das Kloster Mariahilf am Hochufer des Inns, der marode Sommerkeller über der Innstadt-Brauerei, der nur auf den Baubeginn wartete. Schon viel Potenzial. Aber das reichte noch nicht. Der Thingplatz hier oben wäre eine hervorragende Showbühne für Konzerte, Musicals oder Boxkämpfe. Patzer sah sich um – niemand da –, schwang sich über die Brüstung und kletterte auf die Terrasse des ehemaligen Restaurants. Seine Schuhe knirschten auf den vielen Glasscherben. Die meisten der braun getönten Fensterscheiben waren eingeschlagen, die scharfen Reste hingen im Rahmenkitt wie das Gebiss eines Säbelzahntigers.

Vorsichtig stieg er durch eines der zerstörten Panoramafenster. Und war mitten in seiner Kindheit: Schulausflug von Pocking nach Passau. Krönender Abschluss: Spezi und Wiener Würstl im Café *Oberhaus*. Es regnete in Strömen. Trotz Mittagszeit war es wegen der braunen Fensterscheiben fast abenddunkel. Die Siebzigerjahre-Glaskugeln an der Decke waren illuminiert. Eine Schulklasse und ein paar Senioren inmitten einer Landschaft aus schokofarbenem Plüsch, der Duft von Filterkaffee und Würstlwasser. Die Erinnerung war so mächtig, dass Patzer Hunger bekam. Er setzte sich auf einen der staubigen Polsterstühle. Jetzt strahlte die Sonne durch die zerborstenen Fenster, und eine kühle Brise zog herein. Ja, frischer Wind, der fehlte hier, dafür würden jetzt andere sorgen.

Aber wusste die Augustiner-Brauerei wirklich, worauf sie sich einließ hier in Niederbayern? Der Teufel steckt immer im Detail. Er sah zu Maria-Hilf und zum Sommerkeller der Innstadt-Brauerei hinüber. Ob es möglich ist, eine Seilbahn über diese Länge zu bauen? Sicher nur, wenn man einen Mast mitten in der Altstadt platziert. Da würden die Denkmalschützer und Heimatpfleger ausflippen. Alternativen? Nein. Es musste etwas Spektakuläres sein, nicht einfach ein Beförderungsmittel. So könnte er mit Augustiner ins Geschäft kommen. Eine Verbindung von *Grenzlandpark* und Panoramacafé. Klar würde die Seilbahn zu Protesten führen. Er war Widerstand gewohnt, brauchte ihn – als Ansporn. Die Seilbahn brachte ihn auf den Superslogan. *Überbayern!* Das würde er dem Tourismusverband vorschlagen. *Überbayern in Niederbayern.* Und vielleicht half ihm sein guter Draht zum Domkapitular. Der Domplatz wäre der perfekte Standort für den Seilbahnmast. Zwischenstation. Da konnten die Schäflein von den Aussichtshighlights direkt zum Dom schweben. Unter dem Domplatz müsste dann freilich eine große Tiefgarage entstehen. *Passau 21.*

Patzer trat wieder auf die Terrasse hinaus und zündete sich eine Zigarre an. Unter einem Vordach sah er eine ausrangierte Eisbox und eine vergilbte *Langnese*-Tafel.

HUNDERTTAUSEND VOLT

Dosi war schlecht gelaunt. Da halfen auch die zwei Leberkässemmeln zum Mittagessen nichts. Ihr einziger Ansatzpunkt in Sachen Eric war Aschenbrenner. Und der hielt dicht. Sie drängte Hummel, ihm noch mal einen Besuch abzustatten.

»Was soll das bringen?«

»Dem reiß ich den Arsch auf.«

»Aha. Und wie?«

»Wirst schon sehen.«

Wenig später standen sie wieder in Aschenbrenners Laden. Die Luft knisterte. Dosi »Miss hunderttausend Volt« Roßmeier sagte nichts. Aschenbrenner auch nicht. Dosi griff in eine der Vitrinen. Eine unschuldige grüne Glasvase, mundgeblasen mit einem schönen roten Henkel. Aschenbrenner sagte immer noch nichts. Dosi hielt die Vase mit ausgestrecktem Arm. »Nun?!« Aschenbrenner sah sie feindselig an. Dosi ließ die Vase fallen. Sie zersprang auf dem Steinboden in tausend Stücke.

Sie fixierte Aschenbrenner: »So, Aschenbrenner, jetzt erzähl ich dir was. Ich bin keine reiche Tussi aus München, der du irgendwelche überteuerten Antiquitäten aufschwatzen kannst. Ich bin in dieser Stadt geboren. Ich weiß, wie die Leut hier sind. Und ich kann einen Riesenärger machen, dann fliegt dir dein Laden um die Ohren. Der Eric hat mir ein paar schöne Sachen erzählt, wie eure Buchhaltung funktioniert. Du verkaufst den Bauernschrank für tausendfünfhundert und schreibst tausend auf die Rechnung. Macht fünfhundert unversteuert. Und die Leut glauben noch, sie machen ein Schnäppchen bei dir. Jetzt geh ich mal davon aus, dass hier im Jahr mindestens einhundert größere Möbel und Kunstwerke über den Tresen gehen, dann haben wir einen so fetten Steuerbetrug, dass du den Laden dichtmachen kannst. Wenn das Finanzamt davon erfährt. Und um auf Nummer sicher zu gehen, schick ich dir gleich noch die Kollegen vom Raub vorbei, und die krempeln deinen Laden mal ordentlich um. Du hast ja sicher die Papiere und Kaufverträge, die die rechtmäßige Herkunft all deiner guten Stücke belegen. Hast du kapiert?«

»Mir san fei ned per du«, sagte Aschenbrenner schwach.

»Per du bist gleich du, wenn du ned redst!«

Jetzt griff Hummel ein. »Herr Aschenbrenner, kennen Sie Bruder Wolfgang? Oder bürgerlich: Wolfgang Hirtlmeier?«

Aschenbrenner verzog säuerlich das Gesicht. »Ja, ich kenne ihn, er hat mir ab und zu was angeboten.«

»Kirchenkunst?«

»Ja, aber ich habe nie was von ihm gekauft.«

»Warum war er bei Ihnen, er ist doch aus München?«

»Ich habe viele Kunden aus München.«

»Die die Diskretion der Provinz suchen.«

»Nein, eher die günstigeren Preise.«

»Zum Verkaufen wohl kaum. Aber egal. Ist Ihnen irgendwas aufgefallen an ihm?«

»Nein, doch, ja. Die Kleidung war irgendwie auffällig, so outdoormäßig.«

»Wie ein Jäger?«

»Könnte sein. Oder wie ein Angler.«

»Hat er eine Jagdhütte?«

»Woher soll ich denn das wissen?

»Hat er was erwähnt? Wo er hinwill, wo er herkommt?«

»Nein.«

»Was hat er Ihnen angeboten?«

»Messgeschirr, Votivbilder, Ikonen, Kruzifixe, Heiligenfiguren. Das ganze Programm.«

»Woher hatte er die Sachen?«

»Keine Ahnung. Gute Verbindungen …«

»Wer kauft denn diese Kirchenkunst?«

Dosi stieß ihn kumpelhaft an. Sie wandte sich an Aschenbrenner: »Und Sie haben wirklich keine Idee, wo der Herr untergekommen sein könnte?«

»San ma wieder per Sie?«

»Jetzt san ma wieder per Sie. Und ich bin lieb. Also, haben Sie noch was zu Bruder Wolfgang? Wie war er unterwegs?«

Aschenbrenner überlegte. »Er hatte einen Geländewagen. Große Kiste.«

»Marke?«

»Keine Ahnung.«

»Farbe?«

»Schwarz.«

»Nummernschild?«

Aschenbrenner schüttelte den Kopf. Aber dann fiel ihm etwas ein. Er verschwand in den Tiefen seines Ladens und kam mit einem Flyer wieder. »Das hat er mir gegeben. Falls ich mal an Einkehrtagen interessiert bin.«

Sie betrachteten den Flyer. Neukirchen beim Heiligen Blut. Franziskanerkloster.

»Warum gibt er Ihnen so was?«, fragte Dosi.

»Weil er ein Kirchenmann ist.«

»Aha, Sie wussten es also?«

183

»Nein, Sie haben es vorhin gesagt. Oder was soll Bruder Wolfgang sonst sein? Ihr Bruder?« Plötzlich grinste Aschenbrenner. »In dem Wagen saß eine junge Frau.«

Hummel und Dosi sahen sich an. Endlich ein erster Hinweis auf die Frau in Bruder Wolfgangs Leben! Hummel zeigte ihm das Phantombild, das sie vorhin aufs Handy bekommen hatten.

Aschenbrenner zuckte mit den Schultern. »Vielleicht. Vielleicht auch nicht. Die Frau ist immer im Wagen geblieben. Getönte Scheiben.«

»Kannte Eric Bruder Wolfgang?«, fragte Dosi jetzt.

»Eric kannte alle Kunden.«

»Vielen Dank«, sagte Dosi beim Gehen und legte einen Fünfziger auf den Tresen. »Für die Vase.«

Aschenbrenners rechtes Auge zuckte nervös.

»Boh, Dosi, was war denn das für 'ne Nummer?«, fragte Hummel draußen.

»Gut, was? Wie in einem alten Western. Langer, harter Blick, eine kleine Geste . . .«

»Das mit der Buchhaltung. Woher hast du das gewusst?«

»Gar nicht. Gepokert.«

Hummel sah sie fassungslos an.

Dosi lachte. »Nein, Eric hat mir mal gesagt, wie das Geschäft läuft. Und in dem Geschäft gibt es noch mal ein Geschäft. Er sagt dem Aschenbrenner, dass er einen Schrank für fünfhundert gekauft hat, und kriegt die fünfhundert wieder raus.«

»Und in echt hat er nur zweihundertfünfzig bezahlt.«

»Oder hundert. So macht jeder sein Geschäft.«

»Wahnsinn. San alle Niederbayern so Schlitzohrn?«

GOLDENER HANDSCHLAG

Mader hatte in der Kardinal-Faulhaber-Straße noch ein paar Einzelgespräche geführt. Wenn man wusste, wonach man suchen und fragen musste, wurde es erheblich einfacher. Schnell hatte es sich herausgestellt, dass Bruder Wolfgang auch hier Informationen über Fehltritte seiner Mitbrüder gesammelt hatte. Schweigen gegen Geld. Mader konnte sich ganz gut vorstellen, was da alles an Unzucht und weltlichem Suchtverhalten festgehalten war. Von Hummel hatte er zudem bereits von seinen Antiquitätenschiebereien erfahren. Vermutlich ging es bei seinen Erpressungen auch um Einfluss an den entsprechenden Stellen, um an die Kunstwerke in den Archiven zu kommen. Das wollte Mader aber erst mal für sich behalten. Von dem Sündenregister der Kollegen gab es leider keine Spur. Er sprach die Sache mit den Erpressungen ganz konkret bei Bruder Notkar an. Der war empört. Dreifach: wegen der Spitzeltätigkeit und Erpressung durch Bruder Wolfgang, wegen der schwerwiegenden Verfehlungen seiner Mitbrüder, aber auch, weil er offenbar der Einzige im Haus war, der nichts von dieser Kladde wusste. Letzteres erschien Mader dann doch als etwas dick aufgetragen und er pokerte: »Wir warten noch auf die Ergebnisse der kriminaltechnischen Untersuchung. In der ausgebrannten Wohnung haben wir ein Notizbuch gefunden. Stark beschädigt, aber manchmal sind die Kollegen von der KTU echte Künstler. Ich bin da ganz zuversichtlich. Und wir verfolgen eine heiße Spur zu einer Jagdhütte im Bayerischen Wald, die sich Bruder Wolfgang offenbar auch geleistet hat. Vielleicht finden wir da noch mehr.«

Bruder Notkar brachten diese Informationen nicht aus der Fassung. »Falls Sie dieses Notizbuch finden, und es steht nichts strafrechtlich Relevantes darin, seien Sie bitte diskret.«

»Mich interessiert nicht, wer von Ihren Kollegen gelegentlich Damenbesuch hat.«

»Ich muss doch sehr bitten!«

»Entschuldigung, aber der vielfältige Lebenswandel von Bruder Wolfgang macht uns recht nachdenklich.«

Notkar nickte ernst. »Ja, mich auch. Bitte halten Sie mich auf dem Laufenden. Ich helfe, wo ich kann.«

Mader konnte es nur recht sein, wenn Notkar das Gerücht streute, dass die Polizei sehr bald die Inhalte von Wolfgangs Notizbuch kennen würde. Vielleicht kam ja jemand aus der Deckung. Für Mader gab es aktuell drei mögliche Ursachen für Bruder Wolfgangs Tod. Entweder einer der Erpressten hatte sich gerächt, weil die Informationen, die Wolfgang gesammelt hatte, für ihn existenzbedrohlich waren. Oder es hatte es mit einer Auseinandersetzung wegen der Antiquitätenhehlerei zu tun. Möglichkeit drei: Es ging um Bestechung im großen Stil bei dem Immobilienverkauf. Er tendierte zur Schmiergeldthese, denn mit ein paar Erpressungen und kleineren Kirchenkunstschiebereien allein wäre dieser Lebensstil kaum zu finanzieren gewesen. Bei einer Investitionssumme von 40 Millionen Euro, die bei der Presseveranstaltung genannt wurde, könnten der goldene Handschlag und ein Rückzug ins Private das Ziel von Bruder Wolfgang gewesen sein. Mader konfrontierte Bruder Notkar mit seiner Schmiegeldtheorie. »Interessante Idee«, fand Notkar. »Die Frage, ob Bruder Wolfgang privaten Vorteil aus dem Verkauf der Immobilie ziehen wollte, beunruhigt auch mich. Denn dann sind sicher noch mehr Personen in die Sache verwickelt.«

»Glauben Sie denn, der Täter stammt aus Ihrem Haus?«

»Ist es denn wirklich sicher, dass es kein Unfall war?«

186

Mader nickte wider besseres Wissen.

Notkar wurde noch nachdenklicher. »Externe haben nur nach Anmeldung Zugang zu unseren Räumlichkeiten. Zur Zeit des Fenstersturzes hielten sich keine Besucher in dem Gebäude auf.«

Mader dachte laut: »Wie könnte man den großen Unbekannten aus der Reserve locken?«

Bruder Notkar lächelte vielsagend: »Ich setze eine Klausurtagung zu dem wichtigen Thema Immobilienverkauf Kardinal-Faulhaber-Straße an. Es sind ja auch noch ein paar andere Personen mit dem Verkauf befasst. Vertreter unserer Hausbank, der Facility Manager … Es wäre doch interessant, noch mal gebündelt die Präferenzen abzufragen. In einem geschützten Rahmen. Vielleicht verplappert sich jemand? Ein bisschen Pater Braun spielen …«

Mader war sich nicht ganz sicher, was er davon halten sollte. Hier ging es um Mord, nicht um einen TV-Krimi. Aber Bruder Notkar hatte sich das bereits fest in den Kopf gesetzt. Und Mader sollte dabei sein. Für ihn würde Notkar ein kleines Zimmer in einem Seitentrakt des Klosters Frauenchiemsee buchen, wo die Tagung stattfinden sollte. »So sind Sie im Fall der Fälle sogleich zur Stelle.« Der Spieltrieb dieses hochintelligenten Mannes irritierte Mader doch ein wenig. Aber so bekam er einmal einen Blick hinter die Kulissen der Kirche. Wer weiß, wozu das gut war.

STASI

Mader legte Zankl am nächsten Morgen einen Schnellhefter auf den Schreibtisch. »Die Statistik vom Landeskriminalamt. ›Diebstahl von sakralen Gegenständen‹ ist weit verbreitet und der Handel damit ein Riesengeschäft. Gehen Sie die Statistik bitte mal im Detail durch. Und recherchieren Sie, wer für die kirchlichen Kunstarchive verantwortlich ist.«

»Warum haben Sie denn Notkar nicht gefragt?«

»Er muss nicht alles wissen, was wir vorhaben.«

»Ich kümmere mich.«

»Sagen Sie, dann hätte ich noch eine große Bitte. Könnten Sie Bajazzo für zwei Tage übernehmen?

»Zwei ganze Tage?! Da muss ich meine Frau fragen.«

Mader nickte verständnisvoll. »Es ist wegen der Klausur am Chiemsee.«

»Ach so, ja. Meinen Sie wirklich, das bringt was? Sie tragen dann auch Kutte und so?«

Mader grinste. »Ich weiß es nicht. Aber das würde mich schon mal reizen. Und was ist mit diesem Zignelli? Haben Sie da was erfahren?«

»Nix. Weiße Weste. Hoch angesehen. Fördert sogar soziale Einrichtungen in Mailand. Sehr wohlhabend: Hotels, zwei Einkaufspassagen in Mailand. Keine Auffälligkeiten. Das Finanzierungsmodell für die Kardinal-Faulhaber-Straße recherchier ich noch. Also, soweit sich das machen lässt.«

»Sehr gut. Halten wir mal fest: Bruder Wolfgang war ein mieser kleiner Erpresser, hatte eine Menge Feinde, handelte offenbar mit kirchlichen Kunstwerken, hatte also zweifellos schlechten Umgang. Irgendjemand wollte ihn lieber tot als lebendig sehen, schubst ihn aus dem Fenster. Was uns wirklich weiterhelfen würde, wäre seine Kladde. Das würde den Kreis der Verdächtigen enorm einengen.«

»Ich weiß nicht«, meinte Zankl, »das ist ein bisschen so wie Stasiberichte für einen Strafprozess zurate zu ziehen.«

»Mich würde trotzdem interessieren, was drinsteht.«

»Und wenn wir so tun, als hätten wir die Kladde?«

Mader lächelte. »Hab ich schon. Bei Notkar.«

»Und wie hat er reagiert?«

»Ganz cool. Ich hab gesagt, dass wir sie noch nicht aus der KTU haben. Aber bald.«

»Ist Notkar auch auf Ihrer Liste?«

»Wir machen keine Ausnahme. Geben Sie mir Bescheid, ob das mit Bajazzo klappt?«

»Ja ja, klar.«

Zankl widmete sich dem Tagesgeschäft. Bajazzo! Das war sonst eigentlich Hummels Job. ›Na ja, schlimmer als mit Clarissa kann's auch nicht sein.‹

REINHÄNGEN

›Komplex, das Ganze‹, dachte Mader, als er Brühwürfel lutschend mit Bajazzo die Maximilianstraße entlangging. Er wollte erst am Max-Weber-Platz in die U5 steigen, vorher noch ein bisschen frische Luft schnappen. Das mit der Klausurtagung im Kloster reizte ihn. Mal wieder ganz zu sich kommen. Den Blick fürs Wesentliche zurückgewinnen. Schade, dass er Bajazzo nicht mitnehmen konnte. Aber der durfte seinen Spaß mit Zankl haben, jetzt, wo der Familienmensch war. Kinder lieben ja Hunde. Mader hatte den Max-Weber-Platz fast erreicht, als sein Blick auf die Apotheke auf der anderen Straßenseite fiel. Klosterapotheke. Freche Werbeanzeigen mit Nonnen in den Schaufenstern. Eine Nonne bediente ekstatisch ein Glockenseil, als gelte es, den ersten Preis beim Tauziehen zu gewinnen: »Wir hängen uns für Sie rein!« Mader stellte sich vor, wie er in Ordenstracht die Vorzüge von Franzbranntwein pries. Warum nicht?

PPP

Zankl schreckte hoch, als er den Schlüssel in der Tür hörte. Er sprang auf und brachte die Kissen in Ordnung. Er war vor einer halben Stunde heimgekommen und hatte sich kurz aufs Sofa gehauen, weil die Familie noch nicht da war und alles so schön ruhig war.

Jetzt stand Conny im Wohnzimmer. Mit einer hellwachen Clarissa.

»Und, habt ihr's lustig gehabt?«, fragte Zankl.

»Clarissa schon.«

»Und du?«

»Ein richtiger italienischer Kindergeburtstag. Die Zwillinge von Lauras Schwester, zwei Jungs mit vier Jahren. Jeder hat ein riesiges Polizeiauto mit Elektromotor bekommen. Wahnsinn, das viele Plastik: Autos, Schwerter, Burgen, Tischtennisschläger, Actionfiguren. Und alles fünfmal verpackt. PPP – Plastik, Papier, Pappe. Und ein Tortenheber aus hellblauem Plastik, der bei jedem Heben *Happy Birthday* singt.«

Zankl sah sie verwirrt an.

»Und dann die Kinder-CDs und der Clown. Irrsinnslautstärke. Mir klingeln jetzt noch die Ohren. Aber Clarissa fand es toll.«

»Komm her, du kleine Italienerin.« Er nahm Clarissa auf den Arm.

Conny ließ sich aufs Sofa fallen. »Ist das wirklich okay am Wochenende?«, fragte Zankl. »Ich muss da nicht unbedingt mit.«

»Doch, klar. Ich hab es ja für dich ausgemacht. Ist doch toll, wenn du mal rauskommst.«

»Ich bleib gerne hier. Sonst bist du ja mit Clarissa ganz allein.«

190

»Nein, Frank, mach mal. Ich tu mich mit Laura zusammen. Und jetzt kümmer dich um unser Schatzi. Ich brauch eine halbe Stunde Sendepause.«

TOTENTANZ

Gerlinde von Kaltern war im Büro ihrer Agentur *Carta Dura* in der großzügigen Neuhauser Jugendstilwohnung. Sie erledigte ihre Korrespondenz mithilfe von ein, zwei Gläsern Rotwein und einem kleinen Cognac. Die einst weißen Wände und Gardinen waren zart gegerbt vom herben Rauch ihrer *Gauloises*. Kopfschüttelnd führte sie Selbstgespräche vor dem Computer:»O mei, dieser Hummel, was hab ich mir da angetan... Ein Polizist! Na ja, inzwischen schreiben ja viele Polizisten. Das ist auch nicht immer Gold. Aber Hummels Ideen sind schon ziemlich daneben. Dem geht die Fantasie durch. Die muss man irgendwie eindämmen, kanalisieren. Der hat zu viel Schmarrn im Kopf. Diese neue Textprobe, was für eine selbstverliebte Nabelschau! Geht gar nicht.« Sie las noch mal die Zeilen im geöffneten Mailanhang:

Das ist mein Film. 3D. Breitwand. Ich renn durch die maroden Kulissen der Münchner Vorstadt. Weltuntergang. Totentanz. Apocalypso.
Atemlos, wehender Mantel, Magazin leergeschossen. Aber ich werde nicht aufgeben, denn ich bin dem brutalen Bankräuber und Geiselnehmer dicht auf den Fersen. Nach monatelanger Ermittlungsarbeit ist er endlich in meine Falle getappt. Jetzt werde ich – Special Agent Hummel – ihn stellen und außer Gefecht setzen. Und wenn es das Letzte ist, was ich tue. Yeah!

Sie trank ihr Cognacglas auf einen Sitz aus. »Yeah! Also naa! Macht plötzlich einen auf hart gekochte Eier. Und dieses Amerikanische! Passt sein Name zumindest. Special Agent »Hammel« müsste es ja heißen. Wahnsinn... Und diese aufgesetzte Sozialkritik. Des ist doch von gestern!« Sie drückte auf den Button *Antworten* und schrieb ihm ein paar nette Zeilen:

Lieber Herr Hummel,
die harte Pose kauft Ihnen keiner ab. Das ist Ironie – so hoffe ich zumindest. Ja, an manchen Stellen musste ich herzhaft lachen. Danke auch für Ihre Zeilen, in denen Sie Ihre schriftstellerische Motivation darlegen. Sehr erhellend. Aber um es kurz und schmerzlos zu machen: Niemand will diesen abgeschmackten Einsamer-Wolf-Mist hören! Schreiben Sie etwas, was interessant ist, egal, ob komisch oder blutig. Aber eben interessant!
In freudiger Erwartung neuer, besserer Textproben – und denken Sie bitte auch mal an den Plot – grüßt Sie Ihre Gerlinde von Kaltern.

SANDPAPIER

Hummel war sauer. Sein großartiges Konzept über den Hartz-4-Haushalt, in dem sich der Familienvater gezwungen sieht, Banken auszurauben, und dann in eine ausweglose Geiselnahme hineinrutscht. Die in einer verrückten Verfolgungsjagd vor der kalten Kulisse postindustrieller Vorstadttristesse gipfelt. Harte Kontraste. Schwarz-Weiß. Ganz grobes Korn. Das brachte doch den maroden Zustand der Gesellschaft auf den Punkt! Nun gut, der Gangster musste ja nicht im Rollstuhl sitzen und halb blind sein.

Aber Hummel hatte gedacht, das würde den sozialen Konflikt noch einmal zuspitzen und echtes Mitgefühl beim Leser erwecken. Empathie! Na ja, das mit dem Stottern war dann vielleicht doch ein bisschen dick aufgetragen:»Dadadadadas issst eeieieeiein Bababababanküberffffall!« Aber das war ja auch nur ein subtiles Zitat auf diese ganze Kultur der Oberflächlichkeit.

Tja, wenn es nicht mal eine so gebildete Frau wie seine Agentin kapierte…»Vielleicht hat sie ja recht«, murmelte er.»Vielleicht brauche ich gerade jemanden wie Frau von Kaltern, die mich mal ein bisschen härter anfasst, mir die rosige Wange ans raue Sandpapier der Wirklichkeit hält.« Plötzlich durchzuckte ihn ein Geistesblitz:»Das ist einzigartig, das muss ich mir gleich aufnotieren. Das hat einen Sound, einen Rhythmus, eine Haltung. Das ist total up to date. Und wirklich ›interessant‹! Frau von Kaltern wird Augen machen!«

ITALIAN CLASSICS

BROAAARRR! Was für ein Sound! Zankl zog die Lederhaube auf, und es wurde einen Tick leiser. Kam ihm reichlich blöd vor das alles, aber Conny schien es zu gefallen. Sie winkte begeistert, als der Wagen auf seinen Startplatz rollte. Das Auto machte schon im Leerlauf einen Höllenlärm. Carlo spielte mit dem Gaspedal und ließ den Bugatti brüllen. Ein rülpsender Dinosaurier mit wundem Rachen. Laura winkte begeistert.

Es war Samstag, halb acht Uhr morgens auf dem riesigen Parkplatz von *Möbel Segmüller* in Parsberg. Um diese Uhrzeit noch kein Familienirrsinn mit 1,90-Euro-Schnitzel, sondern Automobile vom Feinsten. Locker ein paar

Millionen Euro, wie sie so beisammen standen. Sie hatten die Nummer 11 bei der Rallye *Italian Classics* von München nach Venedig. Carlo grinste ihn breit an, Zankl grinste zurück. Sie klatschten sich mit ihren Lederhänden ab fünfhundert Kilometer ohne Autodach! Das war schon was anderes als mit dem Golf mal schnell über die Brennerautobahn nach Lignano. Er sah nach rechts: ein alter Alfa in Feuerrot. Links: ein goldenes Lancia-Cabrio aus den Siebzigerjahren. Was waren das für Leute hier? Klar, jede Menge Gespickte wie Carlo, aber die Typen in dem Alfa und dem Lancia sahen eher aus wie Handwerker. Autoverrückte. Erst hatte er gezögert, als Carlo ihn eingeladen hatte. Aber Conny hatte ihn ermutigt. »Dann mach ich so lange Girls-Days mit Laura«, hatte sie gesagt. War ihm schon klar, dass sie bei Kaffee mit zu viel Milchschaum über ihre Männer ablästern wollten. Wobei Laura sicher lieber am Espresso nippte.

»Ey, Franco, du hast das Roadbook?«, rief Carlo durch den Lärm.

Zankl zog die lederne Kartentasche zwischen den Beinen hervor. »Logisch.«

Carlo richtete die Sonnenbrille, Zankl auch.

Teng! Startschuss. Knapp hundert Oldtimermotoren heulten auf, füllten die Luft mit Lärm und giftigen Abgasen. *Inferno!*

AUGEN MACHEN

Mader nutzte das Wochenende für lange Spaziergänge mit Bajazzo in den Isarauen. Wie immer waren viele Menschen auf dieselbe Idee gekommen, aber hinter der Tierparkbrücke wurde es schnell einsam. Bajazzo tollte durch die Isarauen, und Mader genoss die Sonne und die frühlingshaften Temperaturen.

Dosi machte einen auf Familie und war mit ihren Eltern im Ilztal. Wären die Umstände ihres unfreiwillig verlängerten Aufenthalts in der Heimat nicht so unangenehm gewesen, hätte sie das aus tiefstem Herzen genossen. Die Ilz – die schwarze Perle Niederbayerns: die wilde Flusslandschaft, die Schilfbulten wie strubbelige Bubiköpfe, das Glitzern des rostschwarzen Wassers. Dieselbe Farbe wie die Soße des Schweinsbratens, der ihr auf der Terrasse des Wirtshauses *Zur Schrottenbaummühle* bei einem alten Sägewerk am Fluss gerade serviert wurde. Ihre Eltern waren so nett, keine Fragen zum Stand der Ermittlungen zu stellen.

Hummel war im Schreibrausch. Er hatte sich, mit Kuli und Block bewaffnet, in eins der Passauer Altstadtcafés gesetzt und brachte neue, geniale Ideen zu Papier. Die Atmosphäre in dem Caféhaus gefiel ihm: ein Tick italienisch mit dem Terrakottaboden. Wunderbar romantisch fand er die flackernden Windlichter in den geeisten Gläsern mit künstlerischem Drahtgeflecht. Die verbreiteten Wärme und Wohnlichkeit in dem alten Gemäuer. Nur die Musik ließ zu wünschen übrig. Er stand nicht auf diesen Loungesound. Aber die Bedienung war sehr hübsch. Nicht so schön wie Beate, aber Schönheit inspirierte ihn immer.

Seine Postkarte an Beate hatte er bereits geschrieben – wieder ein brillantes Kleinod verbaler Architekturkunst –, und jetzt widmete er sich bei einem Glas Chianti seinem neuen Text. Er war fast fertig. Ein erster, schneller Wurf, den er nachher gleich in den Laptop klopfen und an Frau von Kaltern mailen würde. ›Man muss die Texte mailen, wenn sie heiß sind‹, sagte er sich. Ihre Kritik hatte ihn

nicht entmutigt, eher angespornt. Frau von Kaltern würde
Augen machen!

ADAC

»Bist ein Superkopilot«, sagte Carlo. Zankl nickte klein-
laut. Er war einfach nur erschöpft und komplett durchge-
froren. In einem Cabrio im Schneesturm über die Alpen.
Waren offene Autos ohne Stoffdach überhaupt Cabrios?
Er wusste nur eins: Er war nicht geschaffen für den Kampf
mit den Elementen. Hatte er sich natürlich nicht anmer-
ken lassen. Offiziell. Inoffiziell war er total am Ende. Er
sehnte sich nach einer heißen Dusche und nach einem
weichen Bett.

Mit einem kehligen Husten erstarb der Bugatti auf dem
eigens reservierten Deck des Parkhauses am Rande der
Altstadt von Venedig. Carlo musterte die anderen Wagen.
»Angelo ist schon da. Merda!« Zankl nickte. Hätten sie
nicht die Reifenpanne am Kreuzbergpass in Südtirol gehabt, wären sie ganz vorne dabei. In eisigem Schneeregen
mit vorsintflutlichem Werkzeug Reifen zu wechseln war
ein Vergnügen der besonderen Art gewesen. Am liebsten
hätte Zankl gesagt: ›Komm, lass uns den ADAC rufen.‹
Aber Carlo hatte in aller Seelenruhe und mit sicheren
Handgriffen den Reifen gewechselt. Cooler Typ. Musste
Zankl zugeben. Aber mit »cool« war es jetzt genug. Er
wollte endlich ins Warme. Sie holten ihre kleinen Reise-
taschen hinter den Sitzen hervor und gingen zu dem
Vaporetto, das die Rallyeteilnehmer zum Hotel brachte.

Venedig lag im goldenen Abendlicht, als sie den
Canal Grande entlangfuhren. Zankl wurde ganz feierlich
zumute. Jetzt eine heiße Dusche, dann war alles gut.

HALBE MIETE

Gerlinde von Kaltern hatte die Stirn in tiefe Falten gelegt. Dieser Hummel! Was ging in dem Mann vor, an einem Samstag solche Zeilen in den Computer zu klopfen und sie ihr ungefiltert zuzumailen? Man sollte am Wochenende eben nicht in den Posteingang schauen. Aber sie musste ihm schnell antworten, damit er die Finger von diesem Unsinn ließ. Es tat ihr schon ein wenig leid, Hummel das restliche Wochenende zu versauen, aber es half ja nichts. Wenigstens würde er dann nicht noch mehr Zeit vergeuden.

Lieber Herr Hummel,
ich muss jetzt ein ganz ernstes Wort mit Ihnen reden. Was Sie mir jetzt geschickt haben, ist zusammenhangslos, ohne jede Substanz. Sie wollen doch nicht im Ernst einen Krimi in Reimform schreiben?! Ich zitiere:

> *Auf dem Waldweg steht der schwarze Ford*
> *Ich denke, klar, sofort an Mord*
> *Park ein Stück weiter, Straßenrand*
> *Fühl den Stahl in meiner Hand*
> *Schleiche auf den Wagen zu*
> *Unter all den Wipfeln da ist Ruh*
> *Im Auto Riesensauerei*
> *Gehirn an Glas, Kartoffelbrei*
> *Überall hängen die Gedärme*
> *Summen lautstark Fliegenschwärme*
> *Peng! Auf einmal fällt ein Schuss*
> *Augenblick Gedankenschluss*
> *Kugeln zischen um die Ohren*
> *Verdammter Mist, ich bin verloren*

Krieche über Stock und Stein
Wird das nun mein Ende sein?
Die Natur so still, kein Ton
Komm ich lebend noch davon?

Lieber Herr Hummel, geht's noch? Wir machen hier doch kein Seminar zur Naturlyrik! Haben Sie es noch nicht verstanden? Sie sollen die Bedürfnisse der Leser draußen befriedigen, ihre Erwartungen erfüllen, vor allem die der Leserinnen. Kein Reim, kein Firlefanz. Ein paar ordentliche Morde, ein bisschen Psychologie, eine Prise Humor. Machen Sie es halt nicht so kompliziert. Zimmern Sie mir einfach einen guten Heimatkrimi mit vier bis fünf Leichen, ein paar Lederhosentypen, einer barocken Bedienung im Dirndl und einer ordentlichen Verfolgungsjagd. Das ist doch nicht zu viel verlangt! Anbei schicke ich Ihnen eine Liste mit Konkurrenztiteln – alle sehr erfolgreich –, damit Sie sehen, wie der Markt tickt. Und überlegen Sie sich vor allem einen guten Titel! Weil: der Titel ist schon die halbe Miete. Bitte beherzigen Sie meine Worte, sonst müssten wir ernsthaft über ein neues Geschäftsmodell nachdenken.
Beste Grüße
Ihre Gerlinde von Kaltern

KREBSROT

Das Hotel *Fellini* war fantastisch. Unscheinbare graue Fassade, wassergerändert, Stockflecken. Außen Patina, innen Glanz und Luxus. Bald schon fühlte sich Zankl wie ein neuer Mensch. Heiß geduscht und nun auf dem riesigen Himmelbett. Gerade hatte er mit Conny telefoniert und ihr von seinen Heldentaten bei Eis und Schnee berichtet.

Vom Bett aus sah er jetzt auf die dämmerige Kulisse jenseits des Kanals. Die hell erleuchteten Fenster waren eine Einladung zum Träumen. Es klopfte an der Tür. Carlo im Bademantel. »Kommst du?« Zankl sah ihn erstaunt an. »Feiern«, erklärte Carlo. »Wie, so?« Zankl deutete auf Carlos Bademantel. »Klaro, komm!«

Kurz darauf waren sie im Wellnessbereich des *Fellini*. Zankl hatte schon gedacht, jetzt käme irgendein komisches Ritual wie Champagnertaufe oder so was. Nein, nur Planschen. Aber ohne Badehose? Ein aufmerksamer Bediensteter half ihm sogleich aus der Not, indem er ihm ein hygienisch plastikverpacktes Textil in Hellblau mit *Fellini*-Wappen – roter Gockel auf schwarzem Gondelbug, goldlorbeergerahmt – reichte.

Einen Augenblick später saß Zankl im Whirlpool, ein Glas Champagner in der Hand, und genoss es, wie die Blubberblasen sanft seinen malträtierten Hintern massierten. Er wechselte ein paar Scherze mit Carlo und entspannte sich. Ja, das hatte er sich wahrlich verdient.

Nach und nach füllte sich der Spa-Bereich, auch mit einigen Damen, die er beim Start der Rallye gar nicht wahrgenommen hatte. Offenbar waren Oldtimer doch keine reine Männerdomäne. Er unterhielt sich angeregt mit Francesca aus Harlaching, die mit ihrem Mann in einem gelben Ferrari GT an der Rallye teilgenommen hatte. Leider war ihnen kurz vor Venedig die Zylinderkopfdichtung gerissen, sodass ihr Mann jetzt mit dem GT in der Werkstatt festsaß.

Zankl stellte sich ölverschmierte Männerhände – seine eigenen – auf Francescas wunderbarem olivfarbenem Körper vor. Mit prompter Unterwasserreaktion. War ihm sehr peinlich, aber zum Glück blühte das im Verborgenen. Er nutzte eine Gesprächspause, um sich sehr konkret eine beladene Windel von Clarissa vorzustellen. Das half. Kurz darauf war er in der Lage, mit einer lahmen Ausrede – »ich muss mich mal schnell frischmachen« – den Pool zu verlassen.

Er probierte die Tür neben den Toiletten. Ein heiseres Zischen und dichter Qualm empfingen ihn. Sauna. Kam ihm gerade recht. Er tastete sich im Nebel voran und erklomm eine der oberen Bänke. Die Hitze öffnete alle Poren, der Schweiß schwemmte die Kälte des Tages und auch die zwei, drei sündigen Gedanken heraus. Er war ganz bei sich, starrte in den sich langsam auflösenden Dunst. Jetzt sah er, dass er nicht allein war. Ein krebsroter Männerrücken schwitzte ein paar Meter weiter rechts. Zankls Blick wanderte den Rücken hoch zum Kopf. Der drehte sich jetzt zu ihm. »Zankl?!« – »Dr. Günther?!« Als sich die erste Überraschung gelegt hatte, führten die beiden ein Gespräch, wie es in der Sauna üblich ist. Von Mann zu Mann.

Günther entspannte sich, nachdem er festgestellt hatte, dass Zankl nicht dienstlich hier war. »Ausgesucht gute Gesellschaft«, versicherte Günther, was bei Zankl wiederum konkrete Zweifel an der Rechtmäßigkeit seiner Anwesenheit hier auslöste. Günther war sehr angetan von Zankls Umgang: »Carlo Benelli! Zankl, Sie verkehren ja in besten Kreisen! Der Chef einer großen Mailänder Privatbank.«

»Hat er mir gar nicht so genau erzählt. Meine Frau kennt seine Frau vom Pekip.«

»Was ist das, ein Modegeschäft?«

»So was Ähnliches. Und was machen Sie hier?«

»Ich fahre mit Paolo Natale in einem 68er Lamborghini. Den kennen Sie doch?«

»Lamborghini. Klar.«

»Nein, Natale.«

»Sollte ich?«

»Spitzengastronom. Hat mehrere sehr gute Lokale in München. Jetzt auch das *Centrale*.«

»In der Schellingstraße? Da war ich schon mal mit meiner Frau. Wunderbare Saltimbocca.« ›War richtig schade drum‹, hätte er noch anfügen können eingedenk Connys Schwangerschaftsübelkeit.

»Durchaus, durchaus«, freute sich Günther. »Zankl, schon wieder erstaunen Sie mich. Wenn Sie Lust haben, gehen wir da mal zusammen speisen.«

Der neue Aufguss ließ die beiden neuen Freunde in einer Dampfwolke verschwinden.

DOLCHSTOSS

Hummels Sonntag war bislang ganz okay verlaufen. Er war mit Dosi und ihrem Exchef zum Frühschoppen mit anschließendem Mittagessen in der Weißbierbrauerei Andorfer gewesen. Dosi hielt große Stücke auf Wimmer. Hummels Typ war er nicht wirklich. Im Vergleich zu Mader fehlte ihm das Lässig-Großzügige. Vielleicht war das aber einfach auch der Unterschied von Oberbayern zu Niederbayern? Quatsch. Es war etwas anderes, was Hummel missfiel. Nämlich dass Wimmer bis in die Details der Ermittlungsarbeit über Dosis Fall informiert war, obwohl er seit zwei Jahren in Pension war. Das war einer von denen, die nicht loslassen konnten. Immerhin wusste er zu berichten, dass es derzeit in Dosis Fall nichts Neues gab. Das waren sozusagen gute Nachrichten.

Hummel wollte sich eigentlich den Nachmittag zum Schreiben freihalten, doch das konnte er knicken. Denn

Frau von Kaltern hat ihm an diesem schönen Sonntagvormittag den tödlichen Dolchstoß versetzt, als er seine Mails aufrief. Ja, man sollte am Wochenende nicht in den Posteingang schauen.

Beim nochmaligen Lesen seiner Verse war er zwar mit sich selbst unzufrieden, aber die Anbiederung an diese Heimatkrimis, die ihm in der Mail angetragen wurde, die deprimierte ihn noch mehr.

Liebes Tagebuch,

ich bin mit den Nerven runter. Meine Literaturagentin hat mir eine lange Mail geschrieben. Mit lauter Hinweisen, was die Leute angeblich wollen und was nicht. Und diese Liste mit Konkurrenztiteln … Krimis aus Bayern, da gibt es echt schon alles. Münchnerisch: Sendlinger Feindschaften, Schlachthofblues, Die toten Augen von Milbertshofen. *Regional:* Der Henker von Herrsching, Tod in Schorsl-Öd, Der kalte Abt von Ettal. *Rustikal:* Der schwarze Bulldog, Der letzte Jodler, Tote tragen keine Haferlschuh. *Sogar kulinarisch:* Knödeltod, Die Giftwurzn, Letale Schwammerl Teil II. *Ich bin echt ratlos. Kann ich ja gleich einen autobiografischen Krimi schreiben:* Hummels letzte Worte – das Ende der Textmaschin. *Verdammt!*

TROSTPFLASTER

Hummel hatte sich wieder gefangen. Er hatte es sich verkniffen, Frau von Kaltern noch zu antworten, er wagte es auch nicht, jetzt noch mal in seine Mails zu gucken. Aber er hatte nachmittags mit einem Text begonnen, der sie bestimmt überraschen würde. Eine satirische Replik auf all die klischierten Heimatkrimis. Er würde Frau von Kaltern mit seinem Esprit und seiner messerscharfen fiktionalen Analyse beeindrucken.

Dann hatte er die Zeit noch für einen schönen Spaziergang genutzt, war auf einer Bank am Inn in der Sonne gesessen und hatte mal einfach an gar nichts gedacht. Also an fast gar nichts. Anschließend hatte er die Wohnung aufgeräumt und dabei die CDs gehört, die er gestern in einem kleinen Secondhandladen hinter den *Promenade-Lichtspielen* am Inn gekauft hatte. Einen ganzen Stapel Soul-CDs. Trostpflaster gegen das Böse auf der Welt.

»Ist auch eine richtige Perle dabei«, erklärte er jetzt Dosi, die gerade gekommen war und mit einem abendlichen Bier auf dem Sofa saß. Er zog eine CD von Percy Sledge heraus, auf deren Cover eine alte *Levis*-Werbung zu sehen war.

»Ist mir echt zu schmalzig«, meinte Dosi nach einem großen Schluck Bier. »*When a man loves a woman* – das geht gar nicht.«

»Doch«, sagte Hummel. »Das geht immer. Ein Jahrhundertlied. Aber da ist noch ein Song drauf, das ist mein absolutes Lieblingslied. Schwer zu kriegen. Du erkennst nicht mal, dass es Percy Sledge ist.« Schon war er aufgestanden und fummelte an Trudis archaischer Kompaktanlage. Dosi seufzte: »Na, da bin ich mal gespannt.«

Eine träge Orgel war zu hören, dann eine hohe, weiche, schwebende Stimme, fast wie von einem anderen Stern:

> *Come softly, darling*
> *Come softly, darling*
> *Come to me, sta-ay*
> *You're my ob-session*
> *For ever and a da-ay*

»Das ist wirklich schön«, sagte Dosi und lächelte. Jetzt setzten die Bläser und die Streicher ein, und Hummel strahlte. Dosi auch. Als der Song vorbei war, sprang Dosi auf und drückte die Stopptaste.

»Is was?«, fragte Hummerl irritiert.

Sie knipste die Lampe auf Trudis Sekretär an und wühlte in Trudis CDs, bis sie rief: »Ich hab's!« Hummel wollte lieber nicht fragen, welchen Schatz sie entdeckt hatte. Dosi legte die CD ein und löschte das Schreibtischlicht. »Jetzt kommt eins meiner Lieblingslieder. Das hab ich als Kind bei Tante Trudi immer gehört.«

> *Mm dooby do, dahm dahm*
> *Dahm do dahm ooby do*
> *Dahm dahm, dahm do dahm, ooby do*
> *Dahm dahm, dahm do dahm, ooby do*
> *Dahm dahm, dahm ooh dahm*
> *Mm dooby do*
> *Come softly, darling …*

Hummel brauchte etwas, bis er es kapierte. Der wunderbare leichte A-cappella-Sound, die zarten Harmonien. Es war dasselbe Lied wie das von Percy, aber ganz anders und ebenfalls wunderschön. »Die *Fleetwoods*«, erklärte Dosi, »eine von Trudis Lieblingsplatten. Uralt. Wie oft hab ich das bei ihr gehört, damals. Und ausgerechnet durch dich komme ich jetzt wieder drauf.«

›Zufall ist das nicht!‹, dachte Hummel. ›Das ist Schicksal!‹ Er sah Dosi an. Zum ersten Mal seit Tagen sah sie völlig entspannt aus, trotz des ganzen Schlamassels. Er sah plötzlich das Kind in ihr, das freche Mädchen, das hier vor zwanzig Jahren durch die Gassen getobt war. Hummels Augen wurden feucht.

»Is was?«, fragte Dosi.

Er wollte gerne »Seelenverwandtschaft« sagen, aber das klang so blöd, so ausgedacht. Trotzdem war es genau das, was er jetzt fühlte. Er hob seine Bierflasche und stieß leise mit Dosi an.

HORMONELL

Montag, sechs Uhr morgens. Zankl erwachte auf dem Sofa mit einer schmerzhaften Erektion. Sofort schämte er sich. Denn er hatte von Francesca aus Harlaching geträumt. Flüchtiges Bild perlender Erotik. Schuld daran waren auch die zwei Bier, die er vor dem Schlafengehen vor dem Fernseher noch vernichtet hatte. Zum Entspannen. Kaum war er wieder zu Hause, bestand seine Abendgestaltung nur noch aus Abhängen vor der Glotze und Schlafen.

Der Sonntag war generell nicht der Hit gewesen. Nach der Rückkehr von der Rallye mit dem Autozug war er gerade noch rechtzeitig zum Abendessen eingetrudelt. Conny war übermüdet und genervt, denn Clarissa hatte sie mal wieder auf Trab gehalten. Jedenfalls war sie zu ihm ziemlich kühl gewesen. Ahnte sie, dass er mit fremden Frauen im Whirlpool gesessen hatte? Unwahrscheinlich. Diese hormonellen Schwankungen kosteten Zankl schon einige Nerven.

Ausnahmsweise beneidete er mal Hummel, der keinerlei Verbindlichkeiten hatte und jetzt bei Dosi in Passau abhing. Bei der schwarzen Witwe, die ihren Exmann ins Jenseits befördert hatte. Späte Rache.

Jetzt erinnerte er sich an seinen Harndrang und stand auf. Nach der Toilette ging er in die Küche und stellte die

Espressokanne auf die Herdplatte. Die angelaufene Alu-
kanne war seine persönliche kleine Revolution gegen die
chromblitzende *Saeco*-Maschine, die ihnen Connys Mutter kürzlich beschert hatte und die wie ein Cadillac einen
Großraumparkplatz auf ihrer Arbeitsplatte einnahm. ›Ein
echter Mann braucht keine Milchschaumdüse!‹ Er holte
sich zwei Toastscheiben aus der Packung. Als die Kaf-
feekanne röchelte und der scharfbrandige Geruch durch
die Küche zog und er zusah, wie die Butter auf seinem
braunen Toast zerfloss, fühlte er sich gewappnet für die
neue Woche. Kein Stress, kein Geschrei, alles still. Herrlich! Er goss sich Kaffee ein und schlug die Zeitung auf,
die er zuvor im Bademantel aus dem Briefkasten gefischt
hatte. Diese halbe Stunde gehörte ihm ganz allein. Gerade
wollte er im Lokalteil einen Artikel über die Eröffnung
eines italienisch-deutschen Kindergartens in Grünwald
lesen, als Clarissas durchdringendes Organ die Gemütlich-
keit beendete.

FISCHERS FRITZ

Hubert Greindl saß im Morgengrauen in seiner Zille
auf einer Sandbank bei Haibach. Das Wasser war schlierig schwarzbraun von Donau und Inn. Seine Angel hing
träge über den Bug seines Bootes, deutete lustlos in den
blassblauen Morgenhimmel. Greindl rülpste leise, griff in
die Dose mit den Würmern und bestückte einen neuen
Haken. Dann warf er die zweite Rute aus. Er trank einen
Schluck Bier und holte seinen Brotzeitbeutel unter der
Sitzbank hervor. Die Gurkenscheiben auf seinem gewaltigen Schinkenbrot waren herausgerutscht. Mit denselben
Fingern, die eben noch Würmer an Angelhaken gepiekst

hatten, drapierte er die Gurken neu und biss herzhaft in sein Brot.

Wunderbar die Stille. Nur sein Schmatzen und ein paar lautlose Gedanken. Seine Frau hatte ihn heute wieder dermaßen genervt! Ja klar war das nicht optimal, wenn die Würmerdose im Kühlschrank stand. Aber wo sollte er sie denn sonst aufbewahren? Und wenn er dann einen Fisch heimbrachte, waren alle ganz scharf drauf. Ja, so sans. Wer keine Arbeit haben will, soll halt gleich zur NORDSEE gehen! Er hatte heute Nacht geträumt, einen riesigen Waller zu fangen. So wie in *Der alte Mann und das Meer*. Im Kampf mit den Elementen.

Er spülte den Rest des Schinkenbrots mit Bier hinab und sah ins trübe Wasser. Er rülpste zufrieden und holte die Schnur der ersten Angel ein, um sie neu auszuwerfen. Da bemerkte er das Rucken an der zweiten Angel. Öha! Er griff die zweite Angel und spürte den starken Zug. Ein Grinsen huschte über sein Gesicht. Als erfahrener Fischer wusste er, dass das ein großer Brocken war. Er hielt die Angel mit eiserner Hand. Die Zille rutschte vom Ufersand ins Wasser. Hubert geriet ins Schwanken, setzte sich aber sogleich auf und stemmte die Füße in die Querverstrebungen des Bodens. Er schnaufte vor Glück. Wenn er den Waller heimbrachte, würde seine Frau in die Knie gehen vor Demut. »Mei, so a großer Fisch!«

DOOM METAL

Hummel wachte sehr zerknittert auf. Im Bett. In den Klamotten vom Vorabend. Er konnte sich noch erinnern, dass er ihn mit Dosi verbracht hatte, dass er ihr sogar Geschichten aus seiner Kindheit erzählt hatte, was er sonst nie tat, und dass sie eine Flasche Bärwurz von Trudi geöffnet hatten. Der pochte jetzt dumpf wie der Schlagzeuger einer Doom-Metal-Band im Übungskeller unter seinem Großhirn. Was war mit Dosi? War sie in ihrem Zustand noch heimgefahren? Keine Ahnung, wie genau man das hier nahm. Jetzt sah er, dass ihre Tasche noch über dem Küchenstuhl hing. Ehe er weiter über Dosis Verbleib sinnieren konnte, hörte er den Schlüssel in der Wohnungstür. Dosi mit frischen Semmeln und einer großen *Tengelmann*-Tüte.

»Morgenstund hat Gold im Mund«, trällerte sie, und Hummel verzog sich ins Bad.

Als er in die Küche trat, war der Tisch aufs Festlichste gedeckt. Wurst, Käse, Marmelade. Der Brotkorb quoll über.

»Wie viele Leute hast du eingeladen?«, fragte Hummel.

»Ich mach schon mal die Brotzeit für unseren Ausflug.«

»Welcher Ausflug?«

»Neukirchen beim Heiligen Blut. Haben wir doch gestern Abend besprochen.«

»Hatten wir.«

Dosi lachte. »Du warst schon ziemlich hinüber. Aber sehr lustig.«

»Also, worum ging's?«, fragte Hummel noch mal.

»Dass wir nach Neukirchen fahren. Der Flyer, den Aschenbrenner von Wolfgang bekommen hat. Wir schauen, ob wir dort eine Spur von Bruder Wolfgang finden. Oder von Eric. Oder den Geschäften, die die beiden womöglich miteinander gemacht haben. Und vielleicht auch mit den Tschechen. Das ist Grenzgebiet.«

»Musst du nicht in Passau bleiben?«, fragte Hummel.

»Ach, ich bin ja ganz in der Gegend.«

Hummel zuckte mit den Achseln und nahm einen Schluck Kaffee, der grauenvoll schmeckte. Das hochprozentige Bayerwaldgetränk wirkte immer noch nach. Dosi war bester Stimmung. Sie mampfte und plapperte wie ein Wasserfall. Hummel hörte gar nicht richtig zu und bemühte sich, mit dem herzhaften Frühstück seinen Körper wieder in den grünen Bereich zu bringen.

SCHNAPPSCHÜSSE

Zankl hatte sich gar nicht wohlgefühlt, als ihm Günther heute Morgen im Treppenhaus vertraulich zugezwinkert hatte. Obwohl das mit der Rallye und dem Luxushotel am Wochenende schon gut gewesen war. Mal was ganz anderes. Als er seinen Computer hochfuhr und *Outlook* startete, streckte er sich wohlig. Die von den Schlaglöchern im kaum gefederten Bugatti verursachten Rückenschmerzen waren fast verschwunden. Die Mail von Carlo sah er gleich. Hatte er ihm eigentlich seine Arbeitsadresse gegeben? Offenbar. Eine weitergeleitete Mail des Rallyeveranstalters mit einem Link zu Schnappschüssen von der Rallye und der Abschlussfeier. Da Mader noch nicht im Büro war, klickte sich Zankl bei einer Tasse Kaffee durch die Internetgalerie. Er suchte auch nach der Whirlpooldame. Aus kriminalistischem Instinkt heraus öffnete er die angehängte Startliste. Kein Ferrari GT. Hatte er sich verhört? Merkwürdig. Unter den gemischten Teams war auch keine Dame mit Vornamen Francesca. Ein Trugbild? Zu heiß gebadet?

Er wollte gerade beginnen, sich seiner normalen Ermittlungsarbeit zu widmen, als eine neue Mail hereinplingte. Von Carlo: »Hi Franco, was für ein klasse Wochenende! Hoffe, du hattest genauso viel Spaß wie ich. Hast du die tollen Bilder schon gesehen? Keine Ahnung, wer uns da beim Reifenwechsel im Schnee geknipst hat. Großartig! Anbei noch ein paar Schnappschüsse aus Venedig. Cheerio, Carlo.«

Zankl öffnete die fünf angehängten Fotos. Schlagartig stieg ihm das Blut ... in den Kopf. Er mit dieser Schönheit im Whirlpool. Samt Champagnergläsern. Conny würde ausflippen. Wer hatte das fotografiert?! Das sah nicht mal doppeldeutig aus. Sondern verdammt eindeutig. Plötzlich fiel es Zankl wie Schuppen von den Augen. Er war Beamter, er hatte sich einladen lassen, machte sich angreifbar, erpressbar. Aber Carlo hatte ja keine Forderung gestellt. Noch nicht? Zankl grübelte. Günther war auch mit von der Partie gewesen. Ob der selber gezahlt hatte? Aber was ging ihn Günther an? Er musste seinen eigenen Laden sauber halten. Sollte er Mader davon erzählen? Hummel wäre ihm lieber. Aber der war im tiefen Niederbayern verschwunden.

»Na, Zankl, alles klar? Schönes Wochenende gehabt?«, rief jetzt Mader durch die halb offene Bürotür.

Zankl klickte die Bilder weg. »Bestens, und selbst?«

Noch bevor Mader sein Büro betrat, wusste Zankl, was er machen würde: Carlo ganz genau unter die Lupe nehmen. Wie hatte Günther gesagt? Mailänder Bank. Warum hatte er Carlo nicht ein bisschen genauer gefragt? Wo war sein Ermittlerinstinkt? Mailänder Bank! Verdammt, er hatte es die ganze Zeit vor Augen gehabt, warum hatte er nichts unternommen?! Die Mailänder Bietergruppe für die Kardinal-Faulhaber-Straße. Ob Carlo Bruder Wolfgang Schmiergeld angeboten hatte? Er musste sich Wolfgangs Kontodaten noch mal genau ansehen. War diese Freundschaft mit Laura und Carlo von langer Hand geplant, geschickt eingefädelt? Carlo hatte ihn nie auf den Fall in der Kardinal-Faulhaber-Straße angesprochen. Aber warum schickte er ihm jetzt kompromittierende Fotos? Oder war das nur so eine Buddygeschichte?

Zankl schüttelte den Kopf. Carlo war kein Buddy, das passte nicht zu ihm. Er dachte an die Szenerie auf der nächtlichen Terrasse bei Carlo. Seine Ausführungen über Freundschaft. *Der Pate.* Wenn Carlo irgendwelche krummen Geschäfte machte, dann würde er es rauskriegen! Er würde den Kollegen von der Wirtschaftskriminalität einen heißen Tipp geben. Und zwar umgehend. Damit rechnete Carlo sicher nicht. ›Ich bin vielleicht ein deutscher Beamter‹, sagte sich Zankl, ›aber ein Hosenscheißer bin ich nicht!‹

SISI

Frisch blies der Wind auf der *Sisi*. Das Ausflugsschiff wendete gerade unter der Schanzlbrücke, Irene Meierhofer hatte Probleme, ihre Schüler für die faszinierenden Fakten rund um die Donau zu interessieren. Mit über zweitausendachthundert Kilometern Länge der zweitlängste Fluss Europas durch zehn Anrainerstaaten: Deutschland, Österreich, Slowakei, Ungarn, Serbien, Rumänien, Kroatien, Bulgarien, Moldawien und Ukraine. Unbeachtet verwehen die Worte des Informationstonbands aus den Lautsprechertrichtern auf Deck. ›Wahnsinn‹, dachte Irene Meierhofer, ›jetzt pubertieren die schon in der vierten Klasse!‹ Rangeleien, Neckereien, Knutschversuche, und immer wieder gingen Speziflaschen oder Brotzeitboxen über Bord. Dankbar nahm sie vom Steward das Kännchen Kaffee entgegen und entspannte sich. Die zwei Referendarinnen behielten die Meute im Auge, damit nicht noch etwas anderes über Bord ging.

Ein gellender Schrei durchschnitt ihre Kaffeeruhe. Sie sprang auf, panisch. Ein Kind über Bord? Irene drückte sich durch die Kinder an die Reling und sah nach unten. Nichts. Nur Wasser.

»Ein Monsterfisch!«, presste die kleine Lisa hervor. »Mit Ekelkrallen«, ergänzte der dicke Olli und machte eine sehr anschauliche Darstellung mit seiner kleinen Hand. Direkt vor Lisas Gesicht, die wieder ängstlich kreischte.

»Unsinn!«, zischte Irene. »Eure Späße vergehn euch noch, wenn wir morgen Diktat schreiben!« Sie musste mal ein ernstes Wort mit den Eltern von Lisa und Olli sprechen. Das viele Fernsehen und diese Videospiele machten die Kinder völlig paranoid. Monster! So ein Quatsch!

BEHERZT

Hummel war ziemlich übel. Dem gestrigen Bärwurz konnte er nicht mehr die Schuld dafür geben. Aber die Fahrweise, die Dosi der kurvenreichen Strecke nach Neukirchen aufzwängte, hatte es in sich. Sie knallte die Gänge des alten Kombis mit Nachdruck rein und stieg beherzt auf Gas und Bremse. »Hey, du fährst hier keine Pferdewürste aus!«, beklagte sich Hummel.

»Passt dir was nicht?«

Hummel zwang sich, aus dem Fenster zu schauen und ein bisschen über die Gegend nachzudenken. Eine Region voller Widersprüche. Ursprünglichkeit und Moderne. Es gab sogar Visionäres. Damit meinte er nicht Mühlhiasl, den Waldpropheten, sondern den *Edeka* in Salzweg, wo sie vorhin noch einen kurzen Zwischenstopp eingelegt hatte, weil er noch eine Zahnbürste brauchte. So einen *Edeka* hatte er noch nie gesehen. Alle Produkte hatten eigene

Straßen und Gassen. In der »Hygieneallee« hatte er Zahnbürste und Zahnpasta erstanden und auf dem »Schokoboulevard« eine Tafel Traubennuss. Es gab auch eine »Bindengasse«, eine »Whiskasstraße« und eine »Milchstraße«. Letzteres klang schon fast galaktisch.

Hummel überlegte, ob das nicht generell ein gutes Modell war, um den komplexen Alltag des modernen Menschen ein wenig zu erleichtern. Auch in seinem Heimatviertel Haidhausen. Die Rosenheimer Straße (Ilmaz-Imbiss) wäre dann die Dönerstraße, die Steinstraße (Metzgerei Vogl) die Metzgergasse, die Bordeauxstraße (Käsmüller) der Käseboulevard oder die Weißenburger Straße (dm, Müller) die Klopapierallee. Obwohl: ›Dann gehen die Leute los und kaufen ihre Wurst bei *Vinzenzmurr* in der Klopapierallee.‹ Aber früher war es doch mal so, dass jede Zunft in einem bestimmten Viertel oder derselben Straße zu finden war. War der *Edeka* in Salzweg jetzt der Vorbote dafür, dass alles wieder so wird, wie es einmal war? Wegweisend und trotzdem traditionell.

Hummel betrachtete fasziniert die Landschaft. Sanfte Anhöhen, dunkler Nadelwald, ein paar einsame Höfe, Kapellen. So ganz anders als Oberbayern. Nicht so lebensfroh. Dazu passten auch die Totenbretter an den Ortsein- und -ausfahrten, eine morbide Tradition, die ihm Dosi erklärt hatte: »Früher ham's die Toten in ein Leinentuch gehüllt auf einem Fichtenbrett aufgebahrt und dann ›übers Brettl‹ ins Grab rutschen lassen. Später gab's dann Särge, und man hat die Bretter als Andenken aufgestellt.«

»Sehr hübsch.«

»Da gibt's gute Sprüche auf den Brettern: *Hier ruht die Trudi Gschwendtner, sie wog grad mal drei Zentner.* Oder: *Hier liegt der Thomas Gruber, er ersoff in einem Zuber.*«

»Wunderbar«, sagte Hummel und sah auf die wetter-
gegerbten Bretter an einer Ortsausfahrt, die alles andere
als Lebenslust verbreiteten. Sie lösten eher Gedanken an
die eigene Endlichkeit aus. Plötzlich packte ihn heftige
Sehnsucht nach Beate. Ob sie ihm gesimst hatte? »Schöner Mist«, murmelte er, nachdem er seine Taschen abge-
sucht hatte. »Ich hab mein Handy liegen lassen. Bei Trudi,
auf dem Küchentisch.«

»Solange du es weißt.«

»Wenn Beate jetzt anruft ...«

»Du darfst gerne meins benutzen.«

»Ich komm drauf zurück«, brummte er. Es nervte ihn,
dass er die Übersicht verlor. Vergaß Dinge. Das Handy.
Die Postkarten hatte er ebenfalls liegen gelassen. Wo er
doch Beate jeden Tag eine schreiben wollte. Aber war
das überhaupt gut, ihr eine aus Neukirchen zu schicken?
›Klaus, was machst du denn da mit dieser Doris?‹ Quatsch!
Beate war bestimmt nicht so paranoid wie er.

AUFGMANDLT

Mandl war in Hochform. Das war ein Fall ganz nach seinem Geschmack. Der würde ihn garantiert in die Presse
bringen. Ein Riesenauflauf am Rathausplatz, nachdem
eine Busladung Touristen aus Salzgitter unter der Lan-
dungsbrücke für die Ausflugsschiffe ein Bein entdeckt
hatte. Ein menschliches. Ohne Hose, aber mit schwarzem
Socken und Schuh. Aber weitere entscheidende Teile
hatte ein paar Stunden zuvor ein Angler aus der Donau
gefischt. Einen Oberkörper ohne Arme und Beine. Und
ohne Kopf. Mandl war sich sicher, dass das Bein beim
Rathausplatz dazugehörte und was das Puzzle ergeben

würde. »Jetzt kriegen wir die Roßmeier am Arsch!«, jubilierte er.

»Na, ob das Eric ist?«, meinte Hans, Dosis alter Kollege.

»Wer?«

»Dosis Exmann.«

»Wissen Sie was, Herr Niedermeier?«

»Nein?«

»Ich mag des ned, dass alle hier so einen vertrauten Umgangston pflegen.«

Hans lächelte unverbindlich. »Ich ruf dann mal die Rosi an.«

»Wen?«

»Die Freundin vom Eric.«

Mandl stöhnte auf. » Pressekonferenz gibt es um siebzehn Uhr im Präsidium.«

»Jawohl.«

»Und kontaktieren Sie Frau Weichselgartner.«

»Wen?«

»Die Lebensgefährtin von Erich Krämer.«

»?«

»Von diesem Eric halt. Zefix!«

»Ach, die Rosi. Ja, freilich.«

VORBILDLICH

»Schatz, was machst du denn hier?«, begrüßte Conny ihren Gatten zu Hause.

»Ich dachte, ich überrasch dich mal zum Mittagessen.«

Conny strahlte. »Das ist dir gelungen!«

Zankl hatte eine kleine Unterbrechung seines Arbeitstags gebraucht, nachdem er stundenlang am Computer gesessen war, um sich Informationen zu Carlo Benelli zu verschaffen – Lauras Mann. Und er war fündig geworden: Carlo war Banker bei der Mailänder Privatbank *Credit-Azurro*. Über seinen Tisch liefen tatsächlich die Finanzgeschäfte der italienischen Bietergruppe. Darauf hätte er schon viel früher kommen können, kommen müssen! Bei seinen Recherchen hatte er viel gefunden, allerdings nicht das, was er sich erhofft hatte: dunkle Flecken auf der blütenreinen Bankerweste. Im Gegenteil: vorbildliches soziales Engagement mit Spenden für einen zweisprachigen Kindergarten oder für die *Münchner Tafel* – kostenloses Essen für Bedürftige. Na ja, vielleicht würden die Kollegen noch was zu den Geldströmen auf Bruder Wolfgangs Konto herausfinden. Wenn man den richtigen Tipp hatte, war ja vieles leichter.

»Was hältst du davon?«, fragte Conny.

»Wovon?«

»Du hörst mir nicht zu. Das Essen.«

»Ja, die *Münchner Tafel* ist eine gute Sache.«

»Auf welchem Planeten bist du gerade?«

»Äh, ja, essen...?«

»Ich will Laura und Carlo auch endlich mal zum Essen einladen. Badische Spezialitäten. Meine Mutter hat mir ein paar schöne Rezepte gemailt.«

»Muss das sein?«

»Wie meinst du das?«

Zankl druckste herum. »Nein... Ja, klar, natürlich, mach das.«

»Übrigens: Clarissa ist auf dem Wohnzimmerteppich eingeschlafen. Bombenfest!« Beim letzten Wort sah Conny ihn auffordernd an.

Er schluckte. So viel Initiative war er nicht mehr gewohnt. Mittags! »Okay«, sagte er, »zeig mir das Universum.«

KOMPLETT

Ortsspitze. Toni lehnte am Geländer des Kais, Hubsi saß auf einem Bierkasten.

»Hast du die Zeitung gsehn?«, fragte Toni.

»Ja was mach ma?«

»Nix.«

Hubsi nickte gedankenvoll. »Den hat's in Jochenstein zerlegt. Meinst du, der ist durch so eine Turbine?«

»Vielleicht. Ja, so a Stauwehr is scho riskant.«

»Na ja, gspürt hat der nix mehr. Und jetzt meinen die, des is der Eric. Weil der verschwunden ist. Und verdächtigen jetzt die Roßmeier. Ham's im Radio gsagt.«

»Und was machen mir jetzt?«

»Gar nix mach ma.« Plötzlich lachte Toni laut auf. »Ich stell mir grad vor, dass der Miller die Wasserleiche bekommt und mit Sepp die Überreste zusammenpackt, um daraus eine schöne Leich zu machen. Dann denken die: Kenn ma den ned von irgendwoher?«

Hubsi nickte fröhlich. »Zum Glück ham's koan Kopf. Der steckt wahrscheinlich noch in der Turbine.« Er zog aus dem Kasten unter seinem Hintern zwei Bier raus und öffnete eine Flasche an der anderen. »Wann kommt jetzt der Sepp?«

Toni sah auf die Uhr. »Bestimmt gleich.«

»Und wo soll des Zeug hin?«

»Irgendwo im Wald. Der Sepp hat die Adresse. Und dann soll ma noch was abholen. Der Charly ruft uns an.«

»Mi nervt des scho a bisserl. Der Charly pfeift, und mir springa. Mir müsserten mal was selber machen.«

Toni schüttelte den Kopf.

»Meinst du, mir san z' bled?«, fragte Hubsi.

»Mir san die Handwerker, des san die Checker. Schau, da kommt der Sepp.«

Beim Einparken fuhr Sepp gegen einen Poller auf dem Parkplatz. Mit rotem Kopf stieg er aus und besah sich die Stoßstange. Machte eine wegwerfende Handbewegung.

»Servus Burschn, habt's ihr noch ein Bier?«

»Logisch.«

Sepp nahm einen großen Schluck und rülpste herzhaft. »Danke für gestern. Ihr habt's mir echt den Arsch gerettet.«

»Und was ist mit dem Leichenwagen?«, fragte Toni.

»Fährt wieder wie eine Eins.«

Hubsi erhob sich und streckte den breiten Rücken durch. »Dann pack ma's jetzt.«

»Was habt's ihr daheim gesagt?«, fragte Sepp.

»Dass ma auf Montage sind in München. Und du?«

»Überführung nach Hamburg.«

Hubsi lachte. Dann sah er ihn ernst an. »Du, sag mal, habt's ihr eigentlich immer komplette Leichen?«

»Wie meinst jetzt des?«

»Na ja, es passieren ja so viele Unfälle. Also wenn es da auf der B12 einen Motorradfahrer so richtig zerlegt, was macht's ihr da?«

»Dann flick ma den so halbwegs zam, dass du ihn noch anschauen kannst.«

»Und wenn was fehlt?«

»Wenn *was* fehlt?«

»Wie bei dem Mann in der Donau«, sagte Toni. »Da ham's doch bloß ein Bein und den Rumpf aus der Donau gfischt.«

»Der Eric.«

Hubsi schüttelte den Kopf. »Na, des ist doch der ...«

»Hubsi! Halt's Maul, wenn i red.«

218

»Hey hey, du brauchst den Hubsi ned so zampfeifn!«, beschwerte sich Sepp.

»Ja, ist schon gut. Sag, was macht ihr, wenn nicht alle Teile da sind?«

»Ach, der Rest taucht eigentlich immer auf.«

Hunsi und Toni wechselten einen besorgten Blick.

»Is was, Burschen?«

»Na, nix, fahr ma.«

Hubsi stellte den Bierkasten in den Fußraum, und Toni übernahm das Steuer.

MASSEL

Als Dosi und Hummel das Ortsschild »Neukirchen b. Hl. Blut« passierten, war es schon dunkel. Sie hatten sich Zeit gelassen und einen kleinen Umweg in Kauf genommen. Picknick am Arbersee. Nachdem sie den überlaufenen Parkplatz mit dem Restaurant vom Charme einer Autobahnraststätte hinter sich gelassen hatten, waren sie tatsächlich allein auf einem idyllischen Wiesenfleck am Ufer des Bergsees. Hummel war beeindruckt von Dosis Seelenruhe. Er würde vor Nervosität wahrscheinlich durchdrehen, wenn er unter Mordverdacht stünde.

Und sie machte in aller Gemütsruhe Picknick. Aber Dosi kannte ihren Eric offenbar zu gut, um an sein vorzeitiges Ende zu glauben. Die halbseidenen Geschichten von Eric, die sie über ihn zu berichten wusste, belegten laut Dosi vor allem eins: »Der Typ hat so viel Massel, der stirbt sicher eines natürlichen Todes.« Und dann erzählte sie ihm zwischen zwei Wurstsemmeln die Geschichte mit dem Spielkasino in Linz, wo er mit gezinkten Jetons aufgelaufen war, um am Roulettetisch die richtig großen Einsätze zu fahren. Was natürlich schnell aufflog. Die wilde Verfolgungsjagd durch die halbe Stadt endete damit, dass die Kasino-Bulldogs ihren Audi Quattro über den Kai ins kalte Donauwasser lenkten. Dosi grinste. »Da hilft dir ein Vierradantrieb auch nicht, hat mir Eric stolz erzählt. Tja, Eric ist der Mann mit den sieben Leben.«

Hummel hingegen war sich nicht so sicher, ob es vielleicht doch nur drei waren. Die er bereits verspielt hatte. Vielleicht hatte er sich bei seinen Antiquitätenschiebereien einfach mit den Falschen angelegt, die ein paar Schuhnummern zu groß für ihn waren. Und die kurzen Prozess gemacht hatten.

»Meinst du, die beiden Fälle hängen zusammen?«, fragte Dosi, als sie den Wagen vor einer kleinen Pension in Neukirchen abstellte.

»Na ja, wenn Eric hier krumme Dinger gedreht hat und Bruder Wolfgang Abnehmer für seine Ware brauchte, liegt es nahe.« Er sah zu der Pension, vor der Dosi gehalten hatte. »Sag mal, bist du dir sicher, dass wir hier absteigen sollten?« Er deutete zu dem zweistöckigen Wohnhaus aus den Sechzigerjahren. *Zur Sauschütt* stand über dem Eingang. *Zimmer frei* stand auf einem Schild im Vorgarten.

»Klingt doch urig«, sagte Dosi. »Ich hab im Internet recherchiert. Die sind voll billig.«

Den sächselnden Wirt in seinen Militaryklamotten fand Hummel auch billig. Oder jedenfalls originell hier im Bayerwald. Die Zimmer waren jedenfalls ganz okay und mit 32 Euro die Nacht tatsächlich ein Schnäppchen. Inklusive Frühstück. Das Abendessen wollte Hummel aber lieber anderswo einnehmen. Pangasiusfilet mit Salzkartoffeln und Sauce à la Provence zu 11,90 Euro klang schon sehr mikrowellig. Ihm stand der Sinn eher nach Schweinsbraten. Dosi auch.

So steuerten sie kurz vor acht die Ortsmitte an. Die Luft war kühl, ein kräftiger Grundton Odel mischte sich mit einem feinen Hauch Diesel, gelegentlich ein röhrendes Auto, dann wieder Stille oder nur das Tuckern eines einsamen Traktors. Dazu passte der eindrucksvolle Sternenhimmel, den kein städtisches Lichtermeer in den Hintergrund drängte.

Die Poesie verging ihm, als sie die Gaststube des Wirtshauses *Zum Kreuz* betraten. Zwanzig Augenpaare richteten sich ungeniert auf sie: *Wer isn des? Was woin die? Wann gengan's wieder?*

›So wird des nix mit dem Fremdenverkehr‹, dachte Hummel verdrossen.

Dosi hingegen war in ihrem Element. Sie ließ sich mit einem lustvollen Ächzen auf die Bank an einem der freien Tische fallen und rief dem Wirt im breitesten Niederbayrisch zu: »Zwoa Hoibe und d' Kartn!«

Als wäre dies ein Zauberspruch, ließen die Augen von ihnen ab.

Schon standen zwei Bier vor ihnen.

»Ihr seid's ned von da?«, stellte der Wirt fest.

»Bei uns in Passau sagt ma erst mal *Servus, Griaß Gott* oder so.«

Der Wirt hob die Augenbrauen. »Obacht!«

Dosi lächelte. »Ich nehm den Schweinsbraten.«

»Ich auch«, sagte Hummel, »aber mit Pommes.«

Der Wirt riss die Augen auf.

»Hummel, du traust dich was!«, meinte Dosi, als der Wirt abgezogen war.

»Ich hab's echt gefressen, dass die Leut immer so gscherd sind!«

»So is des halt im Wald, die san scho in Ordnung. Die san halt sehr für sich.«

»Und wie willst du was über Bruder Wolfgang erfahren? Oder über Eric? Von denen redt doch keiner.«

»Jetzt wart's halt ab.«

Der Wirt kam wieder an ihren Tisch. Drei Schnaps dabei. »Aufs Haus.«

Hummel dachte zuerst an Schierlingsbecher, dann an K.-o.-Tropfen.

»Blutwurz?«, fragte Dosi.

Der Wirt nickte, und sie stießen an.

»Sitz di halt hi«, sagt Dosi und klopfte auf die Bank neben sich. »Ich bin aus Passau, er ist aus München, wir sind bei der Kripo. Wir ermitteln in einem Mordfall.«

Der Wirt sah sie zweifelnd an. Dosi nickte Hummel zu, und der holte seinen Polizeiausweis heraus. Der Wirt war beeindruckt. Dosi zeigte ihm Bruder Wolfgangs Antlitz auf dem Handydisplay. »Kennst du den?«

Der Wirt sah es sich genau an. Dann schüttelte er den Kopf.

»Meinst du, einer von deine Spezln kennt den?«, fragte Dosi und gab ihm das Handy.

Der Wirt brummte etwas und ging mit dem Handy zum Stammtisch. Sogleich steckten die Brüder die Köpfe zusammen. Eifriges Gemurmel. Dosi ging hinüber.

»Is der hi?«, fragte der Mutigste von ihnen.

»Ja. Angeblich hat er hier eine Jagdhütte.«

»Des glaub i ned.«

»Warum?«

»Weil ich den schon mal gsehn hab.«

»Aha. Wo?«

»Jedenfalls ned im Wald.«

»A bisserl präziser bitte!«

»In der Wallfahrtskirche. Und er hat eine Soutane angehabt.«

Dosi musste grinsen. Volltreffer! Konnte sie natürlich nicht zugeben: »Nein, des muaß a andrer sei. A Pfaff auf der Pirsch!«

Der Stammtisch lachte dröhnend.

Jetzt klickte sie noch ein Bild in ihrer Handygalerie an. Eric. Den kannten alle. Den Maustotschmatzer. Dem sie auch noch das letzte Glump für einen guten Preis andrehen konnten. Zum Beispiel künstlich antikisierte Bauernschränke. Das fanden die Burschen wahnsinnig witzig. Dosi auch. Nur leider hatte keiner von ihnen Eric in letzter Zeit gesehen. Das Phantombild von Wolfgangs Lebensgefährtin sagte ihnen hingegen nichts. Schade.

»Wenn euch doch noch was einfällt, wir wohnen in der *Sauschütt*. Ach, ich hätte dann noch eine Frage: Gibt's hier im Ort einen Antiquitätenhändler?«

»Der Kammermeier, gleich beim Kloster«, sagte der Mutige. »Schöne Kruxifixe.«

Als Dosi wieder zurück an ihrem Tisch war, standen die Schweinsbraten dampfend auf dem Tisch. Der Wirt hatte es sich nicht nehmen lassen, Hummel tatsächlich Pommes als Beilage zu servieren. Die jetzt in der braunen Soße ertranken. Dosi grinste. »Na, geht doch!«

DIE FAMILIE

»Hast du irgendwas damit zu tun?!«, herrschte Conny ihren Mann an, kaum dass er abends die Wohnung betreten hatte. Die Hochstimmung der Mittagszeit war definitiv verflogen.

»Womit?«, fragte Zankl und schlüpfte aus seinen Schuhen.

»Mit der Hausdurchsuchung bei Laura und Carlo.«

»Hey, ich arbeite im Morddezernat und nicht bei der Wirtschaft.« Er wurde rot. Das war schon eindeutig zu viel an Information.

»Also doch! Warum tust du das?!«

»Tu ich was?«

»Zerstörst unsere Freundschaft.«

»Ich tue gar nichts. Wenn die Kollegen da aktiv werden – was kann ich dafür?«

»Um was geht es denn?«

»Schmiergeld. Und …« Er biss sich auf die Zunge. »Und, kommt es dir nicht komisch vor, wie sie sich in unser Leben drängen? So plötzlich, so schnell?«

»Du spinnst doch!«

»Ich glaub an keine Zufälle. Wir ermitteln wegen Mord in der Kardinal-Faulhaber-Straße. Da wurde jemand umgebracht wegen Mauscheleien beim geplanten Verkauf einen Immobilie. Es geht um 40 Millionen Euro! Es gibt zwei Bietergruppen, eine aus München, eine aus Mailand. Und jetzt rat mal, wer die Mailänder Gruppe vertritt?«

»Carlo natürlich.«

Er sah sie erstaunt an.

»Das weiß ich von Laura.«

»Du hast ihr doch nichts von meiner Arbeit erzählt?!«

»Natürlich nicht. Fast nichts. Also nichts Konkretes. Du erzählst mir ja nix. Hast du ihm also die Polizei auf den Hals gehetzt?«

»Nein, hab ich nicht.«

»Ehrlich?«

»Ehrlich.« Im Moment war es jedenfalls die einzig mögliche Antwort. Er hatte den Kollegen vom Wirtschaftsressort heute Morgen ein paar aussagekräftige Details rübergeschoben. Trotz kunstvoll verschlüsselter Überweisungswege hatten die Spezialisten schnell herausbekommen, wer der Verantwortliche für die hohen Überweisungsbeträge unbekannter Herkunft auf Bruder Wolfgangs Konto war: niemand anders als Carlo Benelli von der Privatbank *CreditAzurro* in Mailand. Dass sie sofort eine Hausdurchsuchung bei Carlo beantragten und diese auch noch am selben Tag von der Staatsanwaltschaft genehmigt bekamen, hätte Zankl nicht gedacht. Von wegen schwerfälliger deutscher Beamtenapparat. Hat seinem schlechten Ruf auch schon mal besser entsprochen.

Zankl grübelte. Wenn die Kollegen jetzt erfuhren, dass er sich von Carlo zu einem Luxuswochenende hatte einladen lassen ... Er war sich nicht ganz im Klaren, welche Rolle ihm in diesem Spiel zugedacht war. Aber egal, das war jetzt nicht so wichtig. Was ganz anderes machte ihm mehr Sorgen. Musste er sich jetzt in Acht nehmen vor der Familie? *Familie* – was bedeutete das? Die italienische und *seine*! Musste er jetzt besonders auf das Wohl seiner Familie achten? Nachdenklich sank er auf den Küchenstuhl. Eine ganz neue Perspektive. Conny und Clarissa, seine beiden Augäpfel! Ein Schauer lief ihm über den Rücken.

LECKERLI

Mader packte seine Reisetasche. Kleider, Waschzeug, dann das größte »Objekt«: Notkar hatte ihm tatsächlich eine Kutte organisiert. Dunkler, dicht gewebter Stoff. Also doch Pater Braun. Er grinste. Als Letztes packte er eine braune Versandtasche ein. Bajazzo scharwenzelte erwartungsvoll zwischen seinen Beinen. »Tut mir echt leid, mein Lieber, aber da kannst du nicht mit«, sagte Mader. Er holte aus dem Küchenschrank ein Leckerli, teilte den

Brühwürfel und warf die eine Hälfte Bajazzo zu, der sie im Flug auffing. »Ich bring dich morgen zu Zankl. Das ist ein richtiger Hundeflüsterer, wirst sehen.«

LUFT NACH OBEN

Frau von Kaltern war genervt, dass sie von Hummel so gar keine Post bekam. Und ans Handy ging er auch nicht. Wenn man ihn mal wirklich brauchte, stellte er sich tot. Hatte sie ihn verärgert? Wenn er das nicht aushielt, war er für das Geschäft eh nicht geeignet. Quatsch, der war doch bei der Mordkommission. Da war man bestimmt vieles gewohnt. Jetzt hatte sie ein so wunderbares Geschäft eingefädelt. Gestern beim Mittagessen hatte sie ihren Lieblingsverleger getroffen. Den mit der großen Geldbörse. Der unbedingt einen erfahrenen Kriminaler von der Mordkommission wollte. Und sie hatte Hummel angepriesen als einen, der obendrein noch schreiben könne. Und Fantasie habe. Sie hatten es sich bei Trüffelrisotto und lauwarmem Zander an Salbeibuttergemüse genau ausgemalt. »True crime with a local twist«, hatte der Verleger bei der Panna cotta jubiliert. »Nächstes Frühjahr, Profiltitel. Mit Luft nach oben. Vielleicht sogar Spitzentitel. Große Onlinekampagne. Gewinnspiel. Lesetour.«

Das war gestern. Heute war Frau von Kaltern verstimmt. Jetzt hätte Hummel die Chance seines Lebens, und sie erreichte ihn nicht. Von Vollgas auf Tiefgarage. Supergau! »Das Marketing steht, und der Autor lässt mich hängen!«, fluchte sie. Wenn Hummel nicht bald ein Lebenszeichen von sich gab, würde sie sich einfach einen anderen Polizisten suchen. Es gab ja noch mehr auf der Welt. Dieser Hummel war ein Psycherl. Männliche Singlemittdreißiger waren immer in der Krise. Da ging nichts vorwärts, nichts rückwärts. Männer! Sie steckte sich noch eine *Gauloise* an, stellte sich ans offene Fenster und sah in die Münchner Nacht hinaus.

ATOMISIERT

Das Pilspub *Alamo* war ein Männerlokal. Herb und hart. Es sah aus wie auf einem amerikanischen Atombombentestgelände. Verblichene Wandmalereien zeigten winderodierte Felsskulpturen und Kakteen. Ein verstaubter Cowboysattel und ein an die Wand gespaxter Patronengurt versprühten Atmosphäre. Den zugehörigen Cowboy hatte die Bombe atomisiert. Die toten Kühe waren zu Barhockerbezügen mutiert. Darauf saßen sie jetzt, die *Lonesome Riders of Bayerwald*. Auch Hummel. Und Dosi – als Quotenfrau. Vor ihnen zwei Cognacgläser schwarzen Inhalts. *Rüscherltime!* Aus den Boxen ölte Kenny Rodgers. Auf einem Plakat wurde für heute der Late Night Gig einer Bluesband angekündigt. *The Ramblers*. Dosi orderte noch zwei Bier und zwei Rüscherl.

INKOGNITO

»Is doch super, dass wir mal wieder im *Alamo* san, Hubsi. Und a Band gibt's a no.«

Hubsi drückte sich noch tiefer in die Nische. »Der Typ da am Tresen und die Frau, des san die vom Domplatz. Der Polizist.«

»Aha. Und des daneben ist die Roßmeier«, sagte Toni.

»Wer soll des sein?«, fragte Sepp.

»Die Roßmeier«, erklärte Hubsi eifrig. »Des is die Tochter vom Pferdemetzger in Salzweg. Die suchen's jetzt
wegen der Wasserleiche. Ham's im Radio gsagt. Des soll ja
der Eric sein. Und die war mal mit eam verheirat.«

»Verheiratet. Unser Eric? Der Windbeutel!«

Toni brachte das Gespräch wieder auf ein sachliches
Niveau: »Ich frag mich, was die Roßmeier und der Bulle
hier vorhaben?«

»Vielleicht san's uns auf der Spur?«, meinte Hubsi düster.

»Schmarrn. Aber ich ruf mal den Charly an. Zur Sicherheit.« Sepp ging nach draußen zum Telefonieren.

»Glaubst du, die ham mi gsehn?«, fragte Hubsi.

»Nein, sonst wären sie schon hier.«

ADRENALIN

Dosi hatte noch zwei Rüscherl geordert. Sie stießen an
und eliminierten den Inhalt.

»Brr, das reicht dann aber mit ›andere Länder, andere
Sitten‹«, sagte Hummel und rülpste leise.

»Jawohl, Herr Hummel.«

»Und du meinst, wir lernen hier noch interessante
Leute kennen?«

»Aber sicher doch.«

»Den Mann fürs Leben triffst du hier jedenfalls nicht.«

»Ach, wer weiß«, sagte Dosi, als jetzt vier Jungs mit ver-
wegenem Aussehen und Gitarrenkoffern das Lokal betraten. Die Jungs waren so um die fünfzig, standen aber noch
voll im Saft. Glückshormone glitzerten in ihren Augen.

»Die ham bestimmt was genommen!«, flüsterte Dosi.

»Das ist das Adrenalin. Die haben grad gespielt. Hast du
das Plakat nicht gesehen: *Kultur im Schloss*.«

»Kultur? Na, wenn du es sagst.«

Inzwischen standen vier Bier vor den Musikern. Hummel prostete ihnen zu. Die Musiker leerten die Gläser, so schnell konnte er kaum schauen.

»Ihr seid's ned von da?«, fragte er den Grauen mit dem coolen Goatie.

»Nein, aus München.«

»Und wie war der Gig im Schloss?«

Hummel unterhielt sich bestens mit dem Typen, der Reinhard hieß und bei den *Ramblers* E-Gitarre spielte und sang. Dosi schloss inzwischen näheren Kontakt mit dem Wuschelkopf und Harpspieler Hubert. Auch aus München, aber ursprünglich aus Zwiesel, also fast hier daheim. Da wurde Dosi doch ein bisschen dienstlich. »Sag mal, Hubert, gibt es hier in der Gegend etwas Besonderes, ich mein, etwas, was hier nicht so ganz hinpasst?«

»Ihr seid's Polizisten?«

»Ja.«

»Ich weiß nix über Crystal Meth.«

»Uns interessiert der Rauschgiftmist nicht. Wir sind von der Mordkommission.«

»Schmarrn?«

»Kein Schmarrn. Wir sind auf der Suche nach meinem Exmann. Der ist in Passau verschwunden. Ich hab den Verdacht, dass er in die Fänge einer Schmugglergang geraten ist. Antiquitäten, Kirchenkunst und so.«

»Aha.«

»Gibt's im schönen Neukirchen irgendwas, was dir komisch vorkommt, wo sich was rührt und nicht legal aussieht?«

Hubert dachte nach. »Hier rührt sich eigentlich gar nix. Das Einzige, was hier komisch ist, ist die alte Nato-Abhöranlage auf dem Hohenbogen.«

»Die zwei Riesentürme?«

»Ich dachte, das wären Sendemasten«, mischte sich jetzt Hummel ein.

»Nein, das ist ein alter Horchposten. Aus dem Kalten Krieg. Wenn irgendein Tscheche einen Schors gelassen hat, dann haben sie es hier aufgezeichnet.«

»Und was ist jetzt mit der Anlage?«

»2004 wurde sie aufgelöst. Der Sohn von einem Wirt aus dem Ort hat das Teil vor Jahren für einen symbolischen Euro gekauft. Hochfliegende Pläne. Hotel mit Aussicht, Panoramablick, Drehrestaurant.«

»Patzer!«, sagten Hummel und Dosi gleichzeitig.

Hubert sah sie irritiert an. Dosi winkte ab. »Erzähl mal. Was ist draus geworden?«

»Eine Bayerwaldposse. Wer soll das denn finanzieren? Alles Beton. Die Dinger sind wie Hochbunker, meterdicke Mauern. Unbewohnbar. Ich hab's mir mal angesehen.«

»Wie kommt man dahin?«

»Von der Sesselbahn geht man eine Viertelstunde. Hat da oben so was Endzeitmäßiges.«

»Und ist da jetzt irgendwas los, wird das genutzt?«

»Keine Ahnung, was mit den Türmen ist, aber in den Hallen außenrum ist jetzt eine Hühnerfarm. *Bayerwaldhendl*. Und angeblich gibt es auch einen Keller, wo Schwammerl gezüchtet werden.«

»Wie bei Tante Trudi«, meinte Hummel.

Hubert verabschiedete sich, denn die Band begann neben der Toilette Gitarren, Verstärker und die Cachon aufzubauen. Die *Ramblers* starteten ihr Set ohne Soundcheck. Hummel war ganz von den Socken. So ein erdiger, dreckiger Sound und dazu noch die zigarettengegerbte Stimme von Reinhard.

Train o Train, wo fährst du hin?
Train o Train, weißt du, wer ich bin?
Was sind meine Ziele? Ich hab auch Gefühle
Ich will noch was erleben, will mich fortbewegen
Train o Train, wo fährst du hin?
Train o Train, weißt du, wer ich bin?
Alles voller Fragen, nicht nur an Regentagen
Ich will nicht klagen, es trotzdem sagen
Train o Train, wo fährst du hin?
Train o Train, weißt du, wer ich bin?

HINTERGRUND

»Wow, die waren echt geil!«, sagte Hummel auf dem Heimweg mit einem leichten Schunkeln in der Stimme. »Blues auf Deutsch, das musst du dich erst mal trauen.«

Dosi war mit den Gedanken woanders. »Meinst du, bei der Anlage auf dem Berg ist was faul?«

»Das mit dem Hotel könnte glatt von Patzer sein«, sagte Hummel. »Der sucht doch immer interessante Objekte.«

»Wir schauen uns mal um«, beschloss Dosi. »Morgen knöpfen wir uns aber erst mal den Antiquitätenheini vor. Und besuchen die Wallfahrtskirche.«

»Warum das denn?«

»Wegen der Madonna mit dem gespaltenen Kopf.«

»Klingt sehr verlockend.«

»Deswegen kommen die Pilger her.« Sie zog ein Heftchen aus der Jackentasche. »Gab's an der Rezeption von der *Sauschütt*. Interessiert's dich?«

»Ja, klar.«

Sie blieben unter einer Laterne an der Hauptstraße stehen, und Dosi las vor: »Um 1420 fielen die Hussiten in diesem Landstrich ein. Die Madonna aus der örtlichen Kirche war von einer frommen Bauerfrau vor den Hussiten versteckt worden. Als ein Hussit sie bei ihr entdeckte, warf er sie in den Brunnen, doch sie kehrte zu dem Versteck zurück. Der Vorgang wiederholte sich dreimal, sie kehrte immer wieder an ihren Platz zurück. Und als er ihr mit dem Säbel das Haupt spalten wollte, floss Blut aus der Wunde. Daraufhin floh der Hussit, doch sein Pferd bewegte sich nicht von der Stelle, egal, was er tat. Sodann ging der Hussit hin zu Maria und bat um Vergebung und war bekehrt.«

Hummel nickte nachdenklich. Heiligenblut, Mühlhiasl, Therese von Konnersreuth. Vielleicht gab die Region tatsächlich einen tollen Hintergrund für einen Krimi ab…

Als sie die Pension erreichten, stand der sächselnde Hausherr rauchend vor der Tür. Wie zufällig. Man war ja dankbar für jede Ablenkung hier draußen. Dosi ließ sich von ihm noch auf ein Bier und einen Schnaps einladen. Hummel war müde und zog sich zurück, nicht ohne sich an der Rezeption noch mit ein paar Prospekten zu den Schönheiten der Region und des Ortes einzudecken. Vielleicht waren auch ein paar inspirierende Geschichten für seinen Krimi dabei, wie die der blutenden Holzmadonna. Was Mystisches…

KINDERBETT

Toni, Sepp und Hubsi trudelten um halb vier in der *Sauschütt* ein. Sie hatten ziemlich geladen und polterten in bester Stimmung die Stufen in den ersten Stock hinauf in ihr gemeinsames Zimmer. Doppelbett mit Zustellbett.

»Warum muss ich eigentlich in dem Kinderbett schlafen?«, fragte Hubsi.

»Das ist kein Kinderbett, das ist ein Zustellbett. Und
zwar ein Einzelbett. Du bist in der glücklichen Lage, dir
das Bett nicht mit einem von uns teilen zu müssen.«

»Logisch ist das ein Kinderbett! Des ist grad mal eins
achtzig lang.«

»Wir müssen morgen um sieben Uhr raus«, mahnte
Sepp.

»Du hast den Plan?«, fragte Toni.

»Ich hab den Plan. Und der sagt jetzt: Licht aus.«

GOLDFIEBER

*Saftig grün waren die Wiesen unterhalb des Burgstalls,
einem Gipfel auf dem Hohenbogen bei Neukirchen. Die
Sonne stand bereits sehr tief, es wurde Abend. Ich war dabei,
meine Herde zusammenzutreiben, als mir auffiel, dass eins
meiner Rinder fehlte. Ich begann zu suchen und stieg durch
dichten Wald bergan, da ich Spuren im weichen Waldboden
entdeckt hatte. Nur wenige Meter unterhalb des Gipfels
hörte ich das Wehklagen meines Rindes aus dem Unterholz.
Noch bevor ich das Gebüsch erreichte, stand dort plötzlich
eine wundersam bekleidete junge Frau. Ihr langes blondes
Haar schien nahtlos in die hellen Gewänder überzugehen,
was ihr den Anschein verlieh, sie würde einem silbernen
Nebel entsteigen. Sie sprach mit leiser, aber eindringlicher
Stimme: »Wie gut, dass wir beide hier zusammentreffen. Bist
du mir behilflich, so werde ich dir sagen, wo auf dem Hohenbogen ein unermesslich großer Schatz versteckt ist. Den sollst
du haben zum Lohn, wenn ich endlich meine Ruhe finde und
nicht länger umherirren muss. Willst du mir helfen?«*

Ich glaubte ihr kein Wort, aber die Unrast der armen Seele dauerte mich so sehr, dass ich sie bat weiterzusprechen. Und so erzählte sie mir ihre Geschichte, dass sie in den Fängen der Unterwelt sei und nicht zur ewigen Ruhe einkehren könne. Sie sagte mir, was zu tun sei, um sie zu erlösen. Ich sollte in genau einer Woche mit zwei Brüdern aus dem nahen Franziskanerkloster Neukirchen den Berg hinansteigen und durch den Wald gehen, ohne mich von irgendetwas oder irgendjemandem daran hindern zu lassen. Böse Kräfte seien hier am Werke, aber diese seien nur Bilder und Träume, keine echten Gefahren. Die Priester wüssten schon die richtigen Beschwörungsformeln. Wir dürften nur den Mut nicht verlieren und sollten weitergehen, egal, was uns begegnen mochte. Wichtig sei, dass ich nie den Glauben verlor und weiterging bis zum Gipfel. Wo sich dann der Schatz mit einer hellen Flamme aus dem Inneren des Berges erheben sollte. »All das Gold wird deines sein«, schloss sie. »Und ich bin erlöst. Willst du es wagen?«

Ich nickte, auch wenn ich mir keineswegs sicher war. Doch ich wollte dem armen Mädchen helfen, seine letzte Ruhestätte zu finden. »Denn wenn du es nicht tust, bin ich verdammt, weiter ruhelos meiner Wege zu gehen und nicht erlöst zu werden. Siehst du dieses Pflänzchen dort?«, fragte sie und deutete auf ein zartes Bäumchen, kaum einen Meter hoch. »Ich müsste warten, bis es zu einem stattlichen Baum gewachsen ist, dessen Stamm stark genug ist, um Bretter daraus zu schneiden für eine Wiege. Und wenn der Knabe, der darin liegen wird, zum Mann geworden ist, dann erst habe ich die nächste Gelegenheit, erlöst zu werden. So lange kann und will ich nicht warten.«

Tatsächlich fand ich mich eine Woche später am Fuße des Berges ein, begleitet von zwei Brüdern des Franziskanerklosters Neukirchen, erfahren in Belangen der Teufelsaus-

treibung. Sie wollten mir helfen, die verlorene Seele zu retten. Ich hatte ihrem Ober versprechen müssen, dafür einen gut Teil des Goldes abzugeben. Was ich gerne tat, denn darum ging es mir nicht. So war es kurz vor der zwölften Stunde, als wir die Almwiesen unter dem Gipfel erreichten. Bislang hatten wir uns nicht bange machen lassen von dem vielfältigen Leben, das zu später Stunde im Wald so wundersam sich rührte: Fledermäuse, Eulen und anderes Getier flatterten und raschelten durch Äste und Unterholz. Gar gespenstisch war die Stimmung. Als wir nun den Gipfelwald durchstiegen, bezog der mondklare Himmel sich plötzlich, und ein schneidender Blitz fuhr hernieder, begleitet von Donnerhall. Das Unwetter begann zu toben, und Sturzbäche rasten durch den Wald. Hagel peitschte auf uns hernieder. Doch wir ließen uns nicht beirren, denn all das war nur eitel Trug, Blendwerk des Teufels. Sosehr der Regen auf uns niederprasselte, unsere Kleider blieben trocken. Wir sahen ungeheuerliche Fratzen im Schein der niederfahrenden Blitze, und menschliches Gebein ward aus dem Nichts auf uns geworfen. Doch meine beiden Franziskaner wehrten die Angriffe mit ihren Beschwörungsformeln ab, sodass wir – wenn nicht unbehelligt, so doch wohlerhalten – bis kurz unter den Gipfel gelangten, wo schon die helle Flamme brannte, die uns den Schatz anzeigte. Die Flamme warf ihr Licht auf einen großen Kupferkessel, in dem das Gold blitzte und funkelte.

Wie mich die Jungfrau geheißen, wollte ich nun nach dem Schatz greifen, da riss der Boden vor uns auf, ein Spalt erst nur, dann ward daraus ein gewaltiger Riss, aus dem sich ein schreckliches Ungeheuer emporwand, ein großer Lindwurm, der mit seinem Leib einen gar furchtbaren Schutzwall vor dem Schatz errichtete.

Sosehr meine beiden Begleiter, die Diener Gottes, bislang allen Bedrohungen tapfer standgehalten hatten, so zeigten *ihre Augen jetzt nur noch Wahnsinn und Angst. Sie rannten davon und ich mit ihnen. Gar wohl hörte ich die Jungfrau rufen, uns nicht beirren zu lassen, aber es war schon zu spät, wir stürzten in Todesangst den Berg hinab. Als ich zurücksah, spaltete ein Blitz mit einem gewaltigen Krachen den Berggipfel. Der Schatz und die Flamme samt Drachen verschwanden in der Spalte. Wir aber rannten durch den finsteren Wald, in dem es toste und brauste, in dem die Tiere wild durcheinanderstoben und der Wind die Bäume schüttelte. Irgendwo verlor ich die beiden Franziskaner, aber schließlich sah ich die Umrisse meines Hofes, rannte zur Eingangstür, stürzte hinein und die Treppen hoch in mein Schlafzimmer. Ich verschloss die Tür und klemmte einen Stuhl unter die Klinke. So wie ich war, durchnässt vom Schweiß, schmutzig, mit Stiefeln an den Füßen sprang ich ins Bett und zog mir die Decke über den Kopf, voller Angst, dass der Teufel sie mir sogleich wegziehen würde, um mich zu holen.*

Mit donnernden Schlägen verlangte der Teufel Einlass. Ich rührte mich nicht, kroch noch tiefer unter die dicke Federdecke, die scharf nach meinem Schweiß roch.

Bumm bumm bumm! Gleich würde die Tür aufspringen!

»Kruzefix, mach auf!«

»O nein, das werde ich nicht tun!«

»Jetzt mach halt auf!«

»Da kannst du Kerl fünfmal deine Stimme verstellen!«

»Ich bin's, Dosi!«

»Dosi?! Habe ich es nicht immer schon gewusst?«

»Hummel, ich tret jetzt die Tür ein!«

Jetzt war Hummel wach. Er quälte sich aus den verschwitzten Laken und tappte zur Tür, schloss auf.

Sogleich flog die Tür auf. »Hummel, was ist denn los!?«, blaffte Dosi ihn an und sah irritiert auf das Zelt seiner quietschgelben Boxershort.

Hummel drehte sich schamvoll weg.

»Hey, was ist denn los? Beinahe hätte ich die Tür eingetreten!«

»Nichts. Äh, nur schlecht geträumt, tief geschlafen, also...«

»So was, es ist fast halb elf! Geh biseln und komm frühstücken. Wir haben noch was vor.« Sagte es und verschwand.

Hummel versuchte erst gar nicht, seine Gedanken zu ordnen, sondern verzupfte sich ins Bad.

Als er sich anzog, sah er das Buch *Niederbayerische Sagen* auf dem Nachttisch. Das hatte er an der Rezeption mitgenommen und vor dem Schlafengehen gelesen. *Der Schatz vom Hohenbogen.* Eine Legende. Blühender Aberglauben. War es das? Bestimmt nicht nur. Dieser Landstrich steckte voller Geheimnisse. Aber er musste ja nicht alle kennenlernen.

Als er den schmucklosen Frühstücksraum betrat, war da nur noch eine Anstandssemmel im Brotkorb. Vielleicht reichte das, denn die Rüscherl aus dem *Alamo* sorgten immer noch für einen dezent übersäuerten Magen. Irgendwo hatte er mal gehört, dass Cola Fleisch auflösen könne. Zweifellos. Da kam ihm der dünne Kaffee gerade recht. »Guten Kaffee macht er, der Sachse«, meinte Hummel.

»Ist auch sonst ganz nett. Ich hab ihn gestern ein bisschen ausgefragt. Wie die Leut hier so sind.«

»Und, wie sind sie?«

»Eigen. Und die meisten streng gläubig. Und abergläubisch. Es gibt hier so eine Legende von einem Schatz...«

»Ja, der Schatz vom Hohenbogen.«

»Aha?«

»Tja, gute Allgemeinbildung.«

»Respekt. Jedenfalls hab ich den Sachsen gefragt, ob er auch irgendwas von dieser Abhöranlage weiß.«

»Und?«

»Nur so viel, dass es ein Thema hier im Ort ist.«

»Dass es da spukt?«

»Nein. Was damit passiert. Mittelfristig, langfristig. Ob der Geflügelhof da oben bleibt. Am besten, wir schauen uns mal um.«

»Sehr gern, wenn ich mit dem Frühstück fertig bin.«

»Vorher machen wir noch einen Besuch im Antiquitätenladen.«

»Auch schön«, sagte Hummel, nahm das Körbchen und ging zur Küche, um zu fragen, ob es vielleicht doch noch eine Semmel gab. Er kehrte mit zwei Scheiben Supermarktbrot zurück. Er hätte Dosi schicken sollen.

GANZ DIREKT

Zankls Hand mit dem Telefonhörer zitterte. Carlo hatte ihn ganz direkt gefragt. Nicht, ob er was mit der Hausdurchsuchung zu tun hatte. Sondern ob er sich bei den Kollegen umhören könnte, worum es denn eigentlich ging. Er habe schon mal Stress mit dem Finanzamt gehabt, aber noch nie mit Leuten von der Wirtschaftskriminalität. Zankl wollte zuerst den guten deutschen Beamten herauskehren und sein Ansinnen brüsk zurückweisen, dann war er aber vor allem froh, dass Carlo ihn nicht als Urheber der Hausdurchsuchung im Verdacht hatte. »Klar kann ich mich mal umhören«, sagte er erleichtert.

»Irgendwie habe ich den Verdacht, dass es etwas mit der Immobilie in der Kardinal-Faulhaber-Straße zu tun hat.«

»Womit?«, fragte Zankl mit leichtem Vibrato.

»Das ist da, wo kürzlich einer aus dem Fenster gefallen ist, ein Geistlicher.«

»Ach ja, hab ich gehört. Tragisch.«

»Kann man wohl sagen.«

»Und was hast du damit zu tun, Carlo?«

»Die Immobilie steht zum Verkauf. Wir sind interessiert. Also meine Bank. Ein paar Münchner Geschäftsleute machen da mächtig Druck, damit wir nicht zum Zug kommen.«

»Und was macht ihr?«

»Lobbyarbeit. Gute Angebote, gute Gespräche.«

»Schmiergeld.«

Carlo lachte. »Nein, das ist doch verboten.«

»Und haben die Beamten was bei dir gefunden?«

»Ja.«

»?«

»Italienische Spezialitäten. In der Küche.« Carlo lachte wieder. »Du kümmerst dich wegen der Hausdurchsuchung, was dahintersteckt?«

»Ja, ich hör mich mal um.«

Zankl war schweißnass, als er den Hörer auflegte.

»Is was?«, fragte Mader, der gerade hereinkam.

»Ja, Wechseljahre.«

»Ich muss nachher los.«

»Äh, wohin?«

»An den Chiemsee, die Klausurtagung. Ist das in Ordnung mit Bajazzo?«

»Ja, äh, klar.«

»Was steht bei Ihnen noch auf dem Programm?«

»Ich will noch mal raus zu dem Meisel ins Internat. Mit ihm über Wolfgangs Erpressereien sprechen. Und über Wolfgangs alte Verletzungen. Der Seminarist hat ja erzählt, was vorgefallen ist und was Meisels Rolle damals war.«

»Sehr gut, da kommt Bajazzo bestimmt gerne mit.« Er reichte Zankl eine Plastiktüte. »Ein bisschen Proviant.«

»Für uns?«

»Na ja, wenn Sie es würzig mögen.«

SCHLECHT

Dosis Handy auf dem Frühstückstisch klingelte. Sie kannte die Nummer nicht, trotzdem ging sie dran.

»Dosi, ich bin's, der Hans. Von der Polizei in Passau.«

»Servus, Hans, was gibt's?«

»Du, die ham gestern eine Wasserleiche aus der Donau gefischt.«

»Eric?!«

»Wir wissen es nicht. Der Mandl meint natürlich, dass es der Eric is. Aber wir haben bisher nur ein Bein. Und einen Rumpf ohne Kopf. Die Rosi soll sich des anschaun. Also, ob die Sachen von ihm sind.«

Dosi sagte gar nichts. Sie dachte nur: ›Das kann nicht wahr sein!‹

»Wo bist du, Dosi?«

»Des sag I ned. Weiß der Wimmer Bescheid?«

»Ich hab ihn nicht erreicht. Du, Dosi, der Mandl glaubt, dass du des warst.«

»Glaubst du des auch?«

»Na. Aber des spielt keine Rolle. Dosi, wo bist du? Kannst du . . .«

Nein, konnte sie nicht. Sie hatte schon eingehängt.

»Was ist passiert?«, fragte Hummel.

»Nichts.« Sie schaltete ihr Handy aus.

»Schlechte Nachrichten?«

»Ach.« Mehr sagte Dosi nicht.

Musste sie auch nicht, denn Hummel hatte sich die Zeitung vom Nachbartisch geholt. Es dauerte ein bisschen, bis er den Lokalteil der *Passauer Neuen Presse* erreicht hatte. Er las nachdenklich:

Leichenfund in der Donau

Passau. Gestern wurde am frühen Abend in der Donau das Bein eines Mannes an der Anlegestelle Rathausplatz der Passauer Reederei Wurm & Köck gefunden. Das war nicht der einzige Leichenfund des gestrigen Tages. Auf der Höhe von Haibach machte ein Fischer bereits am Morgen einen erstaunlichen Fang: den Oberkörper eines Mannes ohne Kopf. Der Fischer stand unter Schock und unterrichtete die Polizei erst am Nachmittag von seinem grausigen Fund. Laut Hauptkommissar Peter Mandl von der Mordkommission Straubing gehören die Teile mit großer Wahrscheinlichkeit zusammen, und es könnte sich um den vermissten Erich Krämer handeln, nach dem seit vergangenem Wochenende erfolglos gefahndet wird. Dringend tatverdächtig ist seine Exfrau Doris Roßmeier, die ihn zuletzt gesehen hat. Ob es sich bei den Leichenteilen wirklich um die gesuchte Person handelt, wird sich erst mit Sicherheit klären lassen, wenn die Lebensgefährtin von Erich Krämer zu einer Identifikation in der Lage ist. Momentan liegt sie mit Kreislaufzusammenbruch im Passauer Krankenhaus. Die Tatverdächtige ist offenbar flüchtig. Hauptkommissar Mandl warnt: »Frau Roßmeier ist eine sehr impulsive Person, die auch von der Schusswaffe Gebrauch machen könnte. Als Polizistin ist sie erfahren im Umgang mit Waffen.«

Hummel reichte ihr die Zeitung. Dosi las und schob die Zeitung weg. »Scheiße!«

Hummel deutete auf das Bild des aufgedunsenen Beins im Wasser an der Anlegestelle. »Dosi, das hättest du mir sagen müssen.«

»Was? Ich hab damit nix zu tun! So ein Depp, dieser Mandl.«

»Dosi, stell dich!«

»Spinnst du? Der Typ will mich fertigmachen. Das ist doch nie im Leben Eric!«

»Bist du dir sicher?«

Sie betrachtete eindringlich das Foto. »Du glaubst doch nicht im Ernst, dass ich ihn in seine Einzelteile zerlege und dann in die Donau schmeiß?«

Hummel sah sie ratlos an. Dann schüttelte er den Kopf. »Nein, das glaube ich nicht.«

»Was für ein Albtraum!«, stöhnte Dosi. Dann traten ihr die Tränen in die Augen.

Hummel stand auf und nahm sie in die Arme. »Hey komm, du rufst jetzt den Wimmer an und fragst, was wir machen sollen.«

»Niemand rufen wir an. Die orten doch mein Handy sofort.«

»Was willst du dann machen?«

»Wir machen genau das, was wir besprochen haben. Solang kein Foto von mir in der Zeitung ist, erkennt uns auch keiner.«

»Und der Wirt von der *Sauschütt*? Du hast dich doch mit Namen angemeldet.«

»Nein, so förmlich geht es hier nicht zu. Lass die Zeitung verschwinden, und wir ziehen los.«

»Ich weiß nicht, ob das eine gute Idee ist.«

»Hummel, Eric ist nicht tot! So leicht macht der keinen Abgang. Wer immer das in Passau ist, Eric ist es nicht. Hand drauf!« Sie hielt ihm die flache Hand hin.

Hummel schlug ein. »Willst du nicht zumindest deine Eltern anrufen?«

»Ich ruf niemanden an. Wir suchen jetzt Eric. Und wir finden ihn.«

GLAUBEN

Vor dem Besuch im Neukirchner Antiquitätenladen stand noch die Visite der Wallfahrtskirche an, wo sie sich das Gnadenbild mit der Madonna mit dem gespaltenen Haupt in der Glasvitrine über dem Altar ansahen. Hummel betrachtete die Figur eingehend und stellte sich die Geschichte, die Dosi ihm gestern erzählt hatte, ganz plastisch vor. Ihn gruselte. Auf dem Opferstock befand sich eine Darstellung Marias samt Kind mit einem Hussiten, der hinterrücks mit dem Säbel ausholte. Die Szenerie wirkte sehr gestellt. Keine Aura im Vergleich zu der archaischen Holzfigur mit dem prächtigen Gewand in dem Tabernakel über dem Altar. Die zahlreichen Rosenkränze, mit der Maria am Opferstock behängt war, beeindruckten ihn hingegen schon. Auch die vielen Kerzen im Nebenraum, die teilweise über hundert Kilo wogen, und das randvolle Buch mit Fürbitten und Danksagungen der Pilger. Lebendiger Glaube. Zweifellos.

»So, haben wir das auch gesehen«, sagte er, als sie wieder vor der Kirche standen. »Sag mal, Dosi, glaubst du den ganzen Quatsch?«

»Ja.«

»Wie? Die Geschichte mit der blutenden Madonna ist doch pure Fantasie.«

»Weißt du's? Und überhaupt: Glauben hat doch nichts damit zu tun, ob etwas realistisch ist.«

Er nickte langsam. Sie hatte so recht.

EIN TIPP

Während Dosi das Antiquitätengeschäft Kammermeier besuchte, rauchte Hummel draußen eine Zigarette. Das mit dem Zeitungsartikel hatte ihn schon sehr nachdenklich gemacht. Aber andererseits: Er kannte Dosi jetzt schon gut genug, um zu wissen, dass sie so was nicht machte. Jetzt fielen ihm die grausamen Beziehungstaten ein, von denen man immer wieder in der Zeitung las. Vor allem in ländlichen Regionen. So mit neunundneunzig Messerstichen und solche Sachen. Aber Dosi pflegte zu Eric ja schon lange keine Beziehung mehr.

Nach der zweiten Zigarette erschien Dosi wieder. Mit klaren Anweisungen: »Richtung Grafenau. Von hier fünfzehn Kilometer. Kurz hinter Diernried. Der Weiler heißt Diernöd.«

»Was soll da sein?«, fragte Hummel.

»Da fahren wir hin. Eine Ablaugerei. Der Antiquitätenhändler hat mir den Tipp gegeben.«

»Dass Eric da in der Beize verschwunden ist?«

»Nein, dass er mit dem Prantl, so heißt der Besitzer, immer viel zu tun hatte.«

»Na, vielleicht hat er sich mit dem angelegt, und schwupps, war er in der Wanne. *Tschhhhh*.«

Dosi sah ihn entsetzt an. »Das ist nicht lustig!«

»Nein«, sagte Hummel schuldbewusst. »Tschuldigung. Wenn Eric wirklich so viel Massel hat, dann lebt er auch noch. Wir fragen den Typen einfach mal, wann Eric das letzte Mal bei ihm war. Vielleicht weiß er, was hier im Grenzland abgeht.«

Dosi marschierte los.

»Hey, Dosi! Das Auto steht in der anderen Richtung.«

»Ich muss noch mal in die Kirche.«

»Hä?«

»Eine Kerze anzünden.«

KLEINFAMILIE

»Mensch, Gesine, super, dass das klappt«, sagte Zankl und überreichte ihr Clarissa. »Und Bajazzo ist auch kein Problem?«

»Ich liebe Probleme. Wo ist denn Mader?«

»Macht Einkehrtage.«

»Aha.«

»Dienstlich. Aber ich bin nur zwei Stunden weg. Arzttermin.«

»Was Ernstes?«

»Nein, äh, im Gegenteil …«

»Gut, dann nehme ich Kind und Hund. Vielleicht finde ich in den Isarauen gleich noch den richtigen Typen dazu.«

RICHTIG BEGEISTERT

Mader hatte ein kleines Zimmer im Kloster Frauenchiemsee bezogen. Wie verabredet, hatte Notkar auf der Klausurtagung beiläufig das Gerücht gestreut, dass die privaten Aufzeichnungen des Verstorbenen von der Polizei gerade ausgewertet würden, und sorgte damit für eine gewisse Unruhe. Hinweise auf Manipulationen im Bewerbungsverfahren bei der Vergabe des Kaufrechts hatte es bislang nicht gegeben. Aber es wurde sehr erregt diskutiert zwischen Traditionalisten und kühlen Rechnern.

»Ich werde Sie auf dem Laufenden halten«, versprach Notkar.

Mader zeigte Notkar die Versandtasche. »Das Notizbuch war offenbar nicht so stark beschädigt, wie wir dachten. Die KTU hat es mir heute Morgen geschickt.«

»Oh, das würde mich auch interessieren.«

»Das glaube ich.«

»Haben Sie schon reingesehen?«

»Nein, ich werde es heute Abend in Ruhe studieren. Hier ist ja ab halb zehn Nachtruhe.«

»So ist es. Eine große Bitte ...«

»Ja, ich bin diskret. Solange ich nichts strafrechtlich Relevantes darin finde. Aber lassen Sie doch schon mal durchsickern, dass die Polizei das Buch jetzt tatsächlich hat. Vielleicht gibt das der Sache noch mal Schwung.«

Notkar nickte langsam. So richtig begeistert sah er nicht aus.

›Tja, Polizeiarbeit ist halt mehr, als ein bisschen Pater Braun zu spielen‹, dachte Mader, als Notkar gegangen war.

DRITTES AUGE

Gesine ging mit der schlafenden Clarissa im Kinderwagen den schattigen Uferweg entlang. Im Convoy mit zahlreichen Müttern, die ihren ganzen Stolz vor sich her schoben. Auf Höhe der Reichenbachbrücke setzte sie sich auf eine Bank und beobachtete das Treiben der Kinder und ihrer Mütter auf dem Spielplatz. Die Kinder tobten, stritten um Förmchen und Schaufeln und mampften Sand mit Spucke. Die Mütter waren in ihre iPhones oder Zeitschriften oder beides vertieft, ohne die Kommunikation miteinander zu vernachlässigen. Das dritte Auge vage auf den Nachwuchs gerichtet. Neben sich auf der Bank Pappbechermilchschaumkaffee oder Früchtesmoothies in grellen Farben. Lesen, Reden, Gucken, Nuckeln. Multitasking. Wäre das auch was für sie?

Bajazzo knurrte. Gesine sah ihn erstaunt an. »Du willst spielen ...?« Sie hob einen Stock auf und schleuderte ihn die Böschung hinab ins Unterholz. Bajazzo sprintete los. Äste knackten, Laub raschelte. Dann war es still. Er kam nicht wieder. »Bajazzo? Alles klar?«, rief sie besorgt. Sie stand auf und ging auf das Gebüsch zu. »Bajazzo, was hast du da im Maul? Pfui!« Ihre Augen weiteten sich. Ein Finger! Ja, Bajazzo hatte Talent im Auffinden lebloser Körper. Das wusste sie bereits. Als sie ihm den Finger abnehmen wollte, biss er zu, der Rest fiel auf den Boden. Sie schnappte ihn sich. Fehlalarm: kein Finger, ein harmloses Wienerle!

Sie atmete erleichtert auf. Harmlos? Vielleicht hatte ein Hundehasser das Würstchen mit Nadeln gespickt?! Ach quatsch! Nicht immer gleich das Schlimmste denken! Sie setzte sich wieder auf die Bank und holte ihre Zigaretten heraus. Nein, ging ja nicht wegen Clarissa. Clarissa? *Clarissa!* Der Kinderwagen war weg! Alle Schweißporen öffneten sich, Gesines Blick flackerte. Links, rechts. Kein Kinderwagen! »Bajazzo, such Clarissa!«

Bajazzo schien zu verstehen, denn er sprintete kläffend los. Sie hinterher. Sie verließ sich ganz auf Bajazzos Instinkt. Und fühlte sich schuldig. Sie hatte Clarissa aus den Augen gelassen! *Aufsichtspflicht!* Aber das war nicht mal eine Minute gewesen! Nicht mal! *Aufsichtspflicht!* Sie versuchte sich zu erinnern, wie der Kinderwagen aussah. Blau? Violett? Sie hatte nicht darauf geachtet. Nur auf den Inhalt. Oder gerade nicht. *Aufsichtspflicht!*

Bajazzo war auf und davon. Jetzt sah sie ihn. Er verfolgte eine Frau mit Kinderwagen, eine Joggerin. Er hatte sie schon fast eingeholt. War das Clarissas Wagen? Gesine rannte hinterher. »Bajazzo!« Jetzt attackierte Bajazzo die Joggerin. Diese trat nach ihm. Was, wenn diese Frau nicht die Diebin war?! Aber Bajazzo leistete ganze Arbeit, sprang an ihr hoch, biss um sich, bis sie den Kinderwagen losließ und ins Gebüsch verschwand. Bajazzo folgte ihr nicht, sondern blieb beim Kinderwagen.

»Guter Bajazzo, braver Bajazzo!«, stieß Gesine atemlos hervor, als sie ihn erreicht hatte. Sie sah in den Kinderwagen. Clarissa schlief seelenruhig. Unerschütterlich. Jetzt traten Tränen in Gesines Augen. *Kindsraub! In München! Am helllichten Tag!* ›In welcher Welt leben wir eigentlich?‹, dachte sie. ›Wer tut so was?‹ Oder war die Frau nur auf den Kinderwagen scharf gewesen?! Und hatte das schlafende Kind gar nicht bemerkt? So ein Kinderwagen kostete ja ein Vermögen. Jetzt sah sie das schwarze Stoffstück am Boden. »Bajazzo, ist das von der Frau?« Bajazzo schnuffelte und bellte zustimmend. Gesine holte ihre Zigaretten heraus und streifte das Zellophan von der Schachtel. Damit hob sie den Stofffetzen auf und steckte ihn in die Tasche.

Nachdenklich schob sie den Kinderwagen über die Reichenbachbrücke und durchs Glockenbachviertel zum Sendlinger Tor, weiter über die Pettenkoferstraße zur Paulskirche, wo die Zankls wohnten. Zankl und Conny waren bereits vom Arzt zurück und nahmen eine gut ausgeschlafene Clarissa in Empfang.

Als Gesine die Wohnung verlassen hatte, sagt Conny

zu Zankl: »Also, irgendwie sah sie angespannt aus. Und sie hat geschweißelt.«

»Na ja, die Hormone.«

DA BEISSA

Der Geruch war beißend. Chemisch. Passte so gar nicht zu der lieblichen Landschaft mit ihren sanft gewellten Wiesen und grünen Höhenzügen. Sie rumpelten einen Feldweg entlang, jetzt schon bestimmt zwei Kilometer, nachdem sie die Bundesstraße an einem kleinen gelben Schild mit dem verunstalteten Ortshinweis »Diarhö« verlassen hatten. Hinter einer Kuppe tauchte jetzt der große Weiler auf, der korrekt »Diernöd« hieß. Neben dem Haupthaus standen zwei große Scheunen, zwischen denen ein heruntergekommener Lastwagen mit zerschlissener Plane parkte. Als sie näher kamen, sahen sie das tschechische Nummernschild. Zwei vierschrötige Muskelpakete luden gerade einen stattlichen Bauernschrank auf die Ladefläche.

»Servus, wo ist der Chef?«, fragte Dosi.

Einer der beiden deutete mit dem Daumen hinter sich.

Dosi und Hummel betraten das Halbdunkel der Scheune. Der Gestank ging durch Mark und Bein. Sie hörten ein Summen, ein Rasseln und sahen, wie eine Truhe an Ketten und Haken hinabgesenkt wurde in die blasige Brühe. Ein mächtiger Blaumannrücken verdeckte die Fernbedienung des Seilzugs. Der Mann hatte sie nicht bemerkt.

Hummel ging zu ihm und tippte ihm auf die Schulter. »Herr Prantl?«

Dieser fuhr herum. Hummel starrte in eine käseweiße, aufgeschwemmte Visage. Die Augen zwei dünne Schlitze.

Hummel sah die Hände nicht kommen, die ihn am Kragen packten und über das Säurebecken lupften. Er wusste nicht, was ihm jetzt übers Gesicht lief: Tränen, Schweiß, oder löste sich seine Haut bereits ab wegen der aggressiven Dämpfe?

Dosi hätte jetzt gerne ihre Waffe gezückt. Doch die lag gut verwahrt im Passauer Polizeipräsidium. »He, loslassen!« Dosi stürzte sich auf ihn und griff nach seinen Armen. Der Mann ließ sich nicht beeindrucken. An der einen Hand Hummel, an der anderen Dosi. Das Klirren der Ketten verstummte jetzt, denn die Truhe war komplett in dem Becken versunken. Interessiert betrachtete er die beiden Eindringlinge. Dosi fühlte sich wie in einem James-Bond-Film. Prantl war ein Typ wie »der Beißer«.

»Was gibt's?!«, fragte der Beißer mit erstaunlich hoher Stimme.

»Nur reden, Herr Prantl, sonst nix!«

Offenbar war der Angesprochene tatsächlich Herr Prantl, denn er sah sie jetzt nachdenklich an, erwog noch einen Moment, ob er sie nicht einfach vernichten sollte, dann stellte er die beiden wieder auf Mutter Erde und deutete nach draußen.

Als sie vor der Scheune waren, atmeten Dosi und Hummel tief durch. Prantl steckte sich eine Zigarette an. Auch Hummel holte seine Schachtel heraus. Selbst Dosi rauchte eine.

»Und?«, fragte Prantl schließlich.

Wenig später saßen sie in Prantls erstaunlich wohnlicher Küche. Prantl trank einen Cappuccino, für Dosi und Hummel gab es Espresso – vom Feinsten. Auch die Amarettini waren sehr gut. Ja, er hätte ein wenig scharf reagiert vorhin, aber es gäbe Kreise, die seine Geschäfte momentan sehr störten. Mehr könne er dazu nicht sagen. Dosi fragte ihn nach Eric. »Ein windiges Bürscherl«, sagte Prantl. »Kam immer mit Sonderaufträgen. Machst du das noch und das. Und das bezahl ich dann später …« Er musterte die beiden noch mal. »Und was wollt's ihr jetzt von mir?«

Dosi erzählte ihm, dass die Abbeizerei laut wohlunterrichteten Kreisen der ideale Ort sei, um jemanden verschwinden zu lassen.

Prantl nickte ernsthaft. »Ja, ich bin jedes Frühjahr für vier Wochen in Thailand, und dann vermiet ich den Laden unter. An die Russenmafia. Die versenken hier ihre säumigen Schuldner. Supergschäft. Keine Reste, kein Ärger.«

»Äh, ja, sehr schön. Wann haben Sie denn Eric das letzte Mal gesehen?«

Prantl überlegte. »Vorgestern.«

»Was?!«

»Ja, mit so ein paar Typen.«

»Was für Typen?«

»Die mir Ärger machen.«

Dosi strahlte. »Dann geht es ihm gut!«

»Na ja, er wirkte eher bisserl mitgenommen.«

»Ja, und weiter?«

»Wir hatten eine geschäftliche Besprechung. Er war nicht dabei. Ich hab ihn dann auch nicht mehr gesehen …« Panik flackerte in Dosis Blick auf. ›Sie haben Prantl abgelenkt, um Eric …‹ Prantl erriet ihre Gedanken und sagte ernst: »Zwei Stunden, und da bleibt nix. Vielleicht ein paar Zähne, Knochen …« Dosis Blick war ganz leer. Prantl schüttelte den Kopf. »Als sie mit dem Transporter wegfuhren, saß er mit drin.«

»Ein weißer Transporter mit Passauer Nummer?«, fragte jetzt Hummel.

»Nein, schwarzer Fiat, tschechische Nummer.«

Dosi war voller Energie, als sie den Weiler verließen. Eric war am Leben! Prantl hatte zwar keine Autonummer und wollte ihnen auch keine näheren Infos zu den Typen geben, die seine Becken für einen dubiosen Großauftrag mieten wollten, aber für Dosi war es klar, dass es um die Schieberbande ging, mit der Eric Geschäfte machte. Die ihn festhielt und vermutlich auf dem Hohenbogen ihr Nest hatte. »Mann, bin ich froh!«, sagte sie mit Nachdruck.

»Hast du denn echt geglaubt, du hättest ihn umgebracht?«

»Ich weiß es nicht. Ich kann mich einfach an nichts mehr in dieser Nacht erinnern. Aber jetzt ist es amtlich, es gibt einen Zeugen: Eric lebt! Da kann in der Zeitung stehen, was will!«

»Willst du das denen in Passau nicht sagen?«

»Nein. Nicht, bevor wir Eric haben.«

HAPPY END

Zankl fuhr die Wasserburger Landstraße hinaus. Eigentlich hatte er ja zu Hause bleiben wollen. Aber er musste sich ablenken. Was Normales tun. Der Besuch beim Hormonarzt heute Nachmittag hatte es in sich gehabt. Mit Zeitverzögerung. Vorhin hatte er sich noch ganz gut gefühlt, aber jetzt war es, als hätte ihm jemand in die Eier getreten. Passte ja, denn erneut hatte er seinen kostbaren Samen in ein Becherchen machen müssen, um dessen Qualität im Labor prüfen zu lassen. Conny wollte auch bei Kind Nummer zwei auf Nummer sicher gehen, wollte unbedingt wissen, ob seine Werte im grünen Bereich waren. Es war demütigend. Als er die Tür des kleinen Zimmers in Röhrls exquisiter Praxis über den Dächern des Westends hinter sich geschlossen hatte, war sein erster Gedanke gewesen: ›Mir reicht's. Warum lass ich das mit mir machen?‹ Trotz grandioser Aussicht aufs fantastische Alpenpanorama war er deprimiert. Drinnen war es eher prosaisch: ein Stuhl, ein Tisch, ein Stapel Zeitschriften, Plastikbecher und eine Rolle Küchentücher. Marke *Happy End.* Wie gehabt. Déjà vu. Auf die Zeitschriften hätte er gerne verzichtet. Dennoch hatte er kurz reingeblättert. Dann war sein Blick von den Fleischbildern abgeglitten in das Gold des Abendrots über den Bergen. Er war irgendwo weit draußen gewesen und hatte an alles und nichts gedacht, hatte gleichzeitig versucht, sein Bestes zu geben. *Zugspitze, Kampenwand, Watzmann!* Als er endlich fertig war – seine rechte Hand schmerzte inzwischen, und nicht nur die –, war er erschöpft an die Stuhllehne gesunken. Um gleich wieder hochzuschrecken. Er hatte den Becher vergessen! Sein wertvolles Sperma milchig glänzend auf dem lindgrünen Linoleum! Aber er war ganz cool geblieben und hatte einen Großteil seiner Gene in den Becher bugsiert. Der Rest war ein Job für *Happy End.*

Conny war auch happy, dass er so schnell und klaglos seinen Pflichten nachgekommen war, und hatte ihn hinterher gefragt: »Und, hast du dabei an mich gedacht?«

»Logisch«, war seine zweisilbige Antwort gewesen.

Nachdem Gesine Clarissa zurückgebracht hatte, war er vor der Familiendreisamkeit zu Hause geflüchtet, zumal sich Connys Mutter zum Abendessen angekündigt hatte. Er hatte Conny gesagt, dass Mader ihm diesen Termin in Ebersberg kurzfristig aufs Auge gedrückt habe. Und dass er da draußen auch noch mit Bajazzo eine Runde gehen konnte. Er würde sich bemühen, halbwegs pünktlich zurück zu sein. So die offizielle Version. Inoffiziell wollte er sich großzügig verspäten.

Er hatte Ebersberg erreicht und bog in die Abzweigung zur Klosteranlage ein. Er hielt vor dem *Misericordia*-Stift und betrat den Wirtschaftstrakt, wo sie das letzte Mal gewesen waren. Er kam unangekündigt, und Herr Meisel war nicht gerade begeistert, ihn zu sehen. »Ich hätte da noch ein paar Fragen wegen Bruder Wolfgang.«

»Da ist alles gesagt.«

»Wohl kaum«, meinte Zankl kühl.

»Was soll das?«

»Warum haben Sie uns vorenthalten, dass Wolfgang im Heim einmal fast totgeschlagen wurde? Daher stammen nämlich die Narben auf seinem Rücken.«

»Ach, die Jungs hatten sich doch ständig in der Wolle.«

»Unsere Pathologin sagt, das waren schwere Verletzungen. Keine kleine Rauferei. Erzählen Sie mir nicht, Sie wussten nichts davon! Ich hab mich mal umgehört. Damals sind sogar ein paar Seminaristen der Schule verwiesen worden.«

»Ich bin Hausmeister. Ich gehöre nicht zum Lehrpersonal.«

»Sie waren Zeuge damals. Bei der Auseinandersetzung.«

»Wer sagt das?«

»Was verschweigen Sie uns? Wolfgang ist tot. Und niemand geht davon aus, dass Sie etwas mit seinem Tod zu tun haben. Aber hier läuft etwas, und Sie helfen mir nicht.«

»War's das?«

Als Zankl im Auto saß, war er frustriert. Meisel wusste genau, was damals vorgefallen war – warum wollte er nicht darüber sprechen? Da war irgendwas im Busch. Nur was? Er stand kurz davor, aber er bekam es nicht zu greifen. Zankl sah auf die Uhr. Es war kurz vor fünf. Er hatte den Motor schon angelassen, als ihm eine Idee kam. Oder eher eine Eingebung Er würde Meisel beschatten. Meisels

Dienst endete vermutlich um achtzehn Uhr. Noch zwei Stunden. Das konnte Zankl abwarten. Noch schnell nach Ebersberg fahren und was essen. Tja, da musste Connys Mutter ihre Erziehungstipps und wertvollen Hinweise zu Vollwerternährung beim Abendessen bei Conny alleine loswerden.

Zankl wählte Connys Nummer, um sich abzumelden. Bei der Gelegenheit konfrontierte sie ihn mit dem Ergebnis seiner Spermaprobe, das offenbar schon vorlag: »Schatz, du musst dich noch mal untersuchen lassen. Die haben gerade angerufen. Das Labor hat nicht unerhebliche Mengen von Chemikalien in deinem Sperma festgestellt.«

»Chemikalien?«, fragte er erschrocken.

»Zitronensäure und Spuren von Bohnerwachs.«

›Sauber!‹, dachte Zankl und lachte auf.

»Was ist daran so komisch?«, fragte Conny gereizt. »Ich wüsste nicht, dass du schon mal den Boden gewischt hättest!«

»Nichts, Schatz, mach dir keine Sorgen. Alles wird gut. Ich muss jetzt Schluss machen.«

STILLES ÖRTCHEN

Dosi hatte den Wagen auf dem Großparkplatz des Freizeitparks *Hohenbogen* abgestellt. Jetzt saßen sie in der alten Doppelsesselbahn und schaukelten dem Gipfel entgegen. Unter ihnen kreischten die Bremsen der Bobs auf der Sommerrodelbahn. »Das machen wir auf dem Rückweg«, sagte Dosi und deutete auf die Bobbahn. Hummel hatte keinen Zweifel, dass sie das ernst meinte. Wenn er unter Mordverdacht stünde, wäre er jeden Augenblick unter Hochspannung.

»Klausi, Füße hoch!«, rief Dosi und klappte den Bügel nach hinten. Nach links und rechts weg, deutete ihnen der Liftwart an. Sie stiegen aus und gingen zur Aussichtsplattform. Ein wunderbarer Blick auf die Gipfel des Bayerischen Waldes, nach Böhmen und auf Neukirchen. Wallfahrtskirche, Kloster und Schloss waren gut zu sehen. Die Felder ein Teppich exakt zugeschnittener Flicken. »Herrgottspuzzle«, sagte Dosi. Hummel nickte. Ja, so schön war Bayern. Selbst in diesem entlegenen Winkel.

Auf der Wiese bei der Gipfelhütte waren viele der Liegestühle belegt. Dosi studierte die selbst gebackenen Kuchen in der Auslage beim Eingang. »Hoffentlich ist noch was übrig, wenn wir vom Kalten Krieg zurückkommen.«

Die beiden Horchtürme waren einen guten Kilometer rechter Hand der Bergstation. Hummel und Dosi folgten dem Wirtschaftsweg. Nach einer Viertelstunde erreichten sie einen hohen Maschendrahtzaun. Der Weg endete an einem Tor, das mit einer dicken Gliederkette gesichert war. Sie spähten durch die Maschen. Eine Reihe von Lagerhallen, über allem die zwei gewaltigen Betontürme. Endzeitstimmung. Kein Mensch, kein Fahrzeug. Das fröhliche Zirpen der Vögel nahm sich sonderbar aus in der kalten Umgebung.

»Sollen wir einfach drübersteigen?«, fragte Hummel und deutete auf den Zaun.

Dosi zog ihn ins Gebüsch. Denn auf dem Wirtschaftsweg preschte ein Geländewagen heran. Bremste scharf vor dem Tor. Der Fahrer stieg aus, um das Tor aufzusperren. »Schmidhammer!«, stieß Dosi hervor.

»Wer ist das?«

»Der Bauunternehmer aus Passau. Mit dem Patzer sich getroffen hat!«

Inzwischen war Schmidhammer auf das Gelände gefahren und parkte vor einem der Türme. Die Beifahrertür öffnete sich: Patzer!

»Volltreffer«, sagte Dosi. »Ich hab's ja gewusst: Wo Patzer ist, ist was faul.«

»Vielleicht hat das was mit dem geplanten Hotel zu tun?«

»Ja, genau, Hummel. So wird's sein... Siehst du hier in dem Betonalbtraum ein Hotel? Ich nicht. Und mir mangelt's nicht an Fantasie.« Dosi war ganz aufgeregt. »Du, wir sehen Patzer beim Aschenbrenner, bei Erics Chef, und jetzt hier mit dem Schmidhammer. Ich sauf eine Maß Bärwurz auf ex, wenn das nicht alles zusammenhängt.«

Jetzt verschwanden die beiden in einem der Türme. Hummel gluckste.

»Was ist so komisch?«, fragte Dosi.

»Vielleicht sind die beiden ja ein Liebespaar und suchen ein stilles Örtchen.«

»Ganz klar, du Romantiker.«

»Was machen wir jetzt? Abwarten?«

»Nein. Sommerrodelbahn. Da hab ich voll Lust drauf!«

»Du spinnst!«

»Aber erst Brotzeit. Wir kommen heute Nacht wieder. Bin gespannt, was wir in den Türmen und Hallen finden.«

LIZENZ ZUM TRÄUMEN

Mader nutzte den späten Nachmittag für einen Spaziergang auf der Fraueninsel. Es gefiel ihm ausgezeichnet hier. Wenn man die Tagestouristen abzog, war es sogar traumhaft. Der blaugraue Spiegel des Chiemsees und der unverstellte Blick auf die Kampenwand. Er erinnerte sich, dass er dort einmal mit Leonore zum Wandern war. Na ja, was »Wandern« mit Leonore bedeutete. Sie waren mit der antiken Seilbahn mit den bunten Kabinen hinaufgefahren und zur Kampenwand hinübergeschlendert, um eine Brotzeit auf der Terrasse des Berggasthauses zu genießen. Das Einzige, was die wunderbare Atmosphäre und den fantastischen Blick auf den See damals gestört hatte, war Leonores unentwegtes Geschnatter gewesen: Kunst, Theater, Politik, Geschichte. Jetzt saß er hier auf einem knorrigen Baumstumpf am Ufer in einer Mönchskutte. Und es war wunderbar still. Passte doch. War er ohne Frau glücklich? Eine virtuelle reichte ihm eigentlich. Er dachte an Catherine Deneuve. Sie gab ihm die Lizenz zum Träumen. Was er sich nur selten gestattete. Er hob ein Stöckchen auf, warf es und wunderte sich, dass Bajazzo dem Stock nicht hinterherhechtete. Kurz war er irritiert, dann fiel's ihm wieder ein. Bajazzo war ja bei Zankl. Er fing tatsächlich an, sonderbar zu werden. Vielleicht sollte doch mal wieder eine Frau eine Rolle in seinem Leben spielen. Eine echte.

TANZABEND

Zankl und Bajazzo verzehrten die letzten Brocken der XXL-Chicken-McNuggets. Zankl schnorchelte dazu eine Cola, Bajazzo hielt er den Wasserbecher hin. Mit Kohlensäure. Bajazzo fand es lustig und hatte bereits mehrfach herzhaft gerülpst. ›Besser als daheim mit Schwiegermutter‹, dachte Zank. ›Viel besser!‹

Zankl staunte nicht schlecht, als Meisel um Viertel nach sechs auf dem Parkplatz hinter dem Internat er-

schien. Im Anzug! Ging er zum Tanzen? Kein Vergleich
zum Zwirn von Carlo oder diesem Zignelli, aber für einen
Hausmeister durchaus beachtlich. Meisel stieg in seinen
Wagen und fuhr los. Zankl hinterher. Es ging erst einmal
Richtung Erding, dann die Flughafenumgehung, weiter
auf der A92. Bei Landshut begann Zankl, am Tanzabend
zu zweifeln. Dafür war der Weg doch ein bisschen weit.
Bei Deggendorf ging es geradeaus weiter. Zuvor hatte
er schon gedacht: ›Der wird doch nicht nach Passau ab-
biegen, in Dosis Heimat?‹ Nein, der Weg führte sie direkt
in den Bayerischen Wald.

Plötzlich hatte Zankl die Erleuchtung: ›Tschechien.
Nutten! Der will sich einen heißen Abend machen. In
einem der Rotlichtklubs hinter der Grenze. Wo ihn keiner kennt, wo er sich mit seinem Hausmeistergehalt auch
mal was leisten kann.‹ Er überlegte, ob die Prostituierten
dort wirklich billiger waren als in München? Zankl hatte
keine Ahnung, was eine Nummer in München kostete.
Aber bestimmt mehr, sonst würde sich der Weg ja nicht
lohnen. So benzingeldmäßig. Irgendwie kam er sich jetzt
blöd vor. War schließlich Meisels Privatvergnügen. Sollte
er umkehren? Nein, jetzt war er schon so weit gefahren.
Vielleicht hatte Wolfgang ihn ebenfalls erpresst? Meisels
Chefs wären kaum begeistert gewesen über dessen amou-
röse Eskapaden im nahen Tschechien.

Schließlich wurde Zankl von gelangweilten Zöllnern
bei Philippsreut über die Grenze gewunken und geriet
kurz ins Schwitzen, denn seine Waffe steckte wie immer
im Schulterhalfter. Wenn ihn die Grenzer rausgezogen
hätten, wäre er in Erklärungsnot geraten. Auch wusste er
nicht, wie das eigentlich mit der Einfuhr von Hunden war.
Aber Bajazzo lag ganz entspannt und unsichtbar im Fußraum der Beifahrerseite.

Zankls Neugier stieg, als Meisel jetzt in keinem der Grenzorte bremste, um bei einer der rot blinkenden Bars einzuchecken oder das Fleischangebot der Straße zu prüfen. Viele dunkelhäutige Mädchen. ›Ob die sich so Europa vorgestellt haben?‹, überlegte Zankl.

Meisel fuhr mit exakt dem erlaubten Tempo weiter. ›Der kennt sich gut aus‹, dachte Zankl, der wusste, dass die tschechische Polizei bevorzugt auf deutsche Touristen wartete, die es mit dem Tempolimit nicht ganz so genau nahmen. Als sie das Ortsschild »Franzensbad« passierten, kapierte Zankl endlich, was Meisel hier suchte: kein Rotlicht, sondern Rot und Schwarz − Roulette. Tatsächlich bog Meisel auf den Parkplatz des *Casino Royal* ein. Zankl überlegte, ob er kurzen Prozess machen und ihn gleich zur Rede stellen sollte. Nein, nach dem wenig kommunikativen Auftritt heute Nachmittag gönnte er ihm noch den Verlust von ein paar Euros. Zudem wäre er nach einem schlechten Kasinoabend sicherlich psychisch weniger stabil und vielleicht ein bisschen auskunftsfreudiger. Dass er eine Glückssträhne hätte, davon war nicht wirklich auszugehen.

Er wartete, bis Meisel im Kasino verschwunden war, dann parkte er sich knapp neben die Fahrerseite von Meisels Wagen. Sehr knapp. Wegfahrsperre. Er kurbelte den Sitz zurück. Bajazzo kletterte jetzt auf den Beifahrersitz und ließ sich von Zankl kraulen.

Was für ein verzwickter Fall: ein toter Kirchenmann, eine verätzte Frauenleiche, ein Exseminarist, der ein bisschen Mörtel aus der Mauer des Schweigens gekratzt hatte. Jetzt fiel ihm ein, dass er vergessen hatte, Mader von seiner Spritztour zu unterrichten. Er sah auf die Uhr. Halb zehn. Er schickte ihm eine SMS.

FUNKYFUNKY

Nach dem Abendessen – Dosi und Hummel hatten dem Sachsen doch noch die Chance gegeben, sein kulinarisches Können mit ehedem tiefgekühlten Pangasiusfilets und lauwarmen Salzkartoffeln und einer mehligen weißen Soße mit strengem Meerrettichgeschmack zu beweisen – rüsteten sie sich für den nächtlichen Verdauungsspaziergang: Wanderschuhe, Regenjacke, Taschenlampe. Um zehn Uhr brachen sie auf. Hummel hatte einen Anflug von Müdigkeit – oder war es der tote Fisch, der ihm so ungut im Magen lag? – und hätte sich am liebsten hingelegt. Aber Dosi duldete keine Widerrede. Sie lenkte den Wagen hinter der Ortsausfahrt auf die Straße zum Freizeitpark *Hohenbogen*, bis zu einem Feldweg, gut versteckt im Fichtenwald, kurz vor dem großen Parkplatz. Es war eine klare Nacht, der dicke Mond glänzte, die Sterne machten *funkyfunky*. Sie sahen ihren weißen Atem, sprachen kein Wort und hielten die Lichtkegel ihrer Lampen dicht vor sich auf den Boden und mit der hohlen Hand abgeschirmt, als sie am Rande der Skipiste unter der Seilbahn bergan stiegen. Eine Stunde später erreichten sie die Bergstation der Seilbahn.

Hummel trank gierig aus der Wasserflasche. »Der Fisch braucht Wasser.«

Sie gingen auf die Türme zu, die sich am nachtklaren Himmel noch bedrohlicher ausnahmen als bei Tageslicht. »Wenn die Typen da sind, ist es bestimmt nicht klug, was wir da machen. So ganz ohne Verstärkung.«

»Wir schauen uns doch nur mal um.«

Jetzt sahen sie im Wald Autoscheinwerfer. Auf dem Wirtschaftsweg. Lichtkegel tanzten durch den Wald. Der Wagen war jetzt bei der Bergstation, stoppte aber nicht.

Hummel und Dosi sprangen zur Seite und verbargen sich in den Büschen. Ein Geländewagen donnerte an ihnen vorbei, dumpf wummerte der Hip-Hop durch die offenen Scheiben.

»Hühnerzüchter sind das nicht«, sagte Dosi.

Sie duckten sich wieder ins Gebüsch, denn es kam noch ein Auto. Ein weißer Mercedes Vito mit Passauer-Land-Nummer.

»Jetzt haben wir die Nummer endlich«, flüsterte sie.

»Also ich mein, alleine sollten wir da nicht reingehen«, sagte Hummel.

Sie sahen, wie die Bremslichter der Wagen am Tor aufflammten, hörten das Quietschen des Tors und wie es scheppernd wieder zufiel, als die Wagen auf das Gelände fuhren. Kurz darauf ging in einem der Gebäude das Licht an.

SCHATZI

Mader lag unzufrieden in seinem Bett. Lustlos blätterte er in *How much, Schatzi?*, dem schmalen Band von H. C. Artmann, den er gerade aus der braunen Versandtasche geholt hatte, die jetzt auf seinem Nachttisch lag. Von wegen Bruder Wolfgangs Tagebuch! Eben war Notkar bei ihm gewesen und hatte ihm berichtet, dass es keinerlei Neuigkeiten gäbe. Kein einziger Hinweis darauf, dass jemand von den Anwesenden in geheime Absprachen mit den Bietern verstrickt sein könnte, geschweige denn, dass jemand etwas mit dem Tod von Bruder Wolfgang zu tun haben könnte. Mader hatte das Gefühl, dass er einer falschen Spur aufgesessen war und dass sie vielleicht an anderer Stelle genauer hätten hinschauen sollen. Vielleicht doch Steinle? Er grübelte über Bruder Wolfgangs Motivation nach: ein kleiner Erpresser, der seine Mitbrüder um ihr Geld erleichterte, um sein Budget aufzubessern. Aber das reichte doch hinten und vorne nicht für einen solchen Lebensstil? Schmiergeld bei dem Immobiliendeal? Oder doch die Antiquitäten. Wolfgang hatte Kirchenkunstwerke bei Antiquitätenhändlern angeboten. In Passau. Wo sonst noch? Das Geschäft organisierte er doch sicher nicht alleine? Wer war sein Komplize? Wer war die tote Frau? Was trieb der Hausmeister des Internats in einem tschechischen Spielkasino, wie Zankl ihm gerade berichtet hatte? Hatte Meisel Schulden? War er auch von Bruder Wolfgang erpresst worden? Verdammt! Sie hatten eine ganze Menge herausbekommen und wussten doch gar nichts. Missmutig legte er das Buch beiseite und löschte das Licht.

DRECK IM SCHACHTERL

Hummel und Dosi waren durch das nur angelehnte Tor geschlüpft und drückten sich jetzt an die Wand des kleinen Wirtschaftsgebäudes, vor dem die Autos standen. Lautes Gelächter am offenen Fenster. Sie schlichen näher, verstanden aber kein Wort, zumal plötzlich das Fenster geschlossen wurde und das Licht erlosch. Hatte sie jemand gehört? Sie kauerten sich an die Hauswand, machten sich ganz klein. Plötzlich wieder Gelächter, Türenschlagen, das Aufheulen des großvolumigen Motors. Dann der Diesel des Lieferwagens.

»Brav«, sagte Dosi. »Jetzt können wir uns ungestört umschauen.«

»Vielleicht kommen sie ja gleich zurück.«

»Das werden wir rechtzeitig hören. *Brumm brumm.* Jetzt komm.«

Die Türme waren verschlossen. Dosi ging zu einer der Lagerhallen. Sie war nicht zugesperrt. Sie betraten die Halle, und die stickige Luft nahm ihnen den Atem. Hummel ließ die Taschenlampe aufleuchten: ein gelb wogendes Meer flauschiger Küken. »Ein paar Wochen noch, dann seid ihr Brathendl«, meinte Dosi. Hummel dachte an den Grillwagen in seinem Viertel vor dem V-Markt. Den mit der leicht obszönen Aufforderung *Nimm mich!*. ›Die beiden Enden einer Produktionskette‹, sinnierte er.

Sie verließen die Kükenbehausung und inspizierten die anderen Hallen. Überall das gleiche Spiel. Hendl unterschiedlicher Altersklassen. »Jetzt müssen wir nur noch den Keller mit den Schwammerln finden«, sagte Dosi.

»Vielleicht geht hier doch alles mit rechten Dingen zu«, meinte Hummel. »Küken, Hühner, Schwammerl. Aber keine Antiquitäten, kein Eric.«

»Dafür Patzer und Aschenbrenner.«

»Na ja, vielleicht geht es ja doch um ein Investmentprojekt?«

»Was ist damit?«, fragte sie und zeigte zu der großen Halle, die sich direkt an einen der beiden Türme anschloss.

»Zugesperrt«, stellte Hummel fest.

»Ist doch komisch, wenn alle anderen offen sind?«

»Hey, da brennt Licht!« Dosi deutete nach oben. In einem kleinen Turmfenster war jetzt ein Lichtschein zu erkennen. »Wie viel Meter sind das bis da hinauf?«

»So zwanzig.«

»Schaffst du das?«

»Was? Hochspringen?«

Sie reichte ihm einen Stein. »Gut zielen.«

»Wieso?«

»Eric. Ich wette, er sitzt da oben.«

»Und wartet, dass ich einen Stein ans Fenster werfe. Und er macht dann auf und lässt sein güldenes Haar herunter. Ganz toll.«

Dosi leuchtete ein, dass von draußen nichts zu machen war. Kurz war sie ratlos.

Dann fiel plötzlich ein Schuss. Sie zuckten zusammen. Noch ein zweiter. Weit entfernt.

»Jemand auf der Pirsch?«, tippte Hummel.

»Du hast doch deine Waffe dabei? Oder liegt die auch bei Tante Trudi?«

»Haha, sehr witzig. Was hast du vor?«

»Baller das Türschloss auf.«

»Spinnst du?«

»Hast du eine bessere Idee?«

Nein, hatte er nicht. Der Schuss kam ihm unendlich laut vor. Er stand neben dem Türvorsprung, um keinen Querschläger abzukriegen, und schoss sozusagen ums Eck. In Filmen sah das besser aus. Aber er war erfolgreich. Das Projektil hatte das Zylinderschloss zerstört.

Dosi öffnete die Tür. Sie betraten den Turm. Innen wirkte er noch größer als von außen. Im Erdgeschoss stand alles voller Kisten. Dosi öffnete eine. Eine vergoldete Heiligenfigur funkelte ihr entgegen. »Na, also. Wer sagt's denn.«

Hummel war schon weiter ins Gebäude vorgedrungen und wollte eine Seitentür öffnen, die in die angrenzende Halle führte. Abgesperrt. »Das sehen wir uns später an. Komm, Hummel!« Sie schlichen die steile Treppe hinauf, vorbei an Etagen voller technischer Geräte mit altmodischen Bakelitknöpfen, vorsintflutlichen Röhrenmonitoren und verstaubten Kunstlederstühlen. Hummel kam sich vor wie in einem alten Science-Fiction-Film. Sie erreichten die oberste Plattform. Aus dem Fenster bot sich ein unglaublicher Blick auf die nächtlichen Höhenzüge des Bayerischen Waldes und des Böhmerwaldes. ›Vielleicht ist das mit der Hotelidee und dem Panoramarestaurant doch nicht so blöd?‹, dachte Hummel. Jetzt sahen sie den Lichtschein unter der Tür, die mit einem einfachen Riegel gesichert war. Hummel nahm die Pistole in Anschlag, Dosi schob den Riegel leise beiseite. Dann riss sie die Tür auf.

Grenzenloses Erstaunen in Erics fahlem Gesicht. »Dosi!«, stieß er hervor.

Dosi sah ihn an, dann in sein Zimmer. Eine schmutzige Matratze lag auf dem Boden, ein paar Konserven, ein Gaskocher und ein Eimer, der alles andere als angenehm roch. »Schön hast du's hier«, sagte sie.

»Dosi, ich bin ja so froh, dass ihr mich gefunden habt…«

»Ausnahmsweise bin ich das auch.«

Eric wollte sie umarmen, bremste sich aber gerade noch. »Äh, ich, ich…«

»Das könnt ihr später klären«, mahnte Hummel. »Wir müssen hier weg!« Doch Dosi und Eric waren wie erstarrt. Er sah in ihre dummen Gesichter. ›Alte Liebe rostet nicht‹, dachte Hummel schon. Doch dann drehte er sich um. Und zuckte zusammen.

Ein fettes Muskelpaket in grüner Latzhose mit einer großen Handfeuerwaffe. »Knarre her!« Klare Ansage. Hummel legte seine Pistole auf den Boden und kickte sie zu ihm. Mr Latzhose hob sie auf und bog den Lauf um. Nein, tat er nicht, aber er sah aus, als könnte er es tun. Grinsend zeigte er seine Zahnruinen. Hummel roch den dumpfen Odem und bekam leichten Schwindel. Dann deutete der Zahnlückige mit einer Kopfbewegung in Richtung Turmzimmer. Eine Einladung, der sie gerne Folge leisteten. Einhändig durchsuchte er Hummel und Dosi und kassierte Dosis Handy. Die beiden wehrten sich nicht, da der Pistolenlauf ein deutliches Ausrufezeichen in ihren Rippen setzte. Dosi, Hummel und Eric blieben in dem Zimmer zurück und hörten, wie von außen der Türriegel vorgeschoben wurde.

»Jetzt hamma'n Dreck im Schachterl«, sagte Dosi.

»Was?«, fragte Eric.

»Wir sitzen in der Scheiße«, übersetzte Hummel. »Dosi, ich sag dir eins: Vom ersten Moment, als wir an dem Ortsschild vorbei sind, hatten die uns auf dem Schirm. Irgendwer hat denen gesteckt, dass wir hier was suchen.«

»Na ja, in so einem Kaff bleibt halt nichts geheim.«

»Was machen wir jetzt?«

»Nix. Abwarten.«

»Du hast Nerven!«

»Vielleicht erzählst du uns mal, warum du hier bist!«, forderten sie Eric auf.

»Ähm, ich hab keine Ahnung. Ehrlich.«

LETZTE BEICHTE

Mader wachte auf. Durchs gekippte Fenster hörte er von draußen erregte Stimmen. Er zog sich die Kutte über und schlich hinunter. Er durchschritt das Tor und sah auf die Wiese und den See hinaus. Ein Priester am Wasser. Die weite Kutte. Plötzlich war da ein zweiter. Handgemenge. Der Angegriffene machte sich los, rannte davon. Mader sah etwas im Mondlicht glänzen. Pistole? Messer? Verdammt, seine Waffe war in seinem Koffer oben im Zimmer. Er folgte den Männern. Stolperte über eine Wurzel, stürzte hin. Die schweren Wolken gaben plötzlich den runden

Mond frei, der alles in Silberlicht tauchte. Der Mann mit der Waffe sah Mader, drehte sich zu ihm. Mader rappelte sich auf, drückte sich in den Schatten der Klostermauer und verschwand im Tor zum Innenhof. Mader konnte kaum etwas sehen, denn jetzt hatten sich wieder Wolken vor den Mond geschoben. Sollte er schreien? Nein, dann könnte er ja gleich »Hier!« rufen. Er durchquerte den ganzen Hof, war planlos. In der Klosterkirche war noch Licht. Spätmesse? Mader huschte hinein. Niemand. Nur ein paar flackernde Kerzen. Wohin? Beichtstuhl. Keine Sekunde zu früh. Mader lauschte. Schritte. Direkt auf den Beichtstuhl zu. Mader hielt die Luft an.

Die Tür neben ihm knarzte. »Hallo, ist da wer?«, kam es leise von drüben.

Mader sagte nichts, doch dann siegte die Neugier. Er beugte sich ans Gitter. »Ja, mein Sohn?«

»Vater, ich habe gesündigt«, flüsterte der andere.

Mader hörte genau zu, was der Bruder zu sagen hatte: Der verstorbene Bruder Wolfgang habe ihn erpresst. Aber er könne nichts für dessen Tod. Er habe einen konkreten Verdacht, denn er kenne den Hehlerring. Mit dabei waren ... Er verstummte, denn jetzt waren Schritte in der Kirche zu hören.

Mader stellte sich auf die Bank, damit seine Füße nicht unter der Schwingtür zu sehen waren. Nichts passierte. Es war gespenstisch still. Dann ging es ganz schnell: Ein ohrenbetäubender Knall, jemand brach neben ihm zusammen, Pulverdampf. Mader betete, hielt den Atem an. Dann hörte er, wie der Leichnam aus dem Beichtstuhl neben ihm gezerrt wurde.

Mader wartete. Lange. Sehr lange. In unbequemer Stellung, in der Hocke auf der Bank. Er lehnte sich zur Seite und nickte irgendwann erschöpft ein.

Als er hochschreckte und einen Blick aus dem Beichtstuhl wagte, war außer ihm niemand mehr in der Kirche. Ein kleines ewiges Licht beim Altar. Mader zitterte. Vor Angst, aber auch vor Kälte. Das war hier kein Job für den putzigen Pater Braun, das war eine eiskalte Verschwörung, mit Menschen, die vor nichts zurückschreckten. Nicht einmal im Angesicht Gottes. Wer war dieser kaltblütige Killer? Hatte er einen großen Fehler begangen mit seinem Plan, mögliche Beteiligte an dem Mord zu provozieren? War sein Bluff mit dem Notizbuch nach hinten losgegangen?

Draußen im Hof war stille Nacht. Hatte denn niemand den Schuss gehört? Mader war verunsichert. Hatte er sich das Ganze nur eingebildet? Nein, der scharfe Geruch des Mündungsfeuers brannte ihm noch in der Nase.

KLEINER FINGER

Es dauerte nicht lange, bis Hummel, Dosi und Eric abgeholt wurden. Der Ungustl brachte sie im Gänsemarsch aus dem Turmzimmer in einen fensterlosen Lagerraum weiter unten. Einer nach dem anderen wurde mit Kabelbindern an alte Bürostühle aus Stahl fixiert. Als das erledigt war, löschte er das Licht und verließ den Raum. Es war stockfinster. Kurz darauf flog die Tür wieder auf, ein starker Bauscheinwerfer blendete sie. Sie sahen nur noch Sternchen.

»So, mein lieber Eric«, sagte jetzt eine Stimme mit dezent niederbayrischer Färbung aus dem Dunkel. »Ich hab schon viel von dir gehört. Ich schätze spontanen Geschäftssinn ja durchaus, aber jetzt bist du zu weit gegangen. Du und deine Spezln.« Er schnalzte mit der Zunge.

»Heini!« Der Koloss betrat wieder den Raum. Die Latzhose mit dem *John Deere*-Aufnäher war um ein neues modisches Accessoire bereichert: um einen Ledergürtel mit einem großen Bowiemesser. »Ich liebe diese Klischees in diesen Mafiaserien«, fuhr der Chef fort. »Eric, du hattest lange genug Bedenkzeit. Du packst jetzt aus, oder Heini schneidet dir den kleinen Finger ab! Und wenn du immer noch nichts sagst, den Ringfinger, den Mittelfinger, den Zeigefinger ...«

Erics Gesicht war weiß und schweißnass. Hummel und Dosi schwitzten auch. Hummel dachte an den Folterzahnarzt im *Marathon-Mann*. Würde der Typ hier sie gleich fragen: »Sind Sie außer Gefahr?« Wenn sie eins nicht waren, dann das. Sie waren in höchster Gefahr! Und das war kein Film, das war echt! Dustin Hoffman hätte sicher nicht mit ihnen tauschen mögen. Der Dicke rutschte jetzt einen alten Tisch heran und durchtrennte mit seinem Messer den Kabelbinder an Erics rechter Hand, um diese auf der Tischplatte zu platzieren. Eric ließ es mit sich geschehen, wirkte vollkommen apathisch.

»Jetzt sag denen endlich, was die wissen wollen!«, herrschte Dosi ihn an.

Eric schloss die Augen. Sturzbäche strömten über sein Gesicht. Tränen? Schweiß? Beides? Der Dicke holte aus. Dosi und Hummel senkten den Kopf und schlossen die Augen.

Drei, zwei, eins ... nichts. Die distinguierte Stimme im Dunkeln kicherte. »Hab ich mir doch gleich gedacht, dass ich was falsch mach. Nicht der, der auspacken soll, wird einen Finger kürzer gemacht, sondern seine Liebste. So ist es doch, oder?«

Dosi war nicht in der Stimmung, das richtigzustellen, sie dachte nur: ›Der Typ ist wahnsinnig!‹ Schon durchtrennte der Dicke den Kabelbinder an ihrer rechten Hand und drückte diese auf den Tisch. »Verdammt, Eric!«, polterte Dosi. »Sag ihm endlich, was er wissen will!«

Eric schwieg beharrlich.

»Ja, Eric, wo ist sie denn, unsere schöne Madonna?«, fragte die Stimme.

Dosi war irritiert. Für einen Moment vergaß sie all die Gefahr. Die Stimme. Jetzt fiel es ihr ein! Es war die ganze Zeit schon dagewesen, aber sie hatte es nicht wahrnehmen wollen. Sie kannte diese Stimme, sie hatte sie schon einmal gehört. Vor Kurzem erst. Aber wo? Wann? Ihr blieb keine Zeit für weitere Gedanken in diese Richtung, denn der Dicke spreizte ihr jetzt den kleinen Finger ab und hob das Messer. »Eric, wo ist die Scheißmadonna?«, zischte Dosi, »verdammt noch mal, tu endlich was!«

Eric überlegte fieberhaft.

Hummel war fassungslos. Was gab es da zu überlegen?! »Du Arsch, wenn du nicht sofort auspackst!«, drohte er.

Der Dicke holte aus. »Eric!!!«, schrie Dosi.

Endlich wachte Eric aus seiner Apathie auf. Verwundert musterte er die Szenerie, als wäre er nur zufällig hier hereingeraten. »Die Madonna ...«, begann er – und stockte. Das soeben gesenkte Messer erhob sich wieder. »... ist in der Gruft unter der Klosterkirche in Neukirchen. Ich hab sie dort versteckt. Bei den Franziskanergräbern.«

Der Dicke steckte das Messer in seine Lederscheide am Gürtel und fixierte die Hände von Dosi und Eric wieder an den Stuhlbeinen. Dann verließ er den Raum.

»Wehe, du verarschst mich!«, sagte die Stimme aus dem Off. Der Baustrahler erlosch. Der Schlüssel drehte sich zweimal im Schloss der Stahltür.

»Eric, ich hoffe für dich, dass das stimmt«, sagte Hummel ins Dunkel.

»Wir müssen hier raus!«, sagte Eric bestimmt. »Und zwar schnell.«

»Du hast den Typen doch verarscht!«, entrüstete sich Dosi.

»Wir müssen hier weg«, sagte Eric noch mal. »Wenn die haben, was sie wollen, dann machen sie uns kalt.«

»Ach komm, wegen so einer Marienfigur?«

»Du hast keine Ahnung, was die wert ist.«

»Du hast keine Ahnung, was ich wert bin!«

»Jetzt hört endlich auf!«, ging Hummel dazwischen.

»Eric, wir haben die Madonna in der Wallfahrtskirche gesehen!«, sagte Dosi.

»Das ist eine Kopie. Das ist gängige Praxis.«

»Gängige Praxis? Wie das hier? Na servus.«

»Niemand merkt was, und ein Sammler freut sich.«

»Ja natürlich, alles kein Problem. Dir haben sie wirklich ins Hirn …!«

KALT UND SCHWARZ

Mader hatte es in sein Zimmer zurückgeschafft und stellte gerade fest, dass sein Handy und seine Dienstwaffe fehlten. Das Zimmer war durchwühlt. Der Umschlag zerrissen.

Was für eine gelungene Klausur. Mader schlich wieder nach unten. Er lief einem zu Tode erschrockenen Notkar in die Arme.

»Ich habe einen Knall gehört, wie ein Schuss«, erklärte Notkar. »Was ist passiert?«

»Ich weiß es nicht«, meinte Mader. »Haben Sie ein Handy? Ich muss die Polizei rufen.«

»War es ein Schuss?« Mader nickte. Notkar holte das

Handy raus, sah auf das Display und schüttelte den Kopf. »Kein Empfang.«

»Verdammt noch mal!«

»Draußen am Steg hab ich heute Nachmittag telefoniert. Kommen Sie. Was ist denn passiert?«

»Später!«, sagte Mader.

Sie erreichten den Steg. Das Wasser lag kalt und schwarz vor ihnen. Der Wind kräuselte die Oberfläche, und das Schilf rauschte. Notkar ging auf den Steg und holte sein Handy raus. Er sah auf das Display. »Na, bitte, geht doch.« Mader streckte die Hand aus, doch Notkar schüttelte den Kopf und zog die Waffe. »So einfach ist das nicht.«

»Sie haben den Mann im Beichtstuhl erschossen!«

»Die Polizei weiß wirklich alles. Jetzt schwimmt er irgendwo da draußen. Und Sie auch gleich. Wo ist das Notizbuch?«

Mader schüttelte den Kopf. »Es gibt keins. Ein Trick. Niemand kann Ihnen was nachweisen.«

Notkar lachte. »Gut so. Und das hier ergibt eine schöne Geschichte. Beziehungstat. Polizist tötet Geistlichen. Und dann sich selbst. Aus Scham. Alles mit seiner Dienstwaffe.«

Mader sah auf die Waffe und musste unwillkürlich grinsen. Es war seine Waffe.

»Spontane Eingebung. Schon für den Herrn im Beichtstuhl.«

Mader schüttelte wieder den Kopf. So perfekt sein Plan offenbar gewesen war, so sehr hatte er die kriminelle Energie von Bruder Notkar unterschätzt. Nein, er hatte sie gar nicht auf dem Plan gehabt. Dass ein Geistlicher so kaltblütig sein konnte! Notkar lächelte. Mader sprang ins Wasser. Zu schnell für Notkar.

Kalt und schwarz, die Kutte zerrte ihn nach unten, er tauchte, so weit er konnte, stieß sich den Kopf an einem der Pfosten des Stegs. So leise wie möglich kam er hoch, sah durch die Ritzen zwischen den Stegplanken Notkars Schatten. Notkar ging in seine Richtung. Mader war bis zur Nase unter Wasser. Atmete ganz flach. Jetzt erschien Notkars Kopf. Kopfüber. Aug in Aug mit Mader. Notkars rechte Hand mit der Waffe. Mader hörte das Klicken und tauchte ab. Die Kugel traf ihn nicht, pfiff durchs Wasser. Mader kam einen Pfeiler weiter vorn nach oben. Jetzt sah er Notkars Kopf von hinten. Und den Arm, der mit der Pistole in die Richtung zeigte, wo er eben noch gewesen war. Mader konzentrierte alles auf diesen Moment, schnellte vor, viel zu langsam, wie ihm schien, er sah in Zeitlupe, wie sich Notkars erstauntes Gesicht zu ihm drehte. Schon hielt Mader Notkars Hand fest umklammert. Der Schuss peitschte ins Wasser. Mader zog aus Leibeskräften. Notkar verlor das Gleichgewicht und stürzte kopfüber ins Wasser. Sie rangen im eiskalten See. Füße im Schlick. Notkar war kräftiger als Mader und drückte ihn unter Wasser. Mader schwanden die Sinne, er versuchte sich aus der Umklammerung zu lösen. Es gelang ihm nicht. Seine Hände griffen in den schlammigen Grund, bekamen einen kantigen Stein zu fassen. Mader hieb damit auf Notkars Unterarm. Notkar ließ sofort los. Mader stieß nach oben, Sauerstoff füllte seine Lunge, Notkar tauchte auch auf, Mader schlug ihm, ohne zu zögern, mit dem Stein ins Gesicht. Notkar sank gurgelnd ins Wasser. Mader sah zu, wie die Blasen aus dem Wasser stiegen, dann besann er sich und griff ins Wasser, um Notkar rauszuziehen.

Als sie das Ufer erreichten, sah er, dass vom Kloster Menschen mit Taschenlampen kamen.

LASERSTRAHL

Plötzlich krachte es. »Hummel, was machst du?«, fragte Dosi.

»Kleinholz«, stöhnte er. Wieder krachte es, Metall ratschte auf Stein. »Geht doch. Ich bin frei.«

Kurz war es still. »Hummel?«, fragte Dosi.

Jetzt flammte ein Feuerzeug auf. »Rauchen kann Leben retten«, sagte Hummel. »Ich steck mir erst mal eine an.«

»Sehr witzig, was hast du vor?«

»Halt dich ganz ruhig!«

Sogleich roch es nach verschmortem Plastik. Dosi spannte die Beine an, und *zong!*, gab der erste Kabelbinder nach. Als Dosi frei war, machte Hummel Pause.

»Und was ist mit mir?!«, fragte Eric.

»Dich lassen wir hier veschimmeln«, sagte Dosi trotzig.

»Ihr, ihr könnt doch nicht...«

»Ich mach gleich weiter, sobald das Feuerzeug abgekühlt ist«, erklärte Hummel.

Kurz darauf waren sie alle frei. Zumindest waren sie die Kabelbinder los. Hummel leuchtete mit seinem Flämmchen den Raum ab. Eric rüttelte an der Stahltür. Keine Chance.

»Was ist das?« Dosi deutete nach oben. »Ein Entlüftungsrohr? Reicht das?«

»Nie und nimmer«, meinte Hummel.

Dosi stellte einen der Stühle hin und stieg darauf. Sie machte sich am Gitter des Ventilators zu schaffen, hängte sich daran und schob den Stuhl mit den Füßen weg. »Zieh, Hummel!« Hummel zog an ihren Beinen, bis Dosi samt Gitter und Ventilator herab- und auf Hummel stürzte.

Der Schein des Feuerzeugs erhellte Spinnweben und Dreck in der Röhre.

»Ich kann ja vorauskriechen«, bot Eric an.

»Sehr gern, der Herr«, sagte Dosi. Eric kletterte hoch und ließ sich von Hummel das Feuerzeug geben. Er verschwand in dem Loch. »Hochmotiviert, der Junge«, murmelte Dosi.

»Und, wo geht das Rohr hin?«, fragte Hummel in die Öffnung.

»Hier ist ein Luftzug. Kommt ihr?«

Dosi stieg als Zweite hinein, dann Hummel. Die Röhre bot gerade so viel Platz, dass man auf dem Bauch hineinrobben konnte. Bald stockte der Verkehr. Hummel hatte Dosis grobe Profilsohlen im Gesicht.

»Was ist?«, flüsterte Hummel.

»Was ist?«, flüsterte Dosi.

»Na, komm schon!«, knurrte Eric. Er schlug mit der bloßen Hand gegen den Ventilator. Mehrfach.

»Jetzt gib dir endlich mal Mühe!«, pfiff Dosi ihn an.

Eric mobilisierte noch mal alle Kräfte, und tatsächlich gaben Ventilator und Gitter nach und krachten auf der anderen Seite hinunter. Eric rutschte aus der Röhre und polterte auf ein Technikpult. Die anderen folgten ihm. Sie sahen sich um. Kaum Licht. Durch das reichlich dreckige Fenster schien vorsichtig der Mond herein. Langsam gewöhnten sich ihre Augen an das spärliche Licht. Eine Kommandozentrale wie in einem James-Bond-Film.

Hummel drehte an ein paar Knöpfen. »Ich werde euch mit meinem tödlichen Laserstrahl vernichten!«

»Klar, Dr. No«, sagte Dosi. »Was machen wir konkret?«

Hummel probierte die zwei Türen in dem Raum. Verschlossen. Er öffnete das Fenster. »Hier ist eher Spiderman als Dr. No gefragt.«

Dosi sah nach unten. Nach ganz unten waren es gute zehn Meter, weiter drüben geht es aufs Hallendach, drei bis vier Meter. »Aufs Hallendach. Raus mit dir, Hummel!« Er folgte aufs Wort. Er kletterte auf den Fenstersims, hängte sich an den Vorsprung und hangelte sich hinüber, bis er über dem Flachdach der Halle war. Dann ließ er sich fallen. Eric folgte, und gemeinsam nahmen sie Dosi in Empfang. Sie schnaufte wie ein Ross.

Dosi inspizierte ein Oberlicht auf dem Flachdach.

»Dosi, komm, wir hauen ab!«

»Du glaubst doch nicht, dass ich hier verschwinde, bevor ich weiß, was Patzer und seine Spezln da unten in der Halle treiben.« Dann trat sie zu. Glas klirrte. Sie öffnete die Luke. Und schon war sie nach unten verschwunden.

Fluchend folgte ihr Hummel.

»Muss ich auch mit?«, fragte Eric von oben.

»Hast du Angst um deine Bügelfalten, oder was?«, zischte Hummel nach oben.

Dosi schob die Scherben unter eine der vielen Paletten, die in der Halle standen. Sie sahen sich um. Antiquitäten und Möbel, alle fein säuberlich in Plastikfolie verpackt. Schwere Stücke auf Europaletten.

»Christo«, murmelte Hummel.

»Ähnlich teuer. Da stehen ein paar Millionen«, meinte Dosi.

Eric hatte die Folie von einem großen Altarkreuz gehoben und befühlte die filigrane Schnitzkunst. »Spätes 17. Jahrhundert. Sehr feine Arbeit. Ammergau. Toll!«

Jetzt hörten sie ein Geräusch. »Duckt euch!«, zischte Dosi. Hummel suchte Zuflucht unter der Plastikfolie, die ein Weihwasserbecken bedeckte, Dosi schlüpfte unter das reich verzierte Holzdach einer Kanzel, und Eric kroch zu seinem Ammergauer Jesus.

Das Licht in der Halle ging an. Sie stellten das Atmen ein.

Ein Mann, groß, kräftig, guter Anzug. Blonder Seiten-
scheitel, Mitte vierzig, distinguiert. Geschäftsmann. Der
Fette von vorhin brachte einen Karton herein und stellte
ihn auf einen Tisch. Dann packte er ihn aus. Die Madonna
aus der Wallfahrtskirche Neukirchen kam zum Vorschein.

»Der gute Eric hat nicht gelogen«, sagte der Anzug-
mann.

»Frisch aus der Gruft der Klosterkirche«, sagte der Dicke.

Der Geschäftsmann lächelte versonnen. »Das gute
Stück. Heini, räum den Karton weg, Karel kommt gleich.«

Der Dicke deckte ein Tuch über die Statue, packte die
Holzwolle in den Karton und stellte ihn beiseite. Dann
lenkte er den Lichtkegel einer alten Stehlampe auf die
verhüllte Madonna. Sechs neugierige Augen unter milchigem Plastik verfolgten jede Bewegung.

Die Tür ging ohne Vorwarnung auf. Ein feister Mann
mit Halbglatze und schwarzem Anzug betrat die Bühne.
Auf der Brusttasche seines Sakkos waren die Goldlettern
CR eingestickt. Aus seinem Schatten lösten sich zwei bös-
artig dreinblickende Bodyguards in schwarzen Kampf-
anzügen. Auch sie hatten ein kleines goldenes CR links auf
der Brust. Sie postierten sich an der Tür.

Testosteron und Angst vermischten sich brisant in der
Luft. Letzterer Duft kam von Dosi, Hummel und Eric. Sie
schwitzten unter ihren Plastikplanen. Jeder sein eigenes
emotionales Treibhaus. Jetzt Fokus auf die Hauptdarstel-
ler: Der Glatzkopf sah Heini und seinen Boss geringschät-
zig an und spuckte dann verächtlich auf den Boden. »Nun,
Niemeyer, was hast du?«

»Deine Bestellung, Karel.«

»Ist spät, nicht wahr?«

»Es gab da ein kleines Problem.«

»Du hast immer Problem. Hast du gelöst?«

»Zur allseitigen Zufriedenheit. Der Typ dreht keine Dinger mehr. Dachte, er kann uns eine Scheißfälschung andrehen.«

»Und jetzt ihr habt sie?«

»Ja, er hatte sie in der Gruft versteckt. Nebenan in der Klosterkirche.«

Er zog das Tuch von der Statue. Im Schein der Stehlampe wirkte sie in der dunklen Halle wie eine Erscheinung. Erhaben, weise, mystisch. Die Marienfigur aus Neukirchen, der kein irdischer Schmerz etwas anhaben konnte. Keiner hätte sich gewundert, wenn jetzt tatsächlich Blut aus ihr geströmt wäre. Karel grinste breit, kam mit seinem Gesicht bis auf wenige Zentimeter an das Gesicht der Jungfrau heran. Er sah der Madonna tief in die Augen. »Ist es endlich so weit«, murmelte er. Dann ein leichtes Zittern am rechten Augenlied. Er drehte sich um. Niemeyer lächelte. Karel wandte sich an Heini. »Gibst du mir Messer?«

Heini sah seinen Boss fragend an. Der nickte. Karel nahm das große Messer, wog es kurz in der Hand, dann holte er aus und spaltete mit einem wuchtigen Schlag der Madonna das Haupt. Der halbe Kopf polterte zu Boden. Geschockt starrten Heini und sein Chef den Frevler an. Dessen Blick war kalt, fünfzig Grad unter Null. »Das ist Scheißfälschung!«, entwich es drohend seinen zusammengekniffenen Zahnreihen.

Dosi war wie gelähmt. Eric! Sie schnaufte empört auf und war einen Moment unachtsam, sodass das Kanzeldach, unter das sie geschlüpft war, wankte und mit lautem Krachen zur Seite fiel. Auftakt zum Chaos. Flattern und Knattern von Plane, Jesus am Kreuz stürzte ebenfalls wegen Eric. Die drei rannten durch die vollgestellte Halle, wirbelten Staub auf, sprangen hinter eine lange offene

Holzkiste. Dosi zischte: »Eric, du bist so ein unglaubliches Arschloch! Meinst, du kannst die Typen leimen?!«

»Es war eine gute Kopie! Mitte 19. Jahrhundert.«

»Ich geb dir gleich eine gute Kopie! Was mit uns ist, ist dir scheißegal! Du wolltest nur Zeit gewinnen. Wenn der Schwindel auffliegt, wolltest du weg sein. Ich fass es nicht...«

»Ruhe!«, zischte jetzt Hummel.

»Wer sind Typen mit Eric?«, fragte Karel.

»Den Typ kennen wir nicht. Die Frau ist eine Polizistin«, sagte Niemeyer.

»Polizei!«, zischte Karel. »Was machst du für Scheiße?«

Dosi war geschockt. Woher wusste der das?! Jetzt fiel es ihr wieder ein: die Stimme. Ja, die Stimme von vorhin. Die hatte sie schon mal gehört. Kürzlich erst. Nur wo?

»Müssen wir totmachen!«, knurrte Karel. »Ich mein ernst.«

Dann war es still. Hummel lugte hinter der Kiste hervor. Nur die zwei Typen in ihren schwarzen Anzügen. Trotz ihrer beeindruckenden Muskelmasse bewegten sie sich wie Elfen, Ballerinen. *Schwanensee.* Sie tanzten graziös zu unhörbarer Musik, schwebten durch den Raum, die Waffen elegant in Händen, als wären es Fächer, natürliche Verlängerungen ihrer Hände. Ehrfürchtig genoss Hummel das Schauspiel. Das waren perfekt geölte Killermaschinen, Profis. Gegen die hatten sie keine Chance. Zumindest nicht in der direkten Auseinandersetzung. Die beiden grazilen Brummer trennten sich. Jeder in eine andere Richtung. Über das Headset ihrer Handys hielten sie flüsternd Kontakt. Einer schwebte genau in ihre Richtung, auf die große Kiste zu.

Dosi gab ihren beiden Jungs Anweisungen. Sie verschwanden zwischen den anderen Kisten. Der schwarze

280

Samurai war jetzt ganz nah bei ihnen, als Dosi seelenruhig aufstand und ihm direkt ins Gesicht sah. »Hallöchen, Süßer, ich habe schon auf dich gewartet«, sagte sie lasziv und fuhr mit den Händen wenig zweideutig die Kontur ihrer Oberweite nach.

Der Riese war perplex und starrte sie an. *Plonk!* Hart traf ihn am Hinterkopf das hölzerne Kruzifix, das Hummel als Schlagwaffe ausgewählt hatte. Der Koloss stürzte nach vorne, Eric fing seine Hand mit der Waffe ab. Mit vereinten Kräften bugsierten sie ihn in die Kiste. All dies ging lautlos vonstatten, auch das Schließen der Kiste und das Beschweren des Deckels mit einer weiteren Kiste. »Hej!«, bellte eine Stimme hinter ihnen. So schnell? Eric legte die Waffe auf den Boden und hob wie Hummel die Hände. Eric und Hummel sahen in die finstere Visage, in der sich jetzt ein zartes Lächeln ankündigte. Ein kurzes Schwirren, ein goldener Lichtreflex, schon sauste der Bischofsstab in seinen Nacken und knipste auch ihm das Licht aus.

»Sauber, Dosi«, sagte Hummel.

»Ja, die Waffen des Herrn sind unergründlich.« Sie durchsuchte die Taschen des geistig Abwesenden.

»Was suchst du?«, fragte Hummel.

Sie fischte das Handy heraus, beendete die Verbindung und wählte die 110: »Hier ist Doris Roßmeier, Kripo München. Wir brauchen Verstärkung. Die alte Abhöranlage auf dem Hohenbogen bei Neukirchen. Die Typen hier sind bewaffnet. Was, wie …? Nein, dafür hab ich jetzt echt keine Zeit. Bitte rufen Sie Hauptkommissar Mader in München an. Wie, welchen Mader? Mordkommission I, München. Nein, für euren Bürokratiescheiß hab ich keine Zeit! Und rufen Sie Karl Wimmer von der Passauer Polizei an. Welchen Karl Wimmer? Ja, den ehemaligen Oberkommissar! Ja, verdammt noch mal. Wir brauchen dringend Hilfe ...«

Weiter kam sie nicht, denn jetzt flog die Hallentür auf. Nachschub. Bestimmt die Jungs aus dem schweren Geländewagen. Hummel packte Dosi, ihr fiel das Handy runter, sie rannten. Im letzten Moment. Kugeln zersiebten die Luft. Aber keine akute Gefahr. Die Schüsse gingen in die Hallendecke, waren nur eine Warnung. Die zahlreichen Kunstwerke sollten offenbar geschont werden. Wenig tröstlich. In Todesangst liefen die drei durch die Halle. An der Stirnseite befand sich eine Stahltür. *Bitte bitte bitte!* Aber Pech. Natürlich verschlossen. Eric deutete zur Stahltreppe, die auf eine Balustrade führte. Sie schlichen hinauf. Von oben konnten sie jetzt sehen, was los war in der Halle. Sechs Leute mit Pistolen im Anschlag schlichen durch das Kistenlabyrinth. Alle mit paramilitärischen schwarzen Anzügen. An der Brust der Männer glänzte es golden. Kleinarmee.

›Hier oben geben wir ein perfektes Ziel ab‹, dachte Hummel jetzt. Zumal die kostbare Hehlerware dabei nicht gefährdet wurde. Er sah das kleine Fenster. Vorsichtig bewegte er den Fensterhebel. Mit zittrigen Fingern öffnete er es. »Mach jetzt bitte kein Geräusch!«, betete er, denn jetzt waren die Verfolger fast unter ihnen. Dosi stieg zuerst nach draußen, dann Eric und Hummel. Hummel blieb hängen. Eine lange Schraube hatte sich an seiner Hosentasche verfangen. Kein Vor, kein Zurück. »Helft mir!«, flüsterte er. Die beiden zogen ihn aus dem Fenster. Seine Hosentasche riss auf. Das alleine wäre noch nicht in der Halle zu hören gewesen, sehr wohl aber das Kleingeld, das jetzt auf die Treppe hinunterklimperte. Schüsse zerfetzten die Luft, ließen Scheiben explodieren, peitschten vom Stahlgeländer weg. Doch sie waren bereits draußen auf dem Hallendach. Rannten über die wellige Dachpappe bis zum Ende des Dachs. Über fünf Meter. Harter Boden. »Hier!« Eric deutete zu dem Misthaufen. Sie sprangen in das stinkende Polster aus Stroh und Hühnerdung.

Als sie an den Geflügelhallen vorbeiliefen, drehte Dosi plötzlich bei. »Hey, Dosi, was wird das?«, rief Hummel. Sie riss eine der Hallentüren auf, klemmte sie fest und klatschte laut in die Hände. Sogleich ergoss sich ein aufgeregter Schwall flauschiger Küken aus der Halle. Wäre es nicht so ernst gewesen, hätte Hummel gelacht. Eric und er rissen die Türen der anderen Hallen auf, und kurz darauf war alles ein wogendes Meer aus emotional aufgepeitschten Küken und halbwüchsigen Hühnern. Als der erste Schuss fiel, ging es komplett drunter und drüber. Dosi, Eric und Hummel hatten den Maschenzaun erreicht, hangelten sich hinüber und tauchten ab in die Tiefen des Waldes.

FÜNFTAUSEND

In der Dunkelheit verschwammen trotz des hellen Mondlichts sämtliche Konturen. Denn zwischen den Höhenzügen klebten Nebelbänke, die sich schimmernd in den Wald schoben. Am Himmel waren auch ein paar dicke Wolken, die sich langsam auf den Mond zubewegten. Hummel, Dosi und Eric kämpften sich durch den dichten Wald. Hatten keine Orientierung. Es war unwegsam, immer wieder stolperte einer der drei oder rutschte aus. Dann verharrten sie wieder hinter einem großen Felsbrocken, um zu lauschen, ob ihnen die Verfolger noch auf den Fersen waren. Sie trafen auf einen Wirtschaftsweg. War das der Versorgungsweg zur Bergstation der Seilbahn? Dort würden sie schneller vorankommen. Keine gute Idee. Sie sahen zwei dunkle Gestalten und die rot glühenden Punkte ihrer Zigaretten.

»Die sind verdammt schnell«, flüsterte Dosi.

»Hatschi!«, lautete Hummels Antwort. Sofort drehte sich einer der beiden Raucher um. Der Strahl seiner Taschenlampe tanzte auf sie zu. Sie stolperten in den Wald zurück. Rennen war nicht angesagt in dem abschüssigen Gelände. Sie drückten sich hinter einen dicken Baumstamm. »Was jetzt?«, flüsterte Hummel, als die schwankenden Lichtkegel näherkamen. Dosi deutete nach oben. Für Fragen war keine Zeit. Hummel machte die Räuberleiter, Dosi und Eric kletterten hoch. Er selbst griff schließlich nach Erics Fuß und zog sich ebenfalls nach oben. Keine Sekunde zu früh, denn jetzt standen die Verfolger genau unter ihnen. Es waren vier. Sie redeten Tschechisch miteinander. Einer deutete mit der Taschenlampe in den Wald.

Der Wortführer blieb, die drei anderen verschwanden im Wald, stiefelten über knackende Äste in die ihnen angegebene Richtung. Eric, Hummel und Dosi sahen, wie sich der Wartende eine Zigarette anzündete. Dosi machte Hummel eine eindeutige Handbewegung, ob sie sich auf den Mann hinabstürzen sollte. Er schüttelte heftig den Kopf. Zum Glück, denn jetzt kam schon einer zurück.

Beide rauchten schweigend, bis sie es knacken hörten. Jetzt sahen sie sich an, dann nach oben. Schon stürzten Hummel und Dosi auf sie herunter. Das Überraschungsmoment war auf ihrer Seite. Nach einem kurzen Handgemenge waren die beiden überwältigt. Dosi und Hummel hielten sie fest, und Eric zog ihnen die Schnürbänder aus den Springerstiefeln und fesselte sie damit.

»Wenn ihr schreit, puste ich euch die Spatzenhirne aus der Birne«, sagte Dosi und hielt ihnen die gerade erbeu-

tete Waffe unter die Nase. »Ich zählt jetzt bis fünftau-
send. Und so lange haltet ihr die Klappe! Ist das klar?« Sie
drückte dem direkt Angesprochenen die Waffe in die Rippen. Der nickte. Ob er sie wirklich verstanden hatte, war
Dosi egal.

»Was dieses CR auf ihren Anzügen wohl heißt?«, fragte
Dosi Hummel.

»Cretin.«

»Kreta?«

»So was Ähnliches. Jetzt los!«

Plötzlich gab es einen Knall, und die Nacht war taghell.

ÜBERBREIT

Zankl erwachte von dem Knall. Meisel lag auf der Küh-
lerhaube seines Wagens. Ein großer Mann in Schwarz
würgte ihn nachdrücklich. Kurz darauf sackte er plötzlich
zusammen, hielt sich das Gemächt. Meisel wollte in sein
Auto steigen, nahm notgedrungen die Beifahrertür, weil
Zankl ihn ja zugeparkt hatte. Jetzt heulte sein Opel Astra
auf. Aus dem *Casino Royal* stolperten zwei weitere Gestalten. Riesige Männer. Schwarze Anzüge, goldenes CR.
Der eine erfasste die Situation sofort, als Meisels Wagen
mit kreischenden Reifen vom Parkplatz schoss. Er drehte
bei und sprang in die schwarze Corvette neben dem
Kasinoeingang. Der Motor fauchte wütend, der zweite
Mann sprang in den Wagen, sie schossen vom Parkplatz.
Das Ganze dauerte nur wenige Sekunden. Der mit dem
Rührei hatte sich inzwischen aufgerappelt und sah Zankl
irritiert an, der jetzt auch den Motor startete. Instinktiv
ging Mr Rühreis Hand zum Griff von Zankls Beifahrertür,
doch Zankl drückte die Zentralverriegelung und trat das

Gaspedal durch. Bajazzo duckte sich verschüchtert in den Fußraum.

Auf der nächtlichen Hauptstraße sah Zankl gerade noch die Rücklichter der Corvette. Er schaltete in den vierten Gang hoch. Dachte kurz an die Polizeikontrollen, die er auf dem Hinweg gesehen hatte. Aber nur kurz. War ihm egal. Vielleicht schliefen die tschechischen Kollegen ja schon. Es war vier Uhr morgens. Die Straße wand sich durch die Wälder, er sah das Auf und Ab der Bremslichter. Zankl fuhr am Limit. Nur eine Kurve noch. Nichts mehr. Verdammt?! Zankl stoppte. Er drehte sich um. Hatte er was übersehen? Ja, einen Rastplatz. Zankl passierte den Parkplatz und hielt einige Meter weiter an der Straße. Machte Motor und Licht aus. »Bajazzo, du bleibst hier!« Er zog die Waffe und schlich zum Parkplatz. Die zwei Kasinotypen hatten Meisel in der Mangel. Der lag wieder auf der Motorhaube, diesmal auf der eigenen. Ein langes und vermutlich scharfes Messer blitzte an seinem Hals.

»Sag deinem Spezl: Messer weg!«, flüsterte Zankl, als er dem unbeteiligten Zweiten die Pistole an den Hinterkopf drückte. Der Angesprochene zischte etwas auf Tschechisch, und Nummer eins ließ tatsächlich von Meisel ab. »Gib ihm das Messer!«, sagte Zankl und deutete auf Meisel. Widerwillig gab Nummer eins das Messer an Meisel ab, der nicht recht wusste, was er damit machen sollte. Zankl deutet mit der Pistole in den Wald. »Jungs, ihr marschiert jetzt da rein, und wehe, ihr kommt zurück, bevor wir weg sind.«

Sie sahen Zankl verständnislos an. Zankl machte eine eindeutige Handbewegung Richtung Wald, und als sie sich noch immer nicht rührten, gab er einen Schuss ins Unterholz ab. Der Knall und das Mündungsfeuer waren deutlich genug, und sie trotteten in den Wald. Zankl gab noch einen zweiten Schuss in den mondhellen Himmel ab, und die beiden beschleunigten ihre Schritte.

»Danke«, sagt Meisel.

»Stechen Sie die Reifen auf.«

Meisel verstand nicht. »Nicht Ihre.« Zankl deutete zur Corvette. »Alle vier. Und dann nichts wie weg!« Mit scharfem Zischen entwich die Luft aus den überbreiten Reifen. Die Corvette wurde noch windschnittiger. Sie bestiegen Meisels Auto und verließen den Parkplatz. Bei seinem Auto an der Straße stieg Zankl aus und verabschiedete sich – vorerst: »Hinter der Grenze sprechen wir uns! Erste Tankstelle hinter Philippsreut. Ich verlass mich drauf!«

BLINDFLUG

Der Wald rauschte. Ohrenbetäubend. Regen von oben und unten, von allen Seiten. Eiskalte Windböen. Sie waren nass bis auf die Haut. Und verzweifelt. Jetzt war auch noch die Natur gegen sie! ›Scheißegal, ob irgendwo am Amazonas, im Hochgebirge oder hier im Bayerischen Wald – sterben kann man überall‹, dachte Hummel. Blitze zuckten, Wind peitschte Regen vor sich her, die mächtigen Bäume ächzten. Mit einem gewaltigen Donnern und Splittern rauschte eine hohe Fichte zu Boden. Eric riss Dosi und Hummel im letzten Moment zur Seite. Hummel spürte einen stechenden Schmerz in der Wange, schmeckte das Blut, hätte sich am liebsten in Ohnmacht sinken lassen, wäre einfach liegen bleiben. Dosi zerrte ihn hoch. »Hummel, mach jetzt nicht schlapp! Wir schaffen das!«

Sie stolperten weiter durch den immer wieder von Blitzen erhellten Wald.

Plötzlich legte das Gewitter eine Atempause ein. Kein

Wind mehr. Der Mond lugte über den Rand des schwarzen Wolkengebirges. Es war gespenstisch still. Ein Ast knackte. Alle Blicke in die Richtung, aus der das Geräusch gekommen war. Ein Lichtkegel. »Zefix, die sind so was von hartnäckig!«, murrte Dosi. Sie liefen weiter. Mit einem Mal endete der Wald. Eine Schneise. »Die Skipiste«, sagte Dosi und sah nach oben. Die Stahlseile der Sesselbahn. Die leeren Sessel schwankten lautlos hin und her. Dosi, Hummel und Eric stiegen am Pistenrand bergab. Im Genick die Lichtkegel der Taschenlampen. Zu weit weg für ein Feuergefecht. Wie lange noch? »Zur Mittelstation!«, zischte Dosi. »Die Rodelbahn!«

Natürlich waren die Rodel nachts eingestellt, damit die Dorfjugend nicht auf dumme Gedanken kam. Schade. Die Bahn glänzte nass im Mondschein. ›Dann halt so!‹, dachte Dosi und packte die Jungs auf die Bahn. Sie zischten auf der glitschigen Kunstoffbahn davon. Dosi kruschte etwas aus der Werkzeugkiste unter der Bank des Liftführers heraus. Die Kiste war ihr heute beim Hochfahren an der Mittelstation aufgefallen. Lappen, Schraubenzieher... Sie fand, was sie suchte, und schwang sich jetzt auch auf die Bahn. Gerade noch rechtzeitig, denn die beiden Verfolger hatten jetzt die Mittelstation erreicht. Dosi rutschte los. Bei einer Steilkurve nach links polterte sie aus der Bahn und krachte in ein Gebüsch, in das auch schon Hummel und Eric gedonnert waren.

»Alles dran?«, fragte Hummel.

»Ja. Kopf runter!«, zischte Dosi.

In diesem Moment kam der erste Verfolger in hohem Bogen übers Gebüsch geflogen und polterte mit einem Aufschrei auf die Skipiste. Der zweite Streich folgte zugleich. Schöne Flugbahn, harter Aufschlag auf dem anderen. Nach einem Aufschrei war Ruhe.

Hummel sah Dosi fragend an. Die grinste und zeigte die Dose *Caramba*, die sie aus der Werkzeugkiste entwendet hatte. Sprühöl! Hummel schüttelte den Kopf.

»Sind die zwei hin?«, fragte Eric besorgt.

»Des is mir so was von wurscht«, sagte Dosi. »Nix wie runter vom Berg.«

Hummel deutete nach unten. An der Talstation war reges Leben. Autos, Lastwagen, die jetzt auf den Wirtschaftweg zur Bergstation einbogen. Auf der Skipiste näherten sich die Lichtkegel von Taschenlampen. Von oben und unten. In dem Moment wurde es finster. Die Wolken verschluckten den Mond. Der Himmel öffnete wieder seine Schleusen. Alle. Weltuntergang. Blitz und Donner knallten gleichzeitig. Das Gewitter war genau über ihnen. Sie fassten sich bei den Händen und rannten zurück in den Wald. Blindflug. Nur manchmal erhellten Blitze das unwegsame Gelände. Ächzende Stämme, Unterholz wie gichtige Geisterkrallen, giftig glänzende Farne. Sie drangen tief in den Bergwald ein. »Da vorne!«, schrie Dosi und zeigte ins Dunkel. Beim nächsten Blitz sah Hummel es. Oder ihn. Den riesigen Findling. Ein Felsbrocken – groß, als hätte Rübezahl ihn geworfen. Unter ihm ein großer Spalt, gerade genug Platz für sie drei. Sie zwängten sich in den Unterschlupf. Dort war es erstaunlich trocken. Plötzlich schien das Gewitter weit weg. Nur drei zitternde Leiber in der engen Höhle.

GAME OVER

Meisel hielt sich an seiner Kaffeetasse fest. Die Raststätte war für die frühe Stunde erstaunlich belebt. Viele Nachtschwärmer. Bajazzo schnurpselte eine Wiener. Draußen brach der Morgen in milchigem Dunkelgrau an. Zeit für die Wahrheit.

»Ich spiele schon immer«, erzählte Meisel. »Karten mit Freunden, manchmal Pferde, gelegentlich Fußball. Irgendwann habe ich mit Roulette angefangen. Das Risiko schien mir überschaubar. Rot und schwarz, fünfzig Prozent. Aber so einfach ist es nicht. Reihen, Vierer, alles auf eine Zahl. Kleine Chancen, großes Risiko. Die Einsätze wurden immer höher. In die bayrischen Spielbanken haben sie mich nicht mehr reingelassen. Da habe ich es in Tschechien versucht. Die haben mir Kredit gegeben. Mir das Geld geradezu aufgenötigt. Zu sehr günstigen Konditionen. Anfangs habe ich nicht gewusst, warum. Dann haben sie es mir gesagt. Die haben die ganze Zeit schon davon gewusst.«

»Von den Kunstschiebereien?«

Meisel nickte.

»Mit Bruder Wolfgang?«

Meisel schüttelte den Kopf. »Nein, eigentlich nicht. Mit Notkar. Wir kennen uns schon seit dem Internat. Er war Lehrer und machte damals gerade eine Weiterbildung zum Verwaltungsfachwirt. Er machte damals schon mit einem ehemaligen Schulfreund Geschäfte. Bruder Franz war Archivar bei den kirchlichen Kunstsammlungen, hatte Zugriff auf die Bestandslisten. Die beiden wollten sich vergrößern und brauchten jemanden fürs Praktische. Transport, Lagerung, Organisation von Kopien. Das übernahm ich. Wir waren ein gutes Team, jahrelang. Wir verkauften nur Kunstwerke, Objekte, die nicht groß auffielen, die unentdeckt in den Archiven lagen.«

»Und dann kam Wolfgang ins Spiel?«

»Wolfgang war ein Meister im Aufspüren der Verfehlungen anderer. Er hatte einen Riecher dafür. Es gab keinen im Internat, den er nicht erpresste. Mit seinem Büchlein, in dem all die kleinen Laster ihren Platz fanden. Dass er von meiner Spielsucht und von meinen Geschäften mit Notkar wusste, wurde mir erst klar, als ich ihn aus dieser Notlage befreite. Die anderen Seminaristen hätten ihn fast totgeprügelt.«

»Und was war sein Dank?«

»Er erpresste mich nicht, obwohl er alles wusste. Einfach alles. Er wollte unser Geschäftspartner werden. Uns blieb gar nichts anderes übrig.«

»Warum hat er Sie nicht schon früher erpresst?«

»Ich weiß es nicht. Wahrscheinlich hat er auf den richtigen Moment gewartet. Er war ein knallharter Geschäftsmann. Nach einiger Zeit bestimmte er, wo's langging. Und wollte immer mehr. Sein Lebensstil wurde immer aufwendiger, er baute die Geschäfte mit den Tschechen massiv aus. Ein Kreislauf, in dem alle immer mehr wollten.«

»Und den Notkar unterbrach, indem er Wolfgang aus dem Fenster stürzte.«

»Ich weiß es nicht.«

»Ich glaube, wir setzen unser Gespräch doch lieber auf dem Präsidium fort.«

»Ich weiß es wirklich nicht. Wolfgang hatte eine Menge Feinde. Alle, die in seinen Notizbüchern standen.«

Zankl nickte müde. »Warum wollten ihnen die Typen vorhin an den Kragen?«

»Ich weiß es nicht. Der Abend war wie immer gewesen. Dann merkte ich, dass etwas nicht stimmte, und wollte gehen. Aber die wollten mich nicht gehen lassen. Und dann ist es eskaliert.«

»Na, vielleicht hat Notkar ja die Tschechen angeheuert, um kurzen Prozess mit Ihnen zu machen. Wäre doch denkbar, nachdem er schon Wolfgang aus dem Weg geräumt hatte. Er wusste, dass die Sache kurz vor dem Auffliegen war, und wollte Sie als Mitwisser loswerden. Trauen Sie ihm das zu?«

Meisel zuckte mit den Achseln. Dann nickte er. »Dem trau ich alles zu.«

»Werden Sie gegen Notkar aussagen? O Gott...« Jetzt fiel ihm ein, dass Mader mit Notkar am Chiemsee war! Er griff zu seinem Handy, das just in diesem Moment läutete. Maders Nummer. Erleichtert nahm er den Anruf entgegen und hörte, was Mader ihm zu berichten hatte. Zankl stellte keine Fragen. Als er aufgelegt hatte, sagte er zu Meisel. »Ich muss los.«

»Was passiert jetzt?«

»Die Tschechen werden wahrscheinlich schon vor Ihrer Haustür warten.« Meisel wurde noch bleicher. Zankl lächelte. »Kleiner Scherz. Gehen Sie zur Polizei. Machen Sie eine Selbstanzeige, reinen Tisch. Die Polizei wird Sie schützen. Wenn Sie auspacken, bekommen Sie Strafmilderung, vielleicht nur Bewährung. Besser kommen Sie aus der Nummer nicht mehr raus.«

»Und Notkar?«

»Der ist bereits in Polizeigewahrsam.«

Meisel sah ihn erstaunt an.

»Mordversuch an einem Polizisten. Unter anderem. Das Spiel ist aus. Game over. Rien ne va plus. Gehen Sie zur Polizei!«

LASCAUX

Die Schlammlawine kam aus dem Nichts. Bevor Hummel die Augen öffnen konnte, hatte sie ihn bereits erfasst, drückte ihn in die Tiefe der Höhle, in den Schlund der Erde. Totale Finsternis. Alles wirbelte durcheinander. Panik? Nein. Im Gegenteil. Irgendwie fühlte er sich frei. Ihm war nicht mehr kalt. Er fühlte sich wie damals, als ihm seine Hausärztin wegen Rückenschmerzen Fangopackungen verschrieben hatte. Total entspannt. Eingelullt von warmem Schlick. Er war blind. Aber viele Bilder entstanden nun vor seinem inneren Auge. Viel bunter und schöner, als er sie je in echt gesehen hatte. Das dunkle Rot von Beates Lippenstift. *Lascaux.* Hieß der so? Nein. So hieß die berühmte Höhle in Frankreich mit den Urtiermalereien. *Beate!* Die Urfrau. Und doch hatte er seit Tagen nicht mehr an sie gedacht. Gab es also doch etwas Wichtigeres als Liebe? Nein, Liebe war immer das Licht am Ende des Tunnels, der Polarstern am Nachthimmel. Stern – *Estelle* –, so hieß die Lippenstiftmarke. Sein Gehirn funktionierte also noch.

Er öffnete die Augen und spähte aus der Höhle. Er blinzelte in das Silber des anbrechenden Morgens, in die glitzernden Riesenfarne, die taunassen Spinnennetze, die wie durch ein Wunder in wenigen Stunden entstanden sein mussten. Oder waren sie von dem Unwetter verschont geblieben? Vögel pfiffen, Bienen und Fliegen summten. Das unwirkliche Blau des Himmels, sanft wogende Äste der Fichten. *Zauberwald.* Ein Bild, das alles in sich trug: Leben, Fantasie, Zuversicht. Jetzt war sich Hummel sicher, dass er am Leben war. Weggeblasen jeder Zweifel, jede Lebensmüdigkeit. Sobald sie in der Zivilisation waren, musste er sich bei Beate melden, ihr sagen, wie sehr er sie liebte. Liebe – das Einzige, was wirklich zählte. Er sah zu Dosi und Eric, die in Löffelstellung auf dem moosigen Höhlengrund schliefen. *Romantik reloaded.* Alte Reflexe. Wenn er sein Handy noch hätte, würde er ein Beweisfoto schießen. Dann könnte er Dosi erpressen. Fränki würde ausflippen. Er grinste. Schon wieder genug Energie für blöde Gedanken. *Zeng!* Ein Schuss hallte durch den Wald. Ihre Verfolger? Immer noch? Jäger? Jetzt rührten sich auch Dosi und Eric.

HARTE JUNGS

Der Jäger kratzte sich am Kopf. Hatte der Schuss gesessen? Nein, da bewegte sich noch was. Der Jäger kam näher, um dem angeschossenen Wild den Fangschuss zu geben. Wild? Nein, es war ein Mensch, der dort in Outdoorklamotten am Boden lag. Hatten die gedeckten Farben für die Verwechslung gesorgt? Wie tragisch! Jetzt nahm der Jäger die Sonnenbrille ab. Es war Wimmer. Er legte an. Für den Fangschuss. Der Schuss knallte. Aber nicht seiner. Wimmer schrie auf, ließ das Gewehr fallen. Er packte das Gewehr mit der linken Hand, richtete es auf sein Opfer. *Peng!* Ein weiterer Schuss durchschlug seinen linken Oberarm.

Zankl trat aus dem Gebüsch und sicherte das Jagdgewehr. Er legte dem stöhnenden Wimmer die Handschellen an und kümmerte sich um den Mann, auf den Wimmer geschossen hatte. Mader. War er tot? Lebensbedrohlich verletzt? Zankl rüttelte ihn. Nichts, keine Reaktion. Mader bewegte sich nicht! Scheiße! Zankl schloss die Augen.

RÜCKBLENDE

Zehn Minuten vorher. Die Lichtung. Mader zur Linken. Rechts Wimmer in Waidmannsgrün, zwanzig Meter

Abstand, das Gewehr im Anschlag. Antipoden, die sich von Herzen hassten. Ein Wortwechsel, der alles klarstellte.

Nein, ein Monolog. Wimmer sagte mit fester Stimme: »Danke, dass du gekommen bist. Schön, dass wir das endlich mal klären können. Dass es sich nach all den Wirren so elegant fügt, das ist doch wunderbar. Erst rufen mich die Kollegen an und sagen, dass die Neukirchner Polizei einen Anruf von einer Irren gekriegt hat, die nach mir gefragt hat. Die Passauer Kollegen sind schon nervös geworden, was die gute Dosi da wieder treibt. Aber ich bin ja ein edler Mensch und kümmer mich. War doch ein gute Idee, dich anzurufen, dass wir das gemeinsam erledigen. Und dass du gleich gekommen bist, das ehrt dich. Hätte ich nicht gedacht. Großer Fehler allerdings. Jetzt sitzt du in der Falle.«

»Immer noch die Geschichte von damals?«

»Immer noch die Geschichte von damals. Wie du mich hingehängt hast.«

»Ich hab dich nicht hingehängt. Du warst selber schuld. Aber deine Spezln haben dich ja schnell rausgehaun.«

»Ja klar, aber der Eintrag in meiner Akte. Ich bin nicht mehr befördert worden. Oberkommissar, pah!«

»Ach, wenn jemand damals schon deine Geschäfte aufgedeckt hätte, wärst du sogar in den Bau gegangen. Die Antiquitätengeschichte. Hätte ich dir gar nicht zugetraut.«

»Das ist es eben. Du traust nur dir selbst was zu, du Klugscheißer. Du hast keine Ahnung, was ich für Dinger gedreht habe.«

»Du meinst, mit Meisel, Notkar und den Tschechen. Das wissen wir doch alles.«

Wimmer sah ihn misstrauisch an.

Mader lächelte. »Meinst du, wir sind blöd? Aber ich sag dir eins: Raub interessiert uns nicht so. Ich bin immer noch bei der Mordkommission.«

»Was willst du damit sagen?«

»Dass ich glaube, dass du hinter Bruder Wolfgangs Tod steckst.«

Wimmer lachte. »Da verschätzt du dich. Das war Notkar selbst. Hätte ich nicht gedacht. So ein kluger, besonnener Mann. Na ja, Wolfgang konnte einen aber auch wirklich zur Weißglut bringen. Weißt du, über was ich mich gewundert hab? Dass es Notkar so gar nicht berührt hat. Schubst ihn einfach runter. Ganz cool. Sind schon harte Jungs bei der Kirche. Respekt! Aber was mich betrifft, ich sag dir eins: Ich fall doch noch in dein Ressort. Oder auch nicht – ein blöder Jagdunfall ...«

Peng!

Ende Rückblende.

PRÜFSTEIN

»Hey, Zankl, alles klar?«, fragte Mader mit schwacher Stimme, als er die Augen öffnete.

Zankl stöhnte erleichtert auf. Mader rappelte sich auf. »So ein Saukrüppel!« Er schälte sich aus der schusssicheren Weste und rieb sich die Rippen. Haben Sie alles gehört?«

Zankl nickte. »Jetzt haben wir ein Geständnis. Oder eine Aussage. Für die Sache in der Kardinal-Faulhaber-Straße.«

»Das wird Notkar gar nicht gefallen. Ein schöner Prüfstein für ihre Freundschaft. Jetzt müssen wir nur noch Doris und Hummel finden.«

OHNE WORTE

Die stiegen gerade durch steilen Wald bergab, inklusive Eric. Sie hatten keine Ahnung, wo sie waren. Zumindest ihren Durst konnten sie an den zahlreichen Wasserläufen im Wald stillen. Sie waren im Nirgendwo, keine Straßen, Waldwege, Strommasten. Kein Geräusch entfernter Straßen, kein Bulldogtuckern. Nur ganz weit oben am Himmel ein paar Kondensstreifen. ›Merkwürdig‹, dachte Hummel. ›Wahrscheinlich sehen wir hinter der nächsten Anhöhe Neukirchen. Das kann doch nicht weit weg sein?‹

Sie rasteten an einem Waldsee. Eric war schlechter Laune. »Scheißbayerwald«, lautete sein Resümee.

»Der kann auch nichts dafür«, sagte Dosi und bot ihm ein paar von ihren Blaubeeren an, die sie gesammelt hatte.

»Die sind radioaktiv«, meinte Eric und lehnte dankend ab.

»Sei froh, dass überhaupt schon was wächst.«

»Ja, die Klimaerwärmung.«

»Du Klugscheißer wirst schon wieder frech.« Sie sah sich um und rieb sich nachdenklich die Stirn. »Hummel, denkst du auch, was ich denke?«

Hummel nickte langsam. »Das ist der See von dem Bild, das Bruder Wolfgang im Büro hatte.«

»Und von dem Foto in seiner Wohnung.«

»Meinst du, die Jagdhütte ist hier in der Nähe?«

Eric hatte keine Lust, auf ihre Erkundung mitzukommen. Tatsächlich stießen sie endlich auf Spuren von Zivilisation, auf einen Fahrweg. Sie folgten dem Weg um den See bis zu einer Gabelung, sahen auch Reifenspuren. Hummel legte den Zeigefinger auf die Lippen, und sie schlichen den Weg entlang, bereit, sofort in Deckung zu gehen, falls irgendwas passierte. Aber was sollte nach dem ganzen Schlamassel noch passieren?

Hinter hohem Schilf tauchte jetzt tatsächlich die Hütte auf. Daneben ein Schuppen. Sie waren am Ziel. Das musste Bruder Wolfgangs Jagdhütte sein. Denn sonst gab es ja nichts in dieser gottverlassenen Gegend.

»Da bin ich aber gespannt, was wir darin finden!«, sagte Dosi.

»Ich auch.« Plötzlich zog Hummel Dosi auf die Seite. »Pssst!« Er deutet zu dem Schuppen. Dort war die Front eines weißen Transporters zu sehen. Sie schlichen durchs Gebüsch näher und sahen jetzt das Heck des Mercedes Vito.

Auf der Ladefläche vor vielen Kisten saßen zwei Männer im Blaumann und rauchten. Toni und Sepp.

»Warum meldet sich der Charly nicht?«, fragte Toni.

»Ich weiß es auch nicht.«

»Mann, Sepp, erst macht der einen Höllenstress, und dann kommt er nicht. Ich sag dir eins. Wir packen den Krempel zusammen und fahren.«

»Spinnst du! Der Charly flippt aus. Er hat gesagt, wir sollen auf ihn warten. Du kennst ihn doch.« Unterbrechung: Vom Waldweg war ein heiseres Röcheln zu hören. Ein Raubtier? Natürlich nicht. Toni und Sepp warfen ihre Zigaretten weg und sprangen von der Ladefläche, sahen zum Weg hinunter. »Hey, seit wann fährt der Corvette?«, fragte Toni.

Die schwarze Corvette mit der goldenen Werbeschrift *Casino Royal* schaukelte den Weg hoch. Mit vier topneuen Reifen. Portokasse. Die Corvette kam vor dem Transporter zum Stehen.

»Wer seid's denn ihr?«, fragte Sepp die beiden Herren in Schwarz.

»Chef schickt uns.«

»Der Charly?«

»Charly...«

»Wimmer?«, hakte Toni nach.

»Ja, Wimmer«, grätschte Nummer zwei rein.

Dosis Kinnladen war immer noch runtergeklappt. Hummels auch. *Wimmer!* Jetzt fiel Dosi auch ein, wo sie die Stimme ihres Peinigers in der Abhöranlage schon mal gehört hatte: Als sie bei Wimmer den Anruf angenommen hatte. Verdammt! Wimmer hing in der ganzen Geschichte drin! Und sie hatte gestern bei dem Notruf verlangt, dass man ihn informiert! Sie konzentrierte sich wieder auf die vier Männer.

»Und wohin soll das Zeug?«, fragte Toni.

»Über Grenze.«

»Warum sagt mir mein Gefühl, dass ihr Mist erzählt?!«, meinte jetzt Sepp und baute sich vor dem Wortführer der Tschechen auf. Obwohl er gut einen Kopf kleiner war als dieser. Der drehte sich zu seinem Kumpel und sagte etwas auf Tschechisch. Beide lachten. Sepp verstand kein Tschechisch, sehr wohl aber, dass sich der Typ über ihn lustig machte. Er lachte ebenfalls und gab seinem Gegenüber einen pointierten Schwinger in den Magen. Volltreffer. Der Tscheche liebkoste den Boden und verbreitete Speisereste darauf.

Nach einem Moment der Besinnung ging alles ganz schnell. Der zweite Tscheche hatte eine große Pistole mit Schalldämpfer in der Hand. Es machte zweimal leise *poff*, und Sepp und Toni waren im Jenseits.

Entsetzt starrten Dosi und Hummel auf das blutige Arrangement. Für Schockstarre war keine Zeit, denn jetzt sahen sie Eric den Waldweg hochkommen. War ihm doch zu langweilig geworden. Dosi wollte schon schreien, doch

Hummel hielt sich den Finger auf die Lippen und deutete in die andere Richtung.

Ein dritter Blaumannträger kam gerade arglos vom Plumpsklo hinter der Hütte. Hubsi. Er rief fröhlich: »Boh, Wahnsinn, des war'n mindestens zwei Kilo ...!« Jetzt sah Hubsi die beiden toten Kollegen und registrierte die Tschechen. Er öffnete den Mund, aber es kamen keine Worte mehr heraus. Dafür Blut aus dem Loch in seiner Stirn.

Eric hatte das Schauspiel gesehen und war zur Salzsäule erstarrt. Jetzt drehten sich die Männer zu Eric. Der langsam die Hände hob. »He!«, rief Dosi. Alle Blicke zu ihr. »He!«, rief Hummel, inzwischen gegenüber, beim Klohäusl. Alle Blicke zu ihm. Eric rief nichts, tauchte ab ins Gebüsch. Die beiden Tschechen blieben ganz cool. Einer in Dosis Richtung, einer in Hummels. Aber erfolglos. Beide vom Erdboden verschwunden.

Der Motor der Corvette heulte auf. Hummel gab Gas, Dosi saß eingezwängt auf Eric. Rückwärtsgang. Hummel sah nach hinten. Dosi und Eric sahen nach vorne. In die Augen der beiden Tschechen. Und ins Schwarz ihrer Pistolenläufe. Sie schossen nicht – die schöne Corvette. »Schnell!«, rief Dosi, »die folgen uns mit dem Transporter!«

»Wohl kaum«, sagte Eric und klimperte mit dem Schlüssel.

RADIOAKTIV

Als zwei Stunden später eine bunte Truppe aus Grenzpolizisten und einer Einheit der Passauer und Straubinger Polizei die Hütte umstellte, waren die Gangster ausgeflogen. Samt Transporter. Und der drei Leichen. Nach einem

Verbrechen sah hier nichts aus. Dass drei Leute zeitgleich eine Vision gehabt hatten, war jedoch kaum anzunehmen. Oder war das die halluzinogene Wirkung der radioaktiven Blaubeeren? Nein, denn zumindest Eric hatte nicht davon genascht. Mader ging auf die Hütte zu und winkte seinen Leuten unauffällig. »Bevor das LKA hier übernimmt, schauen wir uns das noch schnell an.«

Die Hütte war sehr komfortabel eingerichtet und fraglos von Frauenhand in Schuss gehalten. Männer stellen keine Blumenvasen in Jagdhütten auf. An einer Wand hing ein Foto von Bruder Wolfgang und einer Frau – jung, schön, dunkelhaarig. »Das ist bestimmt die verkohlte Frau aus der Badewanne«, meinte Dosi. »Endlich haben wir ein richtiges Gesicht.« Sie steckte das Foto ein. Ansonsten war die Hütte weitgehend ausgeräumt. Mader durchforstete die verbliebenen Bücher in den Regalen. Seine Hoffnung war gering, hier das sagenumwobene Notizbuch zu finden mit Informationen zu den Hintergründen all dieser Ereignisse. Als sie vor die Hütte traten, war es keinen Moment zu früh. Gerade traf die Abordnung des LKA ein, samt Günther, der Mader zur Seite nahm: »Rückzug, mein Guter, das übernehmen jetzt die großen Jungs.«

VERSCHÄTZT

Als sie abends im *Scharfrichterkeller* in Passau zusammensaßen, um den Fall bei ein paar Dunklen abzuschließen, gingen sie gemeinsam die nicht gerade kurze Liste ihrer Erfolge und Misserfolge durch. »Dass die Grenzer die zwei mit dem Transporter hoppsgenommen haben, ist doch gut«, meinte Hummel. »Jetzt müssen nur noch die drei Leichen auftauchen.«

»Warum haben die denn die drei Männer erschossen?«, fragte Zankl.

»Überreaktion, zu viele Gangsterfilme.«

»Und ihr Chef, der tschechische Kasinobesitzer?«

Mader machte eine Geste des Bedauerns. »Der sagt nix. Genau wie seine Handlanger. Die Kisten waren nicht mehr in dem Transporter. Das heißt, die haben da noch mehr Leute im Bayerwald. Vielleicht erzählt uns ja Wimmer ein bisschen mehr. Der versucht gerade seinen Arsch zu retten. Seinen Spezl Niemeyer hat er schon hingehängt. Der hat im echten Leben einen Landmaschinenvertrieb in Vilshofen. Sehr solide. Aber die Leute sind halt gierig. Sitzt jetzt auch in U-Haft. Mal sehen, wer von den beiden schöner singt. Und das mit mir war natürlich nur ein bedauerlicher Jagdunfall. Tut dem Wimmer furchtbar leid. Ein Missverständnis.«

»Der Typ ist echt krank«, sagte Zankl. »Und so einer ist bei der Polizei, also war bei der Polizei.«

»Schon der Hammer«, meinte auch Hummel. »Klar, gibt's da schwarze Schafe, aber das ist schon extrem.«

Dosi schwieg betreten.

Zankl zuckte mit den Achseln. »Na ja, unsere Freunde in der Kirche sind ja auch mit allen Wassern gewaschen.«

»Warum hat denn Notkar den Bruder am Chiemsee umgebracht?«, fragte Hummel Mader.

»Notkar schweigt wie ein Grab. Aber die Antwort ist nicht so schwierig. Der erschossene Bruder Franz war im Ressort für *Kirchliches Bauen*. Darunter fällt auch *Kirchliche Kunstpflege* und *Kunstgutverwaltung*. Vielleicht wollte Franz aussteigen, nachdem er von Notkar erfahren hatte, dass ich das Notizbuch von Wolfgang habe. Da hilft uns sicher noch die Aussage von Meisel. Leider kann Bruder Franz uns ja nichts mehr zu der Geschichte sagen. Das ist schlecht gelaufen am Chiemsee.«

»Dann sind Sie ja schuld!«, platzte Dosi heraus. »Äh, Entschuldigung!«

»Ich hab mich das auch schon gefragt. Vor allem mach ich mir Vorwürfe wegen des Bluffs mit dem Notizbuch. Und vor allem, weil ich Bruder Notkar komplett falsch eingeschätzt habe.«

Hummel schüttelte den Kopf. »Sorry, Leute, wer würde so was von den Dienern Gottes erwarten? Das kann doch keiner ahnen.«

»Ja, man steckt nicht drin in den Leuten«, sagte Mader.

Zankl nickte. »Wohl wahr. Der Wimmer hat auch ohne jede Vorwarnung geschossen.«

»Was ist jetzt eigentlich mit dieser Madonna?«, fragte Zankl.

Jetzt lächelte Dosi wieder. »Nichts. Kein Verbrechen. Kein Raub. Sosehr ich Eric für seine Spielchen hasse, das ist wirklich gut: Sie war nie weg.«

»Wie?«

»Eric hat keine Kopie anstelle des Originals dort am Altar platziert. Wie das so unter Kirchenkunsträubern üblich ist, wenn sie den Diebstahl verschleiern wollen. Das Original war immer an seinem Platz. Es gab zwei Kopien. Die hatte er im Antiquitätenladen in Neukirchen organisiert. Die Figur gibt es in der Gegend in zahllosen Nachahmungen, sie ist oft nachgeschnitzt worden. Eric sollte die Kopie im Auftrag von Niemeyer und Wimmer gegen das Original tauschen, damit die es an die Tschechen verkaufen konnten. Aber Eric wollte alle austricksen. Eric hat denen eine Kopie angedreht, die zweite Kopie hat er in der Gruft der Klosterkirche versteckt. Falls der Schwindel auffliegt. Was ja auch der Fall war. Das Original war die ganze Zeit an seinem Platz. Also nicht einmal Diebstahl. Schade, wäre gar nicht schlecht, wenn er mal kurz in den Bau muss. Ein bisschen nachdenken.«

»Und wer hat ihn in seinem Haus hoppsgenommen?«, fragte Hummel.

»Erstens ist das auch mein Haus, und zweitens hat mir Eric maximal die halbe Wahrheit erzählt. Was immer er allein oder zusammen mit dem Aschenbrenner für Dinger gedreht hat, der Wimmer, der Niemeyer und die Tschechen waren offenbar ziemlich sauer auf ihn ...«

»So ein Früchtchen. Ein paar Monate Knast täten dem tatsächlich ganz gut.«

»Tja, manche kommen immer davon«, sagte Mader.

Dosi nickte. »Wie Patzer.«

»Dass wir ihn mit dem Schmidhammer gesehen haben, sagt leider gar nix«, meinte Hummel. »Nur, dass er immer nach interessanten Immobilien Ausschau hält.«

»Doris, der Mann ist gut eingeölt, da haben wir keine Chance«, meinte Mader. »Aber sonst haben wir ja fast alles. Bleibt nur noch die Frau in der Badewanne.« Er legte das Foto mit ihr und Bruder Wolfgang auf den Tisch.

Jetzt fiel Hummel was ein: »Zankl, hast du denn eigentlich was wegen dieser Pumps in Bruder Wolfgangs Wohnung rausgekriegt?«

»*Peloni*, Mailand. Ziemlich teuer.«

Hummel grinste. »Na, vielleicht hilft uns ja Erics Freundin weiter. Die hat eine Boutique und verkauft ganz zufällig *Peloni*.«

FRANCHISE

Als Mader und Zankl ins nahe Hotel *Wilder Mann* gingen, trafen sie in der Lobby Patzer. Verblüfft sahen sie einander an, verständigten sich dann aber beidseitig auf ein höfliches »Grüß Gott!«.

»Muss der ausgerechnet hier wohnen?!«, murrte Zankl.

»Ach, Zankl, seien Sie nicht so empfindlich. Es gilt immer die Unschuldsvermutung.«

»Bis gegenteilige Beweise vorliegen.«

»So ist es. Gute Nacht.« Mader verschwand mit Bajazzo im Lift. Zankl stand etwas ratlos vor der Lifttür. Hey, warum hatte der ihn nicht mitgenommen? Er nahm die Treppe und war froh, als er in seinem ruhigen Zimmer war. Er ließ sich aufs Bett plumpsen und schloss die Augen. Aber an Schlaf war nicht zu denken. Zu viele Gedanken beschäftigten ihn. Er sah immer wieder, wie Mader von der Kugel getroffen ins Gras sank. Endlosschleife. Er stand auf, öffnete das Fenster und sah auf den Rathausplatz und die schwarze Donau.

»Riesengeschäft«, hörte er plötzlich von nebenan. Zankl erkannte die Stimme sofort. Patzer stand ebenfalls am offenen Fenster und sprach in sein Handy. Keine zwei Meter entfernt. »Weißt du, die brauchen hier in der Kleinstadt ein paar frische Impulse: Tourismus, Wellness, vielleicht auch 'nen Nachtklub, 'n Spielkasino … Ja, wenn du Gelder loseisen kannst … Die Kardinal-Faulhaber-Straße? Steinle, jetzt erzähl mir nicht, dass ihr das nicht macht … Ach so, zusammen … Mit Carlo? Nicht dein Ernst. Klar kennen wir uns. Eine deutsch-italienische Gesellschaft. Geteilte Kosten, gemeinsamer Profit. Nicht schlecht. Die Projektleitung? Klar reizt mich das. Nein, ist vergessen. Wir sind doch Profis. Und dann machen wir beide noch ein bisschen Zonenrandförderung hier in Passau. Warte, bis du die Pläne für die Seilbahn gesehen hast. Die ist richtig cool. Das *Oberhaus*-Café ist ja leider schon vergeben. Ja, Augustiner. Aber die brauchen sicher jemanden, der einen Blick auf das Gesamtkonzept hat. Die einzelnen Hotspots müssen ja zusammenpassen: Baumwipfelpfad, Weinbeißer, Sommerkeller, Seilbahn, Panoramacafé. Da brauchen die mich… Ja, genau. Du, dann hab ich noch ein echtes Schmankerl. Ist ein bisschen ab vom Schuss, aber der Schmidhammer meinte, ich soll mir das mal anschauen. Bei Neukirchen gibt es eine alte Abhöranlage. Von der Nato. Zwei Betontürme aus dem Kalten Krieg. Nein, Superbausubstanz. Nato. Unkaputtbar. Das kriegen wir für einen Appel und ein Ei. Da war mal ein Hotel geplant. Aber die Waidler verstehen ja nix vom Geschäft. Wir kaufen das ganze Gelände und machen da ein Bootcamp. Ein Männerhotel mit Survival, Ballern, Hochseilgarten, Jeep-Parcours… Nein, kein Scherz, das Teil ist richtig harter Stoff. Ich weiß auch schon, wie wir das Baby nennen: *K & K*. Kalter Krieg. Das schlägt ein wie eine Bombe! Weißt schon: *Männer sind so!* Die Idee ist so gut, dass man über ein Franchisemodell nachdenken muss. Da sind die ganzen Exbundeswehrtypen, die wollen doch noch was erleben. Und vielleicht gibt's im Osten auch Potenzial. Nicht nur die NVA, vielleicht kann man das auch nach Tschechien exportieren. Die haben doch sicher auch noch jede Menge ungenutzter Bauwerke an der Grenze. Ja, morgen bin ich wieder in München. Ciao.« Das Fenster schloss sich.

›Hat sich das auch geklärt‹, dachte Zankl und legte sich beruhigt aufs Ohr.

HEIMCHEN

»Lisa Funkenhuber«, teilte Hummel Dosi mit, als er aus *Rosi's Boutique* kam. »Erics Freundin kennt sie. Also, kannte sie. Sie lebte in einer Hippie-WG bei Fürstenzell. Auf einem Bauernhof.«

»Wahnsinn, Hippie am Land, Heimchen in der Stadt«, meinte Dosi.

»Komisch, dass ihre Mitbewohnerin sich keine Sorgen um sie gemacht hat. War angeblich immer viel unterwegs. Ihre Mitbewohnerin heißt Katharina Schirner. Wir haben gleich probiert, sie anzurufen. Ging keiner ans Telefon.«

»Dann statten wir ihr mal einen Besuch ab. Ich ruf den Hans an, damit wir mit ihm rausfahren. Ist besser, wenn ein Hiesiger dabei ist.«

VANILLE

Hans fuhr Hummel und Dosi auf den Einödhof bei Fürstenzell. Ein wunderbarer alter Hof. Auf einer lang gestreckten Anhöhe. Vorne endlose Weite. Weizenfeld. Hinter dem Hof dunkler schwarzer Wald. Am Himmel tiefgraue Wolken. »So richtig groovy is des ned«, urteilte Hummel.

Hans sagte: »So schaut's halt aus bei uns in Niederbayern.«

Sie fuhren auf den Vorplatz des hufeisenförmigen Gehöfts. Der Wind blies Staub und Stroh über den Hof. In der offenen Scheune stand ein alter Golf. »Hier stimmt was nicht«, sagte Dosi und nahm die Waffe aus dem Halfter, entsicherte sie. Hummel ebenfalls. Hans sah sie nervös an. »Glaubt's ihr wirklich, dass was passiert ist?«

»Ich hab keine Ahnung«, murmelte Dosi und nickte Hummel zu, um das Gebäude herumzugehen. Einer hinten, eine vorne. Dosi klopfte an der Haustür. Keine Reaktion. Sie klopfte noch mal. Kräftiger. Nichts. Sie drückte die Klinke. Die Tür war offen. Dosi betrat den dunklen Flur. Es roch nach verschimmelten Lebensmitteln. Nach saurer Milch. Und es war kalt. Dosi ging zur Hintertür und öffnete Hummel. Zusammen inspizierten sie das Erdgeschoss. Alles war durchwühlt, Schubladen herausgerissen, überall Papier, Bücher, Besteck, Kleider. Sie stiegen die knarzende Treppe hinauf ins obere Stockwerk. Dort waren die Schlafzimmer der kleinen Land-WG. Bunte Batiktücher, Konzertplakate, Schallplatten, verwelkte Blumen. In einem der Zimmer hing noch der süßlich-stechende Duft von Vanilleräucherstäbchen. Hier das gleiche Chaos wie unten.

»Wir rufen die Spurensicherung«, sagte Hummel.

»Noch nicht. Erst suchen wir die Schirner.«

»Glaubst du echt?«

»Ich hoffe nicht.«

Sie gingen nach draußen in den Hof. Dort stand Hans. Mit weit aufgerissenen Augen. In seinem Mundwinkel hing noch ein Faden Erbrochenes. Dosi deutete zur Scheune. Hans nickte. Brachte kein Wort raus. Dosi atmete tief durch und ging zur Scheune. Hummel folgte ihr. Sie brauchten einen Moment, um sich ans Halbdunkel zu gewöhnen. Dann sahen sie Frau Schirner. In unnatürlicher Haltung über einen alten Heuwender gebeugt. Die Dornen waren an ihrem Rücken wieder ausgetreten. Unmengen von Fliegen umschwärmten sie.

»Die ist schon länger tot.«

»Fein beobachtet, Hummel. Unfall oder Mord?«

Hummel sah sich Frau Schirner näher an. Sie trug einen Blaumann, grobe Schuhe. Hummel dachte laut: »Sie hat

einen tödlichen Unfall, jemand merkt, dass der Hof verlassen ist, stellt das Haus auf den Kopf und verschwindet
wieder. Vielleicht ohne zu merken, dass hier ein tote Frau
liegt ...«

Dosi schüttelte den Kopf. »Hummel, ganz klar. Die
Mitbewohnerin unserer Leiche in München hatte einen
tragischen Unfall.«

»Theoretisch.«

»Weißt du, was ich dir sag: Die Trulla von Bruder Wolfgang hat sich sein Notizbuch unter den Nagel gerissen,
weil er sie loswerden wollte. Faustpfand. Die hatten in
München eine Auseinandersetzung, und dabei ist sie unglücklich gestürzt, und er wollte sie loswerden. Im Säurebad. Und dann ist er hierher, weil er gedacht hat, dass die
Bücher hier sind. Wieder ein Streit, die Lady fliegt in den
Heuwender, und er durchsucht das ganze Haus ...« Dosi
hielt inne und starrte auf den Boden.

»Is was?«, fragte Hummel.

Sie deutete auf die Kippe am Boden. »*Reval.* Wimmer
raucht *Reval.*«

Hans stierte sie an. »Hans, was schaust denn so?«, fragte
Dosi. »Hol einen Beutel. Dass der Wimmer ein Verbre-
cher ist, wissen wir doch bereits.«

Hummel nickte. »Ändert sich deine Theorie zumindest
in einem Punkt.«

»Den Wimmer kriegen wir jetzt so was von am Arsch!«

»Du, Dosi, ähm, das hier ist nicht unser Fall. Dafür sind
die Straubinger zuständig.«

»Der Mandl, der Zipfl! Der pfuscht in dem Fall nix
rum!«

»Das wirst du nicht verhindern.«

»Aber aufschieben.«

»Wie meinst des?«

»Dass wir niemanden informieren, bis wir das Notizbuch gefunden haben. Ich bin mir sicher, dass es hier am
Hof versteckt ist.«

LOGISCH

Und tatsächlich, Dosi fand, wonach alle suchten: das Notizbuch. Sogar ziemlich schnell. In einer Tupperbox in der
Gefriertruhe.

»Woher weißt du denn so was?«, fragte Hummel fassungslos.

»Gell, da schaust! Da bin ich jetzt sehr gespannt, was da
alles drinsteht. Sicher nicht nur die kleinen Vergehen der
Mitbrüder. Jede Wette, dass Wolfgang da so einiges über
seine Geschäftsbeziehungen aufgeschrieben hat. Sonst
wär der Wimmer da nicht so scharf drauf gewesen. Jetzt
kriegen wir ihn. Und was in München alles gelaufen ist,
erfahren wir auch.«

»Übertreib mal nicht!«, sagte Hummel. Dann seufzte
er: »München! Also mir glangt's jetzt mit Niederbayern.«

LOSE FÄDEN

»Was für ein Fall!«, stöhnte Mader, als sie alle wieder
wohlvereint im Präsidium waren.

»Was ist jetzt mit Notkar?«, fragte Hummel.

»Wird für den Mord im Beichtstuhl sitzen.«

»*Mord im Beichtstuhl*. Toller Krimititel. Für den Fenstersturz von Bruder Wolfgang büßt Notkar nicht?«

»Solange er nicht gesteht: nein. Seine Aussage gegen
Meisels Aussage. Aber das ist egal. Ein Mord und Mord-

310

versuch plus die Antiquitätenschiebereien, das ist genug für eine lange Zeit hinter Gittern. Meisel kommt billiger weg, vielleicht mit Bewährung. Er hat umfassend gestanden. Aus Angst, dass ihm jemand die Mordgeschichte mit Bruder Wolfgang anhängt. Der erschossene Bruder Franz hat die Sachen aus den Archiven organisiert. Das Finanzielle lief über Notkar und Wolfgang. Die Kollegen vom Raub wissen jetzt auch ein paar Dinge über die Tschechengang. Und über die Rolle von Wimmer und Niemeyer. Aber das ist nicht unser Bier.« Mader sah Dosi an und lächelte. »Weil ich es nicht besser könnte, fasst euch jetzt Doris den Fall zusammen. Oder sagen wir mal, sie erzählt euch ihre Theorie.«

»Okay«, sagte Dosi, »dann wollen wir mal. Ist eigentlich ganz einfach. Also, die Geschichte ist im Wesentlichen so gelaufen: Frau Funkenhuber erpresst ihren Lebensgefährten, als er sie loswerden will, der bringt sie um, aber das Notizbuch ist weg. Es kommt zum Streit in der Wohnung an der Kreppe, zum Totschlag. Mit der Säure versucht Wolfgang die Leiche zu beseitigen. Er spricht mit Notkar, der dreht am Rad. Sie vermuten das Notizbuch in Fürstenzell. Vielleicht schalten sie Wimmer ein. Wer Funkenhubers Mitbewohnerin in Fürstenzell getötet hat, ist nicht sicher. Aber einer von ihnen war es. Der Täter dekoriert sie hin, als wäre es ein Unfall. Durchwühlt das Haus, findet nichts. Warum ausgerechnet in der Scheune eine Kippe von Wimmer liegt? Vielleicht ein böser Trick von Notkar oder Wolfgang. Dann eskaliert der Streit in München, und Notkar stürzt Wolfgang aus dem Fenster. Er weiß von der Leiche in Wolfgangs Wohnung und gibt Wimmer Bescheid. Der schickt seine Handwerker. Und die lassen nach Abtransport der persönlichen Habseligkeiten die Bude in die Luft fliegen. Tja, und dann hat unsere Arbeit begonnen. Den Rest wisst's ihr ja. Wie gesagt – eigentlich ganz einfach.«

Die anderen sahen Dosi beeindruckt an. Dosi selbst sah gar nicht glücklich aus.

»Was ist los?«, fragte Mader.

»Der Wimmer war mal mein Chef!«

»Sehen Sie. Da haben Sie sich ja durchaus verbessert. Und Ihre Theorie zum Tathergang – brillant! Machen 'S so weiter, und Sie werden mal eine richtig gute Profilerin.«

Dosi winkte ab. »Profil hab ich schon genug.«

»Bleiben noch die Typen mit dem weißen Transporter«, sagte Hummel. »Die kann man ja jetzt leider nicht mehr fragen. Zumindest, wenn es wirklich die drei Typen bei der Hütte waren. Die sind immer noch nicht aufgetaucht.«

»Die treiben vielleicht die Donau runter«, meinte Dosi, »Wien, Budapest, Schwarzes Meer. Was mich auch noch umtreibt: Wer zur Hölle ist die Wasserleiche, die der blöde Mandl für Eric gehalten hat?«

Mader zuckte die Achseln. »Das ist doch eine schöne Aufgabe für einen aufstrebenden Kriminaler in Niederbayern. Aber ein paar lose Fäden gibt es immer. Das ist wie bei einem Krimi. Wäre doch völlig unglaubwürdig, wenn plötzlich alles aufgeht.«

»Wie geht's eigentlich deinem Krimi?«, fragte Dosi.

»Nicht gut«, sagte Hummel. Mehr nicht.

Hummel war sehr nachdenklich, als er wieder an seinem Schreibtisch saß. Frau von Kaltern hatte mehrfach versucht, ihn zu erreichen, als sein Handy herrchenlos auf Trudis Küchentisch lag, aber nie auf Band gesprochen. Wollte sie ihm den Laufpass geben? Wahrscheinlich. Entgegen ihrer sonst sehr direkten Art hatte sie seine letzte

Mail nicht gleich beantwortet. Kein Wunder eigentlich. Ihr die schlechte Parodie einer schlechten Krimiparodie zu schicken war nicht so gut gewesen. War satirisch gemeint, kam aber vor allem klugscheißerisch rüber, wie er nach nochmaligem Lesen festgestellt hatte. Genial war anders. Er würde sich bei ihr entschuldigen. Bei Beate auch. Weil er in den letzten Wochen so gar keine Zeit für sie gehabt hatte. In seinem Kopf blitzte jetzt die Erinnerung an den Abend mit Dosi in der Wohnung ihrer Tante auf. Der Alkohol, der Blutwurz, die Musik. Sie hatten beide dasselbe Lieblingslied – nur in anderen Versionen.

Come softly, darling
Come to me, sta-ay
You're my ob-session
Forever and a da-ay

Hummel glaubte an keine Zufälle. Verstohlen sah er Dosi an. War da was?

»Ja, Leute«, unterbrach Zankl seine Gedanken, »was ist jetzt mit dem Empfang?« Sie alle hatten von Günther eine Einladung erhalten – als Anerkennung für ihren Einsatz beim Ausheben des Schmugglerrings und die Bewahrung wertvoller Kirchengüter. Sie waren eingeladen zum Festakt des neu gegründeten Vereins *Monaco Ti Amo*. »Wenn München und Italien zusammenkommen, muss ja was Schönes entstehen«, hatte Günther jubiliert.

»Ich muss hin«, erklärte Zankl, »meine Frau will da unbedingt ihre Freundin treffen. Und meine Mutter will unbedingt babysitten.«

»Ich würde etwas Bayrisches bevorzugen«, sagte Mader.

»Dann geh ma doch wieder zum *Klinglwirt*«, schlug Hummel vor.

»Leider nein. Ich muss zu *Ti Amo*. Befehl vom Chef. Aber wir kommen nach, oder, Zankl?«

So aßen und tranken die einen gut bayrisch, und Mader und Zankl genossen einen sehr festlichen Abend mit wichtigen Honoratioren der Stadt. Der Bürgermeister, Bruder Johannes als Nachfolger von Bruder Notkar waren da, dann Dr. Steinle, Patzer, Carlo Benelli und Roberto Zignelli, der eine beeindruckende Rede zur deutsch-italienischen Freundschaft hielt. »Es ist immer wichtig, dass wir Geschäftsleute auch gute Kontakte zu Politik und Polizei pflegen«, war einer seiner Schlüsselsätze.

Zankl kam sich sehr ertappt vor, vor allem, als er sah, wie Günther zwei Stuhlreihen vor ihm heftig nickte. Sein Blick ging zu Carlo. Der war ganz entspannt. ›Vielleicht seh ich das alles auch ein bisschen zu eng‹, dachte Zankl jetzt.

»Sehr festlich, tolle Rede«, sagte Conny, als das Büfett eröffnet war. »Komm, wir gehen zu Laura und Carlo.« Sie begrüßten sich mit Bussibussi, und Laura sah wirklich umwerfend aus. Dazu passte nicht ganz, dass sie einen Fuß etwas nachzog.

»Muskelkater vom Jogging«, erklärte sie, als sie Zankls Blick auf ihrer blickdichten Strumpfhose bemerkte.

Zankl lächelte und stieß mit ihr an: »Auf die deutsch-italienische Freundschaft!«

PFEFFER

Hummel hatte einen Fetzenrausch, als er die wenigen Meter vom *Klinglwirt* in der Balanstraße nach Hause in die Orleansstraße getorkelt war. Nachdem er mehrfach vergeblich versucht hatte, Beate telefonisch zu erreichen, kam ihm die glorreiche Idee, noch seine Mails zu checken. Vielleicht eine Nachricht von ihr? Oder sandte jemand anderes draußen im Universum ihm irgendwelche Botschaften? Alkoholinduzierte Hoffnungen eines einsamen Herzens. Aber nicht vergeblich – tatsächlich, da war eine Mail. Und was für eine!

Lieber Herr Hummel,
 vielleicht kennen Sie ja die Szene in My Fair Lady *beim Pferderennen in Ascot, als Eliza ruft:* »*Lauf schneller, oder ich streu dir Pfeffer in den Arsch!*« *Ich habe das Gefühl, das hat jemand bei Ihnen gemacht. Oder war es Ihr Aufenthalt in den gröberen Gefilden Bayerns, der diesen Stilwandel eingeläutet hat? Die ersten Seiten Ihres Romans haben mich umgehauen! Das ist grob, lustig und verweist diese ganzen weinerlichen Weicheiautoren mit ihrem Regionalgedöns auf die Plätze. Schreiben Sie das Ding runter, ich bring es raus und mach Sie zu einem reichen Mann.*
 Herzlichst, Ihre Gerlinde von Kaltern

Hummel klickte in seinen gesendeten Mails die *Word*-Datei an, die er Frau von Kaltern gemailt hatte, und las die ersten Zeilen. Mit großen Augen. Das musste er geschrieben haben, als er nicht mehr ganz nüchtern war.

In den Tiefen des Bayerischen Walds. Wo die Ilz sich schwarz und kalt durch das Unterholz windet. Wo nur das leise Rauschen der Bäume zu hören ist, wenn nicht gerade ein getunter Golf GTI über die B12 dröhnt.
 Die Sonne kämpft sich durch den Morgendunst, als die infernalische Explosion die Stille in der kleinen Ortschaft Peinting zerreißt. Das Spannbetondach des Biogaskraftwerks hebt sich wie ein Topfdeckel, all die braune Soße

wird in den milchigen Himmel gepeitscht. Furchterregender Gestank dringt in alle Ritzen des Herbstmorgens.

Die Gruberin, die gerade im Hof die Wäsche aufgehängt hat, rappelt sich auf und wischt sich den klebrigen Film aus dem Gesicht.

»Was warn des?«, ruft ihr Mann, der aus dem Kuhstall gelaufen kommt.

»A Ufo. Notlandung in der Güllegruam.«

»A geh?«

»Na, des Biodings is explodiert.«

»Wird der Hubelsteiner doch ned geraucht haben in der Anlage«, sagt der Gruber und lacht dreckig.

Als die Gruberin sich zu ihrem Wäschekorb hinabbeugt, sieht sie ihn. Zwischen den Laken. Den Hubelsteiner. Seinen Kopf …

Quellen

Sehr inspirierend für die Geschichten rund um Neukirchen beim Heiligen Blut waren:

Ulrich Murr (Hg.): *Neukirchner Bilderbogen.* Verlag Wallfahrtsmuseum, 93453 Neukirchen b. Hl. Blut [2011].

Michael Waltinger: *Niederbayerische Sagen,* Passavia, Passau 1992.

Bitte beachten Sie auch
die folgenden Seiten

Harry Kämmerer
Isartod

Roman
ISBN 978-3-548-61082-5

Eine Wasserleiche an der Isar, ein sauber filetierter Mann vor der Allianz-Arena: Die Mordserie, die offenbar viel mit Fleisch und Wellness und makabrer Phantasie zu tun hat, reißt Hauptkommissar Mader und sein Team aus dem Trott – direkt hinein in klassisch-bayerischen Filz.

»Lakonischer Humor, realistische Absurditäten und schnelle Sprache ... ein vergnüglich-frisches Erlebnis.«
Claudia Koestler, Münchner Merkur

»Ein ganz neuer Mikrokosmos!«
Peter Hetzel, Sat 1 Frühstücksfernsehen

www.list-taschenbuch.de

List

Harry Kämmerer
Die Schöne Münchnerin
Kriminalroman
296 Seiten, broschiert, € 14,99
ISBN 978-3-86220-021-4

Hübsche Mädels, dicke Rolex-Uhren, noch dickere Autos: München – wo Klischee auf Wahrheit trifft. Chefinspektor Mader braucht die geballte Kraft seiner Assistenten Hummel, Dosi und Zankl, denn sein neuer Fall wird komplex: Die außergewöhnlich schöne Leiche trägt eine Nase mit ungewöhnlicher DNA ...

»Kultverdächtig.« *Augsburger Allgemeine*

»Abwechslungsreichtum hoch vier und großartige Unterhaltung!« *Weilheimer Tagblatt*

GRAF
www.graf-verlag.de

Erri De Luca
Montedidio
Roman
Aus dem Italienischen von Annette Kopetzki
217 Seiten, gebunden mit Schutzumschlag, € 14,99
ISBN 978-3-86220-031-3

Erri De Lucas Meisterwerk, das seinen Ruhm begründete und ihn in Italien zum meistgelesenen Autor des Jahrzehnts machte: Die zarte, poetische Liebesgeschichte aus Neapel ist auch ein Stück europäischer Geschichte en miniature.

»Alle, die in den Ferien nach Italien fahren wollen, müssen dieses Traumbuch lesen...« *Klaus Bittner, Buchhandlung Bittner Köln*

»Ein Roman wie eine Skulptur, gemeißelt aus Schönheit und Schmerz.« *L'Express*

www.graf-verlag.de